D1923552

SCHMETTERLINGE IM BAUCH

LESEBUCH

sabe
Verlagsinstitut für Lehrmittel

SCHMETTERLINGE IM BAUCH

Lesebuch für das 9. Schuljahr

Redaktion	Christoph Wegmann
Beratung	Gotthard Amstutz (LU) Bruno Gadola (BL) Margrit Hug-Nölly (SZ) Annemarie Meyer-Dotta (LU) Susanne Nager (BS) Walter Röthlin (ZG) Dorothée Turtschi (BL) Thomas Wilde (BL)
Lektorat	Joachim Suchomski
Gestaltung	Peter König, Zürich Layout und computerunterstützte Bildgestaltung
Illustrationen	Monic Baumann, Peter König, Urs Maltry und Iris Schwarz.
Umschlag	Peter König

Entwickelt in Zusammenarbeit mit der Goldauer Konferenz.
© 1996 by sabe AG, Verlagsinstitut für Lehrmittel, Zürich
sabe **1044**, ISBN 3-252-0**1044**-5

Zum Lesebuch gehört der Begleitordner mit Kommentar
und Ergänzungstexten (Kopiervorlagen),
sabe **1045**, ISBN 3-252-0**1045**-3

INHALT

1. KAPITEL
BEGEGNUNGEN

aug in aug

von blau zu blau
zehn zentimeter
von ich zu ich
zehn lichtjahre
klare sicht

Gisela Kraft

Vielen Dank, M'am

Sie war eine grosse Frau mit einer grossen Handtasche, in der bis auf einen Hammer und Nägel alles enthalten war. Die Handtasche hatte einen langen Riemen, und sie trug sie quer über der Schulter. Es war gegen elf Uhr abends, es war dunkel, und sie war allein, als ein Junge von hinten auf sie zurannte und versuchte, ihr die Handtasche zu entreissen. Der Riemen riss, als der Junge so heftig daran zerrte. Und das Gewicht des Jungen und der Handtasche zusammengenommen liessen ihn das Gleichgewicht verlieren. Statt sich mit vollem Tempo aus dem Staub zu machen, wie er es gehofft hatte, fiel der Junge hinterrücks auf den Bürgersteig, und seine Beine flogen in die Luft. Die grosse Frau drehte sich einfach um und versetzte ihm einen gutgezielten Tritt in seinen bluejeansbekleideten Hosenboden. Dann bückte sie sich, zog den Jungen am Hemdkragen hoch und schüttelte ihn, bis seine Zähne klapperten.
Danach sagte die Frau: «Heb' meine Handtasche auf, Junge, und gib sie hierher.»
Sie hielt ihn immer noch fest gepackt. Aber sie bückte sich so weit, dass der Junge sich vorbeugen und ihre Handtasche aufheben konnte. Dann sagte sie: «Sag mal, schämst du dich eigentlich nicht?»
Am Hemdkragen gepackt, sagte der Junge: «Doch, M'am.»
Die Frau sagte: «Warum hast du das gemacht?»
Der Junge sagte: «Ich habe es nicht gewollt.»
Sie sagte: «Du lügst.»
Inzwischen kamen zwei oder drei Leute vorbei, blieben stehen, drehten sich noch einmal um, und ein paar standen da und beobachteten die Szene.
«Läufst du weg, wenn ich dich loslasse?» fragte die Frau.
«Ja, M'am», sagte der Junge.
«Dann lasse ich dich nicht los», sagte die Frau. Und sie liess ihn nicht los. «Lady, es tut mir leid», flüsterte der Junge.
«Hm, hm! Dein Gesicht ist dreckig. Ich hätte gute Lust, dir das Gesicht zu waschen. Hast du daheim niemanden, der dir sagt, dass du dir das Gesicht waschen sollst?»
«Nein, M'am», sagte der Junge.
«Dann wird es heute abend gewaschen», sagte die grosse Frau und fing an, die Strasse entlangzugehen, wobei sie den verängstigten Jungen hinter sich herzerrte.
Er sah aus, als wäre er vierzehn oder fünfzehn, schmal und sehnig, in Turnschuhen und Jeans.
Die Frau sagte: «Du müsstest mein Sohn sein. Ich würde dir den Unterschied zwischen gut und böse schon beibringen. So werde ich dir wenigstens das Gesicht waschen. Es ist das mindeste, was ich tun kann. Hast du Hunger?»
«Nein, M'am», sagte der mitgezerrte Junge. «Ich will nur, dass Sie mich loslassen.»
«Habe ich *dich* belästigt, als ich da hinten um die Ecke kam?» fragte die Frau.
«Nein, M'am.»
«Aber du hast dich mit *mir* in Kontakt gebracht», sagte die Frau. «Wenn du jetzt denkst, dass dieser Kontakt nicht noch eine Weile dauern wird, dann kannst du gleich nochmal denken. Wenn ich mit dir fertig bin, junger Mann, wirst du dich an Mrs. Luella Bates Washington Jones erinnern.»
Auf dem Gesicht des Jungen brach der Schweiss aus, und er fing an, sich zu wehren. Mrs. Jones blieb stehen, zerrte ihn mit einem Ruck um sich herum nach vorn, legte einen halben Nackenhebel um seinen Hals und schleppte ihn weiter die Strasse entlang. Als sie ihre Tür erreicht hatte, zerrte sie den Jungen ins Haus, einen Flur entlang, und in ein grosses Zimmer mit Kochnische im hinteren Teil des Hauses. Sie schaltete das

Licht ein und liess die Tür offenstehen. Der Junge konnte andere Mieter in dem grossen Haus lachen und reden hören. Ein paar ihrer Türen standen auch offen, also wusste er, dass er und die Frau nicht allein waren. Die Frau hatte ihn in der Mitte ihres Zimmers immer noch am Hals gepackt.
Sie sagte: «Wie heisst du?»
«Roger», antwortete der Junge.
«Dann gehst du jetzt an dieses Waschbecken, Roger, und wäschst dir das Gesicht», sagte die Frau, woraufhin sie ihn losliess – endlich. Roger sah auf die Tür – sah auf die Frau – sah auf die Tür – *und ging ans Waschbecken.*
«Lass das Wasser laufen, bis es warm ist», sagte sie. «Hier ist ein sauberes Handtuch.»
«Werden Sie mich ins Gefängnis bringen?» fragte der Junge und beugte sich über das Waschbecken. «Nicht mit *dem* Gesicht, damit würde ich dich nirgends hinbringen», sagte die Frau.
«Da will ich nichts weiter als nach Hause gehen, um mir einen Happen zu kochen, und dann kommst du und klaust mir die Handtasche! Vielleicht hast du auch noch kein Abendessen gehabt, spät wie es ist. Hast du?»
«Bei mir ist niemand zu Hause», sagte der Junge.
«Dann essen wir», sagte die Frau. «Ich glaube, dass du Hunger hast – oder gehabt hast –, dass du versucht hast, mir die Handtasche zu klauen!»
«Ich will ein Paar blaue Wildlederschuhe haben», sagte der Junge.
«Du hättest doch nicht *meine* Handtasche klauen müssen, um deine Wildlederschuhe zu kriegen», sagte Mrs. Luella Bates Washington Jones. «Du hättest mich fragen können.»
«M'am?»
Während das Wasser von seinem Gesicht tropfte, sah der Junge sie an. Es entstand eine lange Pause. Eine sehr lange Pause. Nachdem er sich das Gesicht abgetrocknet hatte und es dann, da er nicht wusste, was er sonst tun sollte, ein zweites Mal abtrocknete, drehte der Junge sich um und fragte sich, was als Nächstes kommen würde. Die Tür stand offen. Er konnte versuchen, durch den Flur zu rennen und abzuhauen. Er konnte wegrennen, wegrennen, wegrennen, *wegrennen!*
Die Frau sass auf der Klappcouch. Nach einer Weile sagte sie: «Ich war auch mal jung und wollte Sachen haben, die ich nicht kriegen konnte.»
Eine weitere lange Pause. Der Junge machte den Mund auf. Dann runzelte er die Stirn, ohne zu wissen, dass er sie runzelte.
Die Frau sagte: «Hm, hm! Du hast gedacht, ich würde *aber* sagen, nicht wahr? Du hast gedacht, ich würde sagen, *aber ich habe anderen Leuten nicht die Handtaschen geklaut.* Also, ich hatte nicht die Absicht, das zu sagen.» Pause. Schweigen. «Ich habe auch Sachen gemacht, die ich dir nicht sagen würde, Sohn – die ich nicht einmal Gott sagen würde, wenn Er sie nicht sowieso wüsste. Alle Leute haben was gemeinsam. Also setz dich, während ich uns was zu essen mache. Und vielleicht könntest du dir noch mit dem Kamm durch die Haare fahren, damit du etwas anständiger aussiehst.»
In einer anderen Ecke des Zimmers, hinter einem Wandschirm, befanden sich ein Gaskocher und ein Kühlschrank. Mrs. Jones stand auf und ging hinter den Wandschirm. Die Frau behielt den Jungen *nicht* im Auge um zu sehen, ob er jetzt weglaufen würde, noch behielt sie ihre Handtasche im Auge, die sie auf der Couch liegengelassen hatte. Aber der Junge achtete sorgfältig darauf, sich auf die andere Seite des Zimmers zu setzen, weit weg von der Handtasche, wo sie ihn, wie er dachte, leicht aus den Augenwinkeln sehen konnte,

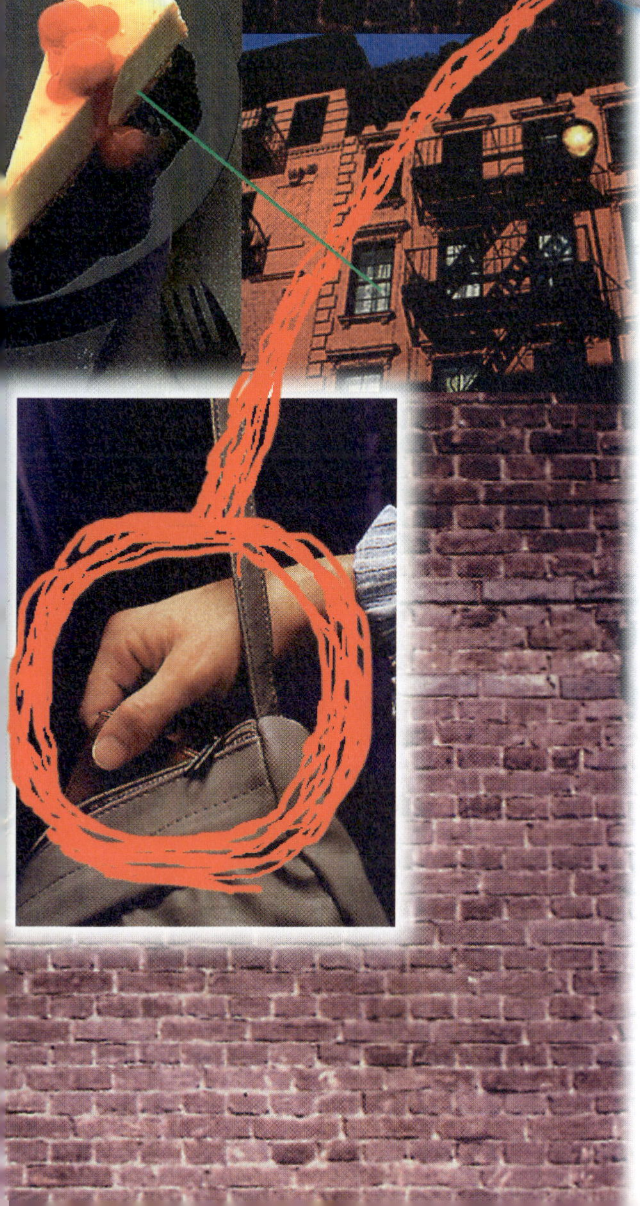

wenn sie wollte. Er traute der Frau nicht zu, ihm *nicht* zu misstrauen. Und er wollte jetzt nicht, dass ihm misstraut wurde.
«Brauchen Sie noch etwas aus dem Laden?» fragte der Junge. «Vielleicht Milch, oder sonst was?»
«Ich denke nicht», sagte die Frau. «Ausser, du selbst hättest lieber frische Milch. Ich wollte Kakao aus der Dosenmilch machen, die ich hier habe.»
«Das wäre prima», sagte der Junge.
Sie wärmte Bohnen und Schinken auf, die sie im Kühlschrank hatte, machte den Kakao und deckte den Tisch. Die Frau stellte dem Jungen keine Fragen darüber, wo er wohnte oder wer seine Leute waren oder sonst etwas, was ihn in Verlegenheit bringen könnte. Statt dessen erzählte sie ihm beim Essen von ihrer Arbeit im Schönheitssalon eines Hotels, der bis spät geöffnet hatte, wie die Arbeit war und dass alle Arten von Frauen kamen und gingen, Blondinen und Rothaarige und Dunkelhaarige. Dann schnitt sie ihm die Hälfte ihres Zehn-Cent-Kuchens ab.
«Iss noch was, Sohn», sagte sie. Als sie fertig waren, stand sie auf und sagte: «Und jetzt nimmst du die zehn Dollar hier und kaufst dir deine blauen Wildlederschuhe. Und das nächste Mal machst du nicht den Fehler, dich an *meiner* Handtasche zu vergreifen, *und auch nicht an der von irgend jemandem sonst* – weil einem nämlich Schuhe, die man auf teuflische Art bekommen hat, die Füsse verbrennen. Ich muss jetzt meine Ruhe haben. Aber ich hoffe, Sohn, dass du dich von jetzt an anständig benimmst.»
Sie führte ihn durch den Flur zur Haustür und öffnete sie. «Gute Nacht! Benimm dich, Junge!» sagte sie, den Blick auf die Strasse gerichtet, während er die Treppe hinunterging.
Der Junge hätte gerne etwas anderes als «Vielen Dank, M'am» zu Mrs. Luella Bates Washington Jones gesagt, aber obwohl seine Lippen sich bewegten, konnte er nicht einmal das sagen, als er sich am Fuss der armseligen Treppe umdrehte und zu der grossen Frau hinaufsah, die in der Tür stand.
Dann machte sie die Tür zu.

Langston Hughes

Sag mal, bist du ein Typ?

Ich war gerade auf dem Weg zu meiner Schwester, als meine Story anfing. Ich stand am Bahnhof und wartete auf meine Strassenbahn. Als sie dann endlich kam und ich einstieg, setzte ich mich auf einen Einzelplatz. Ich hatte ungefähr noch eine halbe Stunde Fahrt vor mir, als vier Mädchen im Alter von ungefähr 16 Jahren einstiegen. Ich beachtete sie nicht weiter und hing meinen Gedanken nach. Plötzlich sagte die eine: «Mensch, sieh dir mal den Typ da hinten an, ist der nicht süss?» Die andere sagte daraufhin: «Das ist doch ein Mädchen.» Und da hat's bei mir gerasselt. Ich merkte, dass es um mich ging. Ich konnte ein Grinsen nicht unterdrücken. Sie stritten sich ungefähr eine Viertelstunde, ob ich ein Typ oder ein Mädchen bin. Gegenüber von mir sass ein schon älteres Ehepaar. Und dann kam ein Vierersitz, wo die Mädchen sassen. Ab und zu sah ein Mädchen zwischen dem alten Ehepaar durch, um die Aussage der anderen zu bekräftigen, nämlich, dass ich ein Typ sei. Das alte Ehepaar sah mich die ganze Zeit todernst an, als ob ich irgend etwas Schlimmes getan hätte.
Na ja, und dann sagte die eine: «Frag doch einmal.» Das war eigentlich gar nicht mehr nötig, denn es hatte sowieso schon jeder in der Strassenbahn mitbekommen. Sie stritten also, ob sie fragen sollten oder nicht. Okay, die eine hatte sich endlich überwunden und fragte: «Sag mal, bist du ein Typ?» Ich antwortete: «Seh ich so aus?» Und dann ging das schon wieder los: «Hast du die Stimme gehört, das ist ein Typ.» Die andere erwiderte: «Ach Quatsch, das ist ein Mädchen» usw. Na, und dann sagte sie: «Jetzt mal ohne Scheisse, bist du ein Mädchen?» Ich sagte dann: «Ja, logisch.» Die eine war ganz happy, weil sie recht gehabt hatte. Sie sagte noch: «Wärst du ein Typ gewesen, hätte ich dich glatt angemacht.»
Ich stand langsam auf, musste aber noch eine Weile bis zu meiner Station warten. Da sagte die eine doch glatt: «Haste 'nen Bruder?» Ich erwiderte: «Ich glaube schon.» Die andere sagte daraufhin: «Den musst du mir mal vorstellen.» Ich sagte: «Ich glaube nicht, dass der mit seinen zwölf Jahren Interesse an euch hat.» Und dann kam meine Station, ich stieg aus und rief noch ein «Tschüs»!!!!!

Ich habe so was schon öfters erlebt, wie zum Beispiel, dass ein Mädchen mit mir gehen wollte, und als sie dann erfuhr, dass ich ein Mädchen bin, die Flatter gemacht hat. Ich sehe sie heute noch jeden Freitag, aber ich bin Luft für sie. Ich habe über solche Situationen schon oft mit anderen Mädchen geredet. Und ich finde es beschissen, dass sie, solange sie denken, ich wäre ein Typ, Interesse zeigen und dass sie, wenn sie merken, dass ich ein Mädchen bin, mich links liegen lassen. Früher, als kleines Kind, bin ich tagtäglich für einen Typ gehalten worden, und da war ich auch noch stolz darauf. Aber jetzt bin ich froh, ein Mädchen zu sein.

Bine

Ein Ereignis – ZWEI STANDPUNKTE

Die folgenden beiden Texte beziehen sich auf das gleiche Ereignis, das aber von den jeweils Betroffenen ganz anders geschildert wird. Es handelt sich um eines der seltenen Beispiele, wo Äusserungen von beiden Seiten erhalten sind. Auf seiner Reise vom Victoriasee zur Kongomündung stiess Henry Morton Stanley nach verschiedenen vorausgegangenen kleinen Auseinandersetzungen am 1. Februar 1878 auf das Volk des Häuptlings Mojimba, das sich – so kommt es Stanley vor – feindselig verhält. Vorausgegangen waren grosse Schwierigkeiten: die Überwindung der Stanley-Fälle, die häufigen Erkrankungen seiner Expeditionstruppe, wiederholte kriegerische Konflikte mit Stämmen, die befürchteten, Stanley komme als Sklavenjäger; alle diese Schwierigkeiten mögen bei den Leuten und ihrem Führer eine nervöse Disposition bewirkt haben, die sie die Ereignisse nicht mehr realistisch sehen liess. Im Kontrasttext berichtet der Dorfvorsteher Mojimba über die gleiche Begegnung aus seiner Sicht. Seine Schilderung wurde wenige Jahre nach dem Ereignis vom katholischen Missionar Pater Joseph Fraessle aufgezeichnet.

Kein schöner Empfang

Am 1. Februar, ungefähr um 8 Uhr morgens, erblickten wir einen Marktplatz, in dessen Nähe sich Dutzende von kleinen Kanus befanden. Augenblicklich sprangen alle Männer in diese Boote und bewegten sich auf uns zu. Wir hielten uns lange zurück, aber als sie durch unser Schweigen ermutigt wurden und anfingen, ihre Speere zu werfen – was sie alle zusammen taten, sobald jemand «mutti» rief – da waren wir schliesslich gezwungen, mit einigen Schüssen zu antworten, worauf sie sich davonmachten. Im ganzen Land erwachten die Trommeln und aus Hörnern erschallten ohrenbetäubende Töne. Einige Kanus verfolgten uns mutig.
Ungefähr um 10 Uhr morgens kamen wir bei einem andern Marktflecken an. Auch hier wurden wir von Kriegern empfangen, und wieder mussten wir von unseren Waffen Gebrauch machen. Die kleinen Kanus verschwanden mit lauten Drohungen flussabwärts, die Krieger am Ufer verzogen sich in den Wald. Wir wollten uns nicht beeilen, denn je schneller wir vorwärts kamen, desto grösser schienen die Schwierigkeiten zu werden. Gleichgültig liessen wir die Zeit verstreichen; ausruhen war so selten geworden, dass wir jede Gelegenheit dazu benützten.
Um 2 Uhr nachmittags kamen wir aus dem Schutz des dichtbewaldeten Ufers hinaus auf einen weiten Fluss, der an der Einmündung eine Breite von über 400 m hatte. Sobald wir uns in seinem Wasser befanden, sahen wir eine grosse Kanuflotte in der Mitte des Flusses. Die in ihren Kanus stehenden Männer schrien, als sie uns erblickten, und ihre Hörner ertönten lauter denn je. Wir wollten schnell ans rechte Ufer rudern, als sich uns plötzlich flussaufwärts ein Anblick bot, der das Blut in den Adern erstarren liess. Eine Flotte gigantischer Kanus näherte sich uns, die an Grösse und Anzahl alles übertrafen, was wir je gesehen hatten.
Anstatt uns ans rechte Ufer zu begeben, bildeten wir eine Reihe und hielten gerade flussabwärts, das grosse Schiff bildete dabei

die Nachhut. Als ich die Zahl der Wilden sah, die uns verfolgten, und spürte, wie unsere Kanus den Drang hatten, die geschlossene Reihe zu verlassen, gab ich nach kurzer Überlegung den Befehl zu ankern. Vier unserer Kanus wollten das nicht gehört haben, bis ich sie eigenhändig wieder in die Formation zurückgejagt hatte. Diese bestand nun aus 11 Doppelkanus, je ungefähr 45 m voneinander entfernt verankert. Das Schiff kam nun nach vorn und stellte sich vor der Front auf. Als nächstes wurden im Bug Männer, soweit sie nicht selber Krieger waren, Frauen und Kinder mit erhobenen Schildern aufgestellt, und zwar zu beiden Seiten; dahinter wurden Musketen und Geschütze bereitgemacht. Wir hatten genügend Zeit, uns die mächtige Armee anzuschauen, die uns entgegenkam, und die Kriegsschiffe zu zählen.

Es waren deren 54! Ein Riesenkanu war an der Spitze, mit zwei Reihen aufgestellter Paddel, 40 Mann auf jeder Seite; ihre Körper beugten und neigten sich in einer einzigen Bewegung, als sie das Schiff unter einem anschwellenden und barbarischen Gesang auf uns zusteuerten.
Im Bug, auf einer Art Plattform, standen 10 blutjunge Krieger, die Köpfe lustig geschmückt mit roten und grauen Papageienfedern. Am Heck steuerten acht Männer mit langen Rudern, deren Knäufe mit Elfenbeinkugeln verziert waren, das Riesenschiff auf uns zu, und zehn weitere Männer, anscheinend Häuptlinge, sprangen ordnend und antreibend im ganzen Schiff vom Bug zum Heck auf und ab.
Der dröhnende Ton von grossen Trommeln, Stösse aus Elfenbeinhörnern, ein markerschütternder Gesang aus 2'000 menschlichen Kehlen – all das beruhigte nicht gerade unsere Nerven und erhöhte auch unser Vertrauen nicht. Aber es ging um unser nacktes Leben. Es blieb uns keine Zeit zu beten oder sentimentale Blicke in die Welt der Wilden zu werfen, es blieb nicht einmal Zeit, tief Atem zu holen und uns von ihr zu verabschieden. Es gab soviel andere Dinge, die jetzt schnell und gut getan werden mussten.
Als uns das vorderste Kanu entgegenschnellte, die Männer auf beiden Seiten das Wasser zu Schaum schlugen und der scharfe Bug das Wasser hoch aufspritzen liess, schaute ich ein letztes Mal unsere Leute an und sagte: «Männer, seid hart wie Stahl; wartet, bis ihr den ersten Speer seht, und dann zielt gut. Feuert nicht alle auf einmal. Zielt so lange, bis ihr euren Mann sicher aufs Korn genommen habt. Denkt ja nicht daran zu fliehen, denn nur eure Flinten können euch retten.»
Das Riesenkanu kam direkt auf mein Schiff zu, als ob es uns überfahren wollte. Aber als es ungefähr 45 m von uns entfernt war, schwenkte es zur Seite, und als es fast gegenüber war, liessen die Krieger über dem Bug ihre Speere schwirren, und auf beiden Seiten hörte man das Geräusch von sich bewegenden Körpern. Aber jedes Geräusch ging bald im Knattern der Musketen unter.
Während fünf Minuten waren wir so mit Schiessen beschäftigt, dass wir auf nichts anderes achteten. Aber dann wurden wir gewahr, dass der Feind sich etwa 180 m weiter oben neu formierte. Wir waren zum Kämpfen bereit. Es war eine mörderische Welt, und zum ersten Mal spürten wir, dass wir die schmutzigen, brutalen Kerle, die sie bewohnten, hassten. Wir hievten daher unsere Anker und verfolgten sie flussabwärts dem rechten Ufer entlang, bis wir nach einer Flussbiegung ihre Dörfer sahen. Wir gingen sofort ans Ufer und kämpften mit jenen, die gelandet waren, in den Gassen des Dorfs weiter, jagten sie in die Wälder und bliesen erst zum Rückzug, als wir den frechen Kannibalen den Überfall heimgezahlt hatten.

Henry Morton Stanley

Das war kein Bruder

Als wir hörten, dass der Mann mit dem «weissen Fleisch» den Lulaba hinunter unterwegs sei, waren wir sehr erstaunt. Während der ganzen Nacht verbreiteten die Trommeln diese eigenartige Nachricht – ein Mann mit weissem Fleisch! Dieser Mann, sagten wir uns, hat eine weisse Haut. Er muss sie vom Flussreich erhalten haben. Er muss einer unserer ertrunkenen Brüder sein. Alles Leben kommt aus dem Wasser, und im Wasser hat er das Leben gefunden. Jetzt kommt er zu uns zurück, er kommt wieder nach Hause …
Wir werden ihm ein Fest bereiten, so beschloss ich, wir werden unserem Bruder entgegengehen und ihn dann zurück ins Dorf geleiten. Wir zogen uns die festlichen Kleider an. Wir versammelten die grossen Kanus. Wir warteten auf das Zeichen, das die Ankunft des Bruders auf dem Lulaba ankündigen sollte. Jetzt hörte man den Ruf: «Er nähert sich dem Lohali, jetzt kommt er in den grossen Fluss, halloh …»
Wir eilten ihm entgegen – mein Kanu an der Spitze, die anderen dicht hinten nach – mit Freudengesang und Tänzen, dem ersten weissen Mann zu Ehren, den wir sehen sollten.
Aber als wir uns seinen Kanus näherten, hören wir lautes Knallen – bang – bang! Und Feuerstäbe spien Eisenstücke auf uns. Wir waren vor Angst gelähmt, uns blieb der Mund offen. Hier ereignete sich etwas, das wir nie gesehen, nie gehört und auch nie geträumt hatten. Es war das Werk von bösen Geistern! Mehrere meiner Männer tauchten ins Wasser. Warum? Brachten sie sich in Sicherheit? Nein – andere stürzten in die Kanus zurück, einige schrien furchtbar, andere wurden still – sie waren tot, und Blut floss aus kleinen Löchern in ihren Körpern. «Krieg, dies ist Krieg!» schrie ich, «kommt zurück!» Die Kanus ruderten so rasch als möglich zu unserem Dorf zurück, dabei setzten wir alle Kraft ein, die uns zur Verfügung stand.
Das war kein Bruder! Das war der schlimmste Feind, den man je in unserem Land angetroffen hatte. Und immer noch knallte es; die langen Stäbe spien immer noch Feuer, fliegende Eisenstücke pfiffen uns um die Ohren, fielen mit einem zischenden Geräusch ins Wasser, und unsere Brüder stürzten weiterhin. Wir flüchteten in unser Dorf – sie kamen hinterher. Wir flohen in den Wald und warfen

uns zu Boden. Als wir am Abend zurückkehrten, bot sich uns ein schlimmer Anblick: unsere Brüder tot, blutend, unser Dorf geplündert und abgebrannt, lauter Leichen im Wasser.
Die Räuber und Mörder waren verschwunden.
Nun – hat der weisse Mann uns gerecht behandelt? Oh, sprecht nicht von ihm! Ihr sagt, wir seien böse Menschen, aber ihr weissen Männer seid noch viel schlimmer!! Ihr denkt, weil ihr Gewehre habt, könnt ihr unser Land und unseren Besitz wegnehmen. Ihr leidet an einer Krankheit in euren Köpfen, denn das ist nicht Gerechtigkeit.

Häuptling Mojimba

Nachts schlafen die Ratten doch

Das hohle Fenster in der vereinsamten Mauer gähnte blaurot voll früher Abendsonne. Staubgewölke flimmerte zwischen den steilgereckten Schornsteinresten. Die Schuttwüste döste.
Er hatte die Augen zu. Mit einmal wurde es noch dunkler.
Er merkte, dass jemand gekommen war und nun vor ihm stand, dunkel, leise. Jetzt haben sie mich! dachte er. Aber als er ein bisschen blinzelte, sah er nur zwei etwas ärmlich behoste Beine. Die standen ziemlich krumm vor ihm, dass er zwischen ihnen hindurchsehen konnte. Er riskierte ein kleines Geblinzel an den Hosenbeinen hoch und erkannte einen älteren Mann. Der hatte ein Messer und einen Korb in der Hand. Und etwas Erde an den Fingerspitzen.
Du schläfst hier wohl, was? fragte der Mann und sah von oben auf das Haargestrüpp herunter. Jürgen blinzelte zwischen den Beinen des Mannes hindurch in die Sonne und sagte: Nein, ich schlafe nicht. Ich muss hier aufpassen. Der Mann nickte: So, dafür hast du wohl den grossen Stock da?
Ja, antwortete Jürgen mutig und hielt den Stock fest.
Worauf passt du denn auf?
Das kann ich nicht sagen. Er hielt die Hände fest um den Stock.
Wohl auf Geld, was? Der Mann setzte den Korb ab und wischte das Messer an seinem Hosenboden hin und her.
Nein, auf Geld überhaupt nicht, sagte Jürgen verächtlich. Auf ganz etwas anderes.
Na, was denn?
Ich kann es nicht sagen.
Was anderes eben.
Na, denn nicht. Dann sage ich dir natürlich auch nicht, was ich hier im Korb habe. Der Mann stiess mit dem Fuss an den Korb und klappte das Messer zu.
Pah, kann mir denken, was in dem Korb ist, meinte Jürgen geringschätzig, Kaninchenfutter.
Donnerwetter, ja! sagte der Mann verwundert, bist ja ein fixer Kerl. Wie alt bist du denn?
Neun.
Oha, denk mal an, neun also. Dann weisst du ja auch, wieviel drei mal neun sind, wie?
Klar, sagte Jürgen, und um Zeit zu gewinnen, sagte er noch: Das ist ja ganz leicht. Und er sah durch die Beine des Mannes hindurch. Dreimal neun, nicht? fragte er noch einmal, siebenundzwanzig. Das wusste ich gleich.
Stimmt, sagte der Mann, und genau soviel Kaninchen habe ich.
Jürgen machte einen runden Mund: Siebenundzwanzig?
Du kannst sie sehen. Viele sind noch ganz jung. Willst du?
Ich kann doch nicht. Ich muss aufpassen, sagte Jürgen unsicher.
Immerzu? fragte der Mann, nachts auch?
Nachts auch. Immerzu. Immer. Jürgen sah an den krummen Beinen hoch. Seit Sonnabend schon, flüsterte er.
Aber gehst du denn gar nicht nach Hause? Du musst doch essen.
Jürgen hob einen Stein hoch. Da lag ein halbes Brot. Und eine Blechschachtel.
Du rauchst? fragte der Mann, hast du denn eine Pfeife?
Jürgen fasste seinen Stock fest an und sagte zaghaft: Ich drehe. Pfeife mag ich nicht.
Schade, der Mann bückte sich zu seinem Korb, die Kaninchen hättest du ruhig mal ansehen können. Vor allem die Jungen. Vielleicht hättest du dir eines ausgesucht. Aber du kannst hier ja nicht weg.
Nein, sagte Jürgen traurig, nein nein.

Der Mann nahm den Korb hoch und richtete sich auf. Na ja, wenn du hierbleiben musst – schade. Und er drehte sich um.
Wenn du mich nicht verrätst, sagte Jürgen da schnell, es ist wegen den Ratten.
Die krummen Beine kamen einen Schritt zurück: Wegen den Ratten?
Ja, die essen doch von Toten. Von Menschen. Da leben die doch von.
Wer sagt das?
Unser Lehrer.
Und du passt nun auf die Ratten auf? fragte der Mann.
Auf die doch nicht! Und dann sagte er ganz leise: Mein Bruder, der liegt nämlich da unten. Da. Jürgen zeigte mit dem Stock auf die zusammengesackten Mauern. Unser Haus kriegte eine Bombe. Mit einmal war das Licht weg im Keller. Und er auch. Wir haben noch gerufen. Er war viel kleiner als ich. Erst vier. Er muss hier ja noch sein. Er ist doch viel kleiner als ich.
Der Mann sah von oben auf das Haargestrüpp. Aber dann sagte er plötzlich: Ja, hat euer Lehrer euch denn nicht gesagt, dass die Ratten nachts schlafen?
Nein, flüsterte Jürgen und sah mit einmal ganz müde aus, das hat er nicht gesagt.
Na, sagte der Mann, das ist aber ein Lehrer, wenn er das nicht weiss. Nachts schlafen die Ratten doch. Nachts kannst du ruhig nach Hause gehen. Nachts schlafen sie immer. Wenn es dunkel wird, schon.
Jürgen machte mit seinem Stock kleine Kuhlen in den Schutt. Lauter kleine Betten sind das, dachte er, alles kleine Betten.
Da sagte der Mann (und seine krummen Beine waren ganz unruhig dabei): Weisst du was? Jetzt füttere ich schnell meine Kaninchen, und wenn es dunkel wird, hole ich dich ab. Vielleicht kann ich eins mitbringen. Ein kleines oder, was meinst du?
Jürgen machte kleine Kuhlen in den Schutt. Lauter kleine Kaninchen. Weisse, graue, weissgraue. Ich weiss nicht, sagte er leise und sah auf die krummen Beine, wenn sie wirklich nachts schlafen.
Der Mann stieg über die Mauerreste weg auf die Strasse. Natürlich, sagte er von da, euer Lehrer soll einpacken, wenn er das nicht mal weiss.
Da stand Jürgen auf und fragte: Wenn ich eins kriegen kann? Ein weisses vielleicht?
Ich will mal versuchen, rief der Mann schon im Weggehen, aber du musst hier solange warten. Ich gehe dann mit dir nach Hause, weisst du? Ich muss deinem Vater doch sagen, wie so ein Kaninchenstall gebaut wird. Denn das müsst ihr ja wissen.
Ja, rief Jürgen, ich warte. Ich muss ja noch aufpassen, bis es dunkel wird. Ich warte bestimmt. Und er rief: Wir haben auch noch Bretter zu Hause. Kistenbretter, rief er.
Aber das hörte der Mann schon nicht mehr. Er lief mit seinen krummen Beinen auf die Sonne zu. Die war schon rot vom Abend und Jürgen konnte sehen, wie sie durch die Beine hindurchschien, so krumm waren sie. Und der Korb schwenkte aufgeregt hin und her. Kaninchenfutter war da drin. Grünes Kaninchenfutter, das war etwas grau vom Schutt.

Wolfgang Borchert

Wolfgang Borchert: Geboren am 20. 5. 1921 in Hamburg, gestorben am 20. 11. 1947 in Basel; deutscher Schriftsteller, der in seinen Werken die Kriegserlebnisse seiner Generation verarbeitete. Schrieb Erzählungen, Gedichte und das Drama «Draussen vor der Tür».

Windstärke neun

Gertrud Wilker: 1924 in Solothurn geboren, in Bern aufgewachsen; Matura, Studium, Tätigkeit als Lehrerin in Bern. Gertrud Wilker schrieb Romane, Erzählungen, Gedichte und Hörspiele; sie erhielt zahlreiche Auszeichnungen und Preise.

«Hörst du ihn?» fragte Grossmama ihren Enkel.
Der Wind zischte, kreischte, holeite.
Sie sassen beim Balkonfenster, der Enkel auf Grossmamas Schoss, im vierzehnten Stockwerk, unterhalb der Flachdachterrasse.
«Windstärke neun», stellte Grossmama fest.
Ein harter weisser Bartansatz wuchs an ihrem Kinn.
«Wollen wir mal zusammen auf den Balkon hinaus?»
Der Enkel fürchtete sich sehr. Grossmama fasste ihn an der Hand, sie umschloss eisern seine Finger und sperrte die Balkontür auf. Der Wind sauste von unten in die Tüllgardinen, peitschte den verrauchten Gitterstoff gegen ihre Gesichter, aber Grossmama trat trotzdem hinaus. Die hölzernen Zwischenwände links und rechts vom Balkon klapperten sehr laut. Dem Kleinen blieb zuerst der Atem weg.
«Fünfundsiebzig Stundenkilometer, zweiundvierzig Knoten, ahoi!» schrie Grossmama. «Wunderbarer Nordnordwest! Wir stehen auf Oberdeck, Mann, zwei Matrosen, seetüchtig. Unsere Mützenbänder liegen steif im Wind.»
Dem Enkel war eisig vor Angst. Grossmama liess seine Hand frei; sofort flüchtete er sich ins Wohnzimmer zurück.
«Seemann Martin!» schrie ihm Grossmama mit heiserer Rabenstimme zu, «schliess die Balkontür, Jammerlappen!»
Der Enkel stemmte sich schlotternd mit dem Rücken gegen die Glastüre, bis sie zuschnappte und Grossmama allein auf dem Balkon draussen blieb. Er wartete mit aufgerissenen Augen hinter der Scheibe.
Grossmama streckte ihre Arme von sich, hob sie hoch, senkte sie, wehte mit ihnen wie mit Flügeln. Ihr weisses dünnes Haar zitterte im Sturmwind, sie riss ihren Mund auf und brüllte irgend etwas in die Luft. Etwas Böses, Verbotenes.
Dem Enkel wurde der Mund trocken. Er konnte nicht schlucken und war nicht imstande, Grossmama zurückzurufen. Diese klammerte sich mit blau geäderten Greisinnenhänden ans Balkongitter. Sie beugte sich entsetzlich weit hinaus, fast waagrecht, die Zipfel ihres Wollumhangs flogen hinter ihr hoch. Die Haare standen ihr vom Kopf ab wie weisse Fadenwürmer.
«Wie sieht sie aus», dachte der Enkel erschreckt, «wie nur, wie wer?»
Grossmama schrie in den wütenden Wind, jetzt wieder aufrecht, der Sturm zischte und pfiff, so dass ihre Stimme kaum zu hören war. Ein dünnes Eichenblatt wirbelte den Balkon entlang gegen oben, Grossmama fischte es mit ihrer Hand aus der Luft und lachte, wobei sie die Lippen hochschob wie ein wieherndes Pferd.
Der Enkel liess sich auf Grossmamas Lehnstuhl nieder.
Er klapperte mit den Zähnen und fror.
Grossmama dirigierte im Rhythmus der Windstösse mit ihren dürren Armen und gab den Parkbäumen unterhalb des Wohnturms Zeichen mit ihren Händen.
Der Enkel versuchte, sie nicht mehr anzusehen. Er konzentrierte seine Blicke auf den Himmel. Tintenblaue und kohlenschwarze Wolken schossen von Norden nach Südosten. Eine Kröte mit sprunggespreizten Schenkeln, ein vorgestreckter Riesenzeigefinger wurden vorbeigetrieben, während Grossmama mit dem Rücken zum Balkonfenster in Grätschstellung lachend und schreiend auf den Wind einredete.
Dann fiel es ihm ein, wie Grossmama aussah. Es war eine Erlösung für ihn, dass ihm das Wort eingefallen war. Er brauch-

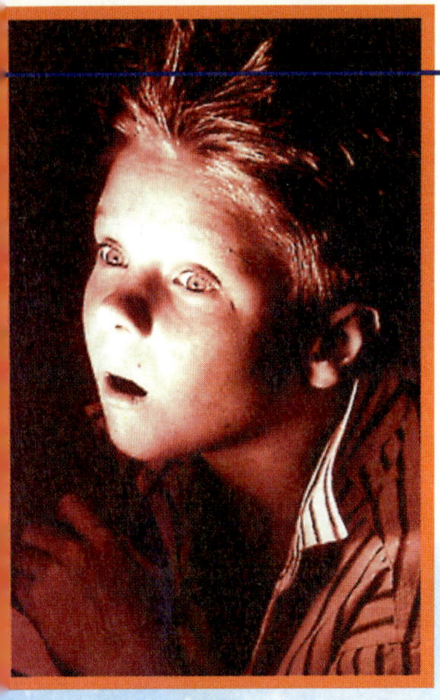

te es bloss auszusprechen, um das Böse, Verbotene zu vertreiben.
Als Grossmama ins Zimmer zurückkehrte, zerzaust, immer noch mit dem lachenden Pferdegesicht, nahm er sich zusammen und sagte das Wort.
«Hexe», sagte er.
«O ja», antwortete Grossmama; «lieber eine Sturmhexe auf Oberdeck als deine zahme Grossmutter. Weiss Gott.»
«Hexe, alte, verrückte Hexe», wiederholte der Enkel triumphierend.
«Pass auf, Jammerlappen», sagte Grossmama.
Sie breitete nochmals ihre Arme aus. Sonst tat sie nichts.
Von einem Augenblick zum nächsten trat Windstille ein.

Gertrud Wilker

Keine Dame

Als neulich unsere Frauenbrigade im Espresso am Alex Kapuziner trank, betrat ein Mann das Etablissement, der meinen Augen wohltat. Ich pfiff also eine Tonleiter 'rauf und 'runter und sah mir den Herrn an, auch 'rauf und 'runter. Als er an unserem Tisch vorbeiging, sagte ich «Donnerwetter». Dann unterhielt sich unsere Brigade über seine Füsse, denen Socken fehlten, den Taillenumfang schätzten wir auf siebzig, Alter auf zweiunddreissig, das Exquisithemd zeichnete die Schulterblätter ab, was auf Hagerkeit schliessen liess, schmale Schädelform mit 'rausragenden Ohren, stumpfes Haar, das irgendein hinterweltlerischer Friseur im Nacken rasiert hatte, wodurch die Perücke nicht bis zum Hemdkragen reichte, was meine Spezialität ist, wegen schlechter Haltung der schönen Schultern riet ich zum Rudersport, da der Herr in der Ecke des Lokals Platz genommen hatte, mussten wir sehr laut sprechen. Ich liess ihm und mir einen doppelten Wodka servieren und prostete ihm zu, als er der Bedienung ein Versehen anlasten wollte. Später ging ich zu seinem Tisch, entschuldigte mich, sagte, dass wir uns von irgendwoher kennen müssten, und besetzte den nächsten Stuhl. Ich nötigte dem Herrn die Getränkekarte auf und fragte nach seinen Wünschen. Da er keine hatte, drückte ich meine Knie gegen seine, bestellte drei Lagen Slivovic und drohte mit Vergeltung für den Beleidigungsfall, der einträte, wenn er nicht tränke. Obgleich der Herr weder dankbar noch kurzweilig war, sondern wortlos, bezahlte ich alles und begleitete ihn aus dem Lokal. In der Tür liess ich meine Hand wie zufällig über seine Hinterbacken gleiten, um zu prüfen, ob die Gewebestruktur in Ordnung war. Da ich keine Mängel feststellen konnte, fragte ich den Herrn, ob er heute abend etwas vorhätte, und lud ihn ein ins Kino International. Eine innere Anstrengung, die zunehmend sein hübsches Gesicht zeichnete, verzerrte es jetzt grimassenhaft, konnte die Verblüffung aber doch endlich lösen und die Zunge, also dass der Herr sprach: «Hören Sie mal, Sie haben ja unerhörte Umgangsformen.» – «Gewöhnlich», entgegnete ich, «Sie sind nur nichts Gutes gewöhnt, weil Sie keine Dame sind.»

Irmtraud Morgner

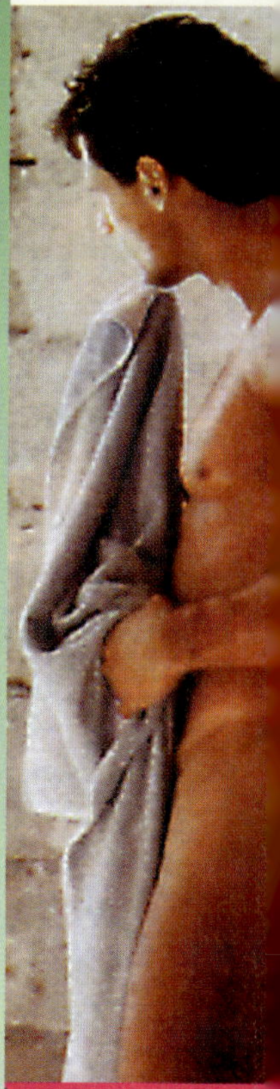

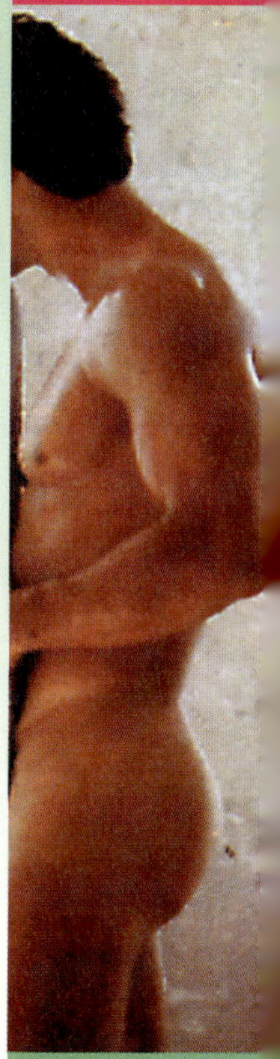

LÜGEN

Sie sah ihn zuerst von hinten. Er war riesig, überragte selbst im Sitzen alle anderen Studenten. Sein Kopf war zu gross, sein Hals zu dünn und zu lang, seine Haare fast weiss. Nervös rieb sie ihre Hände aneinander und zupfte ihren Rock gerade.
«Guten Tag», sagte sie. «Mein Name ist Rosemarie Hüttner, ich bin Fotografin und möchte Ihnen in der nächsten Stunde etwas über Porträtfotografie erzählen.»
Die Studenten betrachteten sie müde. Einige gähnten ihr offen ins Gesicht, ein Mädchen strickte, nur er, der Riese, sah sie erwartungsvoll an, lächelte ihr sogar zu. Sein Gesicht verschob sich dabei zu einer Grimasse, sein Mund zuckte, ein Auge rollte unkontrolliert hin und her. Nichts stimmte in diesem Gesicht. Es sah aus wie aus Einzelteilen zusammengenäht, aber nicht wie nach einem schweren Unfall, dazu war sein ganzer Kopf zu unförmig, die Stirn zu hoch und zu breit, wie ein Wasserkopf, dachte Rosemarie, so sieht das wohl aus. Sie bemühte sich, ihn nicht anzustarren, aber er sass genau in der Mitte des Zimmers mit seinen weissen Haaren und seiner kreidebleichen Haut.
Sie sprach über Licht.
«Unser Auge registriert immer zuerst den hellsten Fleck auf einem Foto. Darüber sollte man sich bei der Komposition eines Bildes im voraus klar sein.»
Der Riese musste sich hierher verirrt haben, und sie war darauf gefasst, dass er anfangen würde, unkontrolliert vor sich hinzulallen. Die Studenten beachteten ihn so wenig wie sie. Ihre Neugier an einer neuen Dozentin war nach wenigen Sekunden erloschen. Nur er schien ihr aufmerksam zuzuhören, mit seinem einen Auge hing er an ihren Lippen, während das andere schielend umherwanderte.
Rosemarie holte eine Glühbirne an einem Kabel aus ihrer Tasche. «Ich möchte jetzt ein kleines Experiment mit Ihnen machen», kündigte sie bemüht schwungvoll an. «Dazu brauche ich einen Freiwilligen, der zu mir nach vorne kommt.» Sie hatte den Satz noch nicht beendet, da fürchtete sie sich schon. Und tatsächlich stand der Riese umständlich auf und kam langsam auf sie zu. Seine Arme hingen wie kleine Anhängsel an seinem gewaltigen Körper herunter, er ging leicht in den Knien abgeknickt und setzte vorsichtig einen Fuss vor den anderen. «Vielleicht wäre es besser», sagte sie hastig, «wenn wir mit einem Frauengesicht anfangen würden ... » Blöder kann man es nicht ausdrücken, dachte sie. Der Riese blieb stehen, verschob abermals sein Gesicht zu einem Lächeln, drehte sich dann

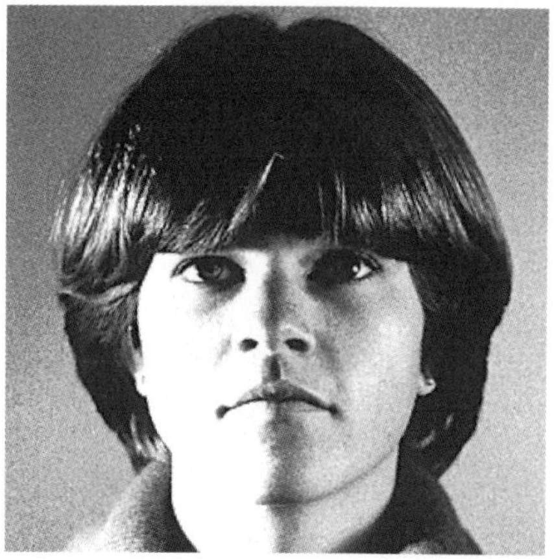

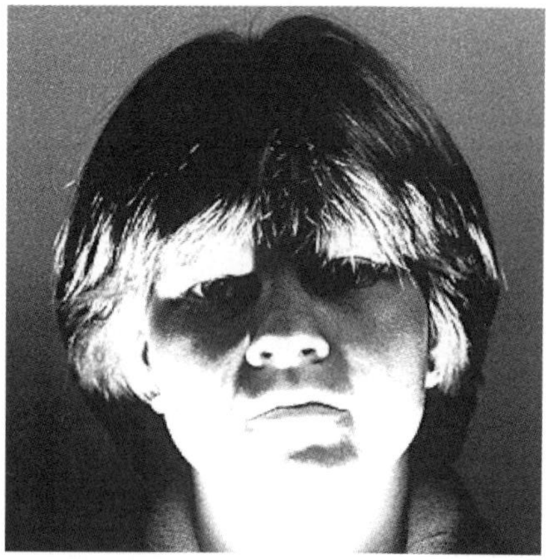

Doris Dörrie: Geboren 1955 in Hannover, nach dem Abitur Aufenthalt in den USA, Studium an der Münchner Filmhochschule, lebt in München. Schrieb Erzählungen und Kurzgeschichten.

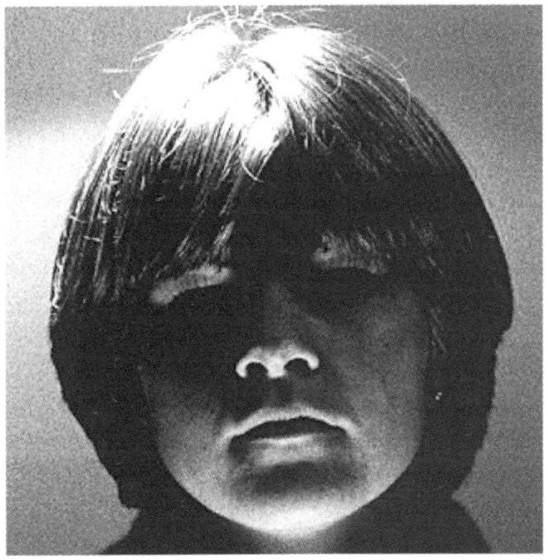

ganz langsam um und ging zurück zu seinem Stuhl. Es entstand eine Pause. Die Studenten sahen sie abwartend an. Rosemaries Achselhöhlen fingen an zu jucken. Sie zeigte auf ein durchschnittlich hübsch aussehendes Mädchen, das sich nur widerwillig erhob. Rosemarie liess die Jalousien herunter und schaltete die Glühbirne ein.
«Sie werden jetzt sehen, wie sich der Ausdruck, je nachdem, wie ich die Beleuchtungsquelle auf das Gesicht richte, ändert.»
Sie wanderte mit der Glühbirne um das Mädchen herum und machte es schön. Sie liess die etwas zu niedrige Stirn im Dunkel verschwinden, hob die klassisch gerade Nase hervor, liess ein Grübchen einen markanten Schatten werfen.
«Fotografie hat nichts mit Wahrheit zu tun. Die Kamera lügt, und es liegt an Ihnen, wie Sie sie lügen lassen. Das Mittel zur Lüge ist das Licht.» Sie hielt dem Mädchen die Glühbirne unters Kinn und machte so sein Gesicht hart, bitter und alt.
«Versuchen Sie nie, objektiv zu sein. Objektivität ist halbherzig und feig. Sie versucht, allgemein zu sein. Je subjektiver Sie sind, um so mehr wird es Ihnen gelingen, Allgemeingültiges auszudrücken.» Sie bedankte sich bei dem Mädchen und wollte sich sofort umdrehen, um die Jalousien hochzuziehen, da stand der Riese abermals auf und kam entschlossen auf sie zu. Hilflos gestikulierte sie mit der Glühbirne, aber eine neue Ausrede wollte ihr einfach nicht einfallen. Im Halbdunkel sah sie, wie die Studenten sich gespannt aufrichteten. Ich kann nicht, ich kann einfach nicht, dachte sie. Er nahm ruhig auf dem Stuhl vor der Klasse Platz und sah sie erwartungsvoll an. Dann nickte er. Zögernd und mit klopfendem Herzen hob sie die Glühbirne und richtete sie auf sein Gesicht. Es zerfiel augenblicklich in monströse Details, seine riesige Stirn leuchtete weiss auf, und der Abstand zwischen seinen Augen vergrösserte sich so, dass das eine Auge mit dem anderen nichts mehr zu tun zu haben schien. Erschrocken liess sie die Glühbirne sinken. Licht ist das Mittel zur Lüge, Licht ist das Mittel zur Lüge, murmelte sie tonlos vor sich hin. Sie hob die Glühbirne weit über seinen Kopf, beleuchtete ihn von hinten, machte ihn zu einem Irren mit einem Heiligenschein. Er grinste debil und sah sie unverwandt an. Verzweifelt versuchte sie sich an ihre professionellen Tricks zu erinnern, das Bemerkenswerte und Schöne in einem Gesicht herauszuheben, indem man den Rest in gnädigem Dunkel verschwinden lässt, aber wohin sie auch sah in diesem Gesicht, sie fand nichts, was sie hätte benutzen können, um alles andere vergessen zu machen, jeder Zentimeter in diesem Haufen Fleisch verriet das Ganze.

Sie deckte den Lichtstrahl mit der Hand ab, liess ihn über sein Gesicht huschen und kreierte immer nur wieder ein neues Monster.
Ströme von Schweiss flossen ihr am Körper herunter. Sie hatte fette Politiker markant aussehen lassen, alte Schauspielerinnen jung, versoffene Künstler inspiriert, ihr Licht hatte gelogen, was das Zeug hielt, und jetzt konnte sie es noch nicht einmal zu einer klitzekleinen Notlüge überreden. Das Neonlicht in dem kahlen Zimmer hatte ihn besser behandelt als sie, die «Königin von Licht und Schatten», wie sie einmal in einer Zeitung genannt worden war.
Starr stand sie da, die Glühbirne in der hocherhobenen Hand, erstaunt drehte er sich nach ihr um und warf damit einen überdimensionalen Schatten seines Profils an die Wand, das nichts Menschliches mehr an sich hatte, sondern aussah wie ein grosses Tier. Zitternd zog sie den Stecker aus der Wand. In das Dunkel hinein sagte er leise «danke».
Sie überlegte, ob es ihr gelingen könnte, aus dem Zimmer zu laufen, aber da liess schon ein Student die Jalousien hoch.
Später konnte sie sich nicht mehr erinnern, wie sie die Stunde zuende gebracht hatte. Stumm, und wie es ihr vorkam, verächtlich lasen die Studenten ihre Bücher und Notizen zusammen und gingen hinaus.
Sie packte die Glühbirne ein und verfluchte sie. Er versperrte ihr in der Tür den Weg. Sie sah an ihm hoch.
«Darf ich Sie etwas fragen?» sagte er in einer leisen, sehr sanften Stimme. Sie nickte und war erstaunt, dass er sprechen konnte. «Wenn Ihnen jemand erzählen würde, dass er gerne Fotograf werden möchte, aber grosse Angst davor hat, Leute zu fragen, ob er sie fotografieren darf, was würden Sie demjenigen raten?»
Nach einer Pause fügte er hinzu: «Ich schätze, Sie wissen, von wem ich rede. – Darf ich Sie zu einer Tasse Kaffee einladen?»
Ganz vorsichtig balancierte er den Kaffee auf einem Tablett durch die Mensa vor ihr her, und Rosemarie spürte, wie sie alle Studenten mit ihren Blicken verfolgten. Sie setzte sich automatisch auf die Seite des Tisches, die im Schatten lag, und bereute es sofort. Der Riese nahm ihr gegenüber Platz, und eine Lampe mit orangefarbenem Plastikschirm, wie sie in allen Kantinen hängt, schien ihm erbarmungslos ins Gesicht. Er sah sie abwartend an und rührte unendlich langsam seinen Kaffee um. Der Löffel wirkte winzig in seinen riesigen Händen. Sie sah ihn nicht an, als sie schliesslich anfing zu sprechen. «Jeder hat Angst», sagte sie schnell. «Und wenn ich keine Angst hätte, würde ich keine Fotos machen. Ich mache Fotos, um meine Angst zu überwinden.»
«Wovor haben Sie denn Angst?» fragte er freundlich und legte seine dicken weissen Hände auf den Tisch. Alle seine Bewegungen waren so verlangsamt, als fänden sie in Zeitlupe statt. «Oh, vor … vor der Welt. Vor allem, was ich nicht kenne. Davon mache ich Fotos, damit ich es kennenlerne und keine Angst mehr zu haben brauche.» Rosemarie konnte sich nicht erinnern, jemals zuvor ihren Beruf so klar beschrieben zu haben, auch sich selbst gegenüber nicht.
«Und? Funktioniert es?» fragte er sanft.
«Nein», sagte sie. Da fing er an zu lachen, und sein ganzes Gesicht zitterte und wackelte vor Vergnügen. Er prustete, Lachtränen flossen ihm im Zickzack über sein verschobenes Gesicht. Schliesslich brachte er mühsam hervor: «Es hat also alles keinen Zweck?»
«Am Ende nicht. Aber solange man es tut, glaubt man immer wieder, es könne funktionieren.» Immer noch lächelnd nahm er ihre Hände in seine. Sie waren ganz warm und weich wie zwei grosse Kissen. «Sie dürfen nicht so pessimistisch sein», sagte er und beugte sich zu ihr vor. «Angst vor der Welt, wenn's nur das ist.»
Die Lampe über dem Tisch schien auf seine Ohren. Er hatte kleine, wohlgeformte Ohren, die hübschesten Ohren, die sie jemals gesehen hatte.

Doris Dörrie

Eis

Ein junger Mann geht durch eine Grünanlage. In einer Hand trägt er ein Eis. Er lutscht. Das Eis schmilzt. Das Eis rutscht an dem Stil hin und her. Der junge Mann lutscht heftig, er bleibt vor einer Bank stehen. Auf der Bank sitzt ein Herr und liest eine Zeitung. Der junge Mann bleibt vor dem Herrn stehen und lutscht.
Der Herr sieht von seiner Zeitung auf. Das Eis fällt in den Sand.
Der junge Mann sagt, was denken Sie jetzt von mir?
Der Herr sagt erstaunt, ich? Von Ihnen? Gar nichts.
Der junge Mann zeigt auf das Eis und sagt, mir ist doch eben das Eis runtergefallen, haben Sie da nicht gedacht, so ein Trottel?
Der Herr sagt, aber nein. Das habe ich nicht gedacht. Es kann schliesslich jedem einmal das Eis runterfallen.
Der junge Mann sagt, ach so, ich tue Ihnen leid. Sie brauchen mich nicht zu trösten. Sie denken wohl, ich kann mir kein zweites Eis kaufen. Sie halten mich für einen Habenichts. Der Herr faltet seine Zeitung zusammen. Er sagt, junger Mann, warum regen Sie sich auf? Meinetwegen können Sie soviel Eis essen, wie Sie wollen. Machen Sie überhaupt, was Sie wollen. Er faltet die Zeitung wieder auseinander.
Der junge Mann tritt von einem Fuss auf den anderen. Er sagt, das ist es eben. Ich mache, was ich will. Mich nageln Sie nicht fest. Ich mache genau, was ich will. Was sagen Sie dazu?
Der Herr liest wieder in der Zeitung.
Der junge Mann sagt laut, jetzt verachten Sie mich. Bloss, weil ich mache, was ich will. Ich bin kein Duckmäuser. Was denken Sie jetzt von mir?
Der Herr ist böse.
Er sagt, lassen Sie mich in Ruhe. Gehen Sie weiter. Ihre Mutter hätte Sie öfter verhauen sollen. Das denke ich jetzt von Ihnen.
Der junge Mann lächelt. Er sagt, da haben Sie recht.
Der Herr steht auf und geht.
Der junge Mann läuft hinterher und hält ihn am Ärmel fest. Er sagt hastig, aber meine Mutter war ja viel zu weich. Glauben Sie mir, sie konnte mir nichts abschlagen. Wenn ich nach Hause kam, sagte sie zu mir, mein Prinzchen, du bist schon wieder so schmutzig. Ich sagte, die anderen haben nach mir geworfen. Darauf sie, du sollst dich deiner Haut wehren. Lass dir nicht alles gefallen. Dann ich, ich habe angefangen. Darauf sie, pfui, das hast du nicht nötig. Der Stärkere braucht nicht anzufangen. Dann ich, ich habe gar nicht angefangen. Die anderen haben gespuckt. Darauf sie, wenn du nicht lernst, dich durchzusetzen, weiss ich nicht, was aus dir werden soll. Stellen Sie sich vor, sie hat mich gefragt, was willst du denn mal werden, wenn du gross bist? Neger, habe ich gesagt. Darauf sie, wie ungezogen du wieder bist.
Der Herr hat sich losgemacht. Der junge Mann ruft, da habe ich ihr was in den Tee getan. Was denken Sie jetzt?

Helga M. Novak

Das Wiedersehen

Ein Mann, der Herrn K. lange nicht gesehen hatte, begrüsste ihn mit den Worten: «Sie haben sich gar nicht verändert.» «Oh!» sagte Herr K. und erbleichte.

Bertolt Brecht

Wiederbegegnung

In der Klosterkirche von St. Gallen
steht ein Sarg mit einer
zerbrechlich zarten Mumie.

Noch eh ich die Aufschrift las,
wusste ich, dass es ein Mädchen war.

Diese kindliche Tochter
eines ägyptischen Priesters
hat mich zutiefst berührt.

Während meines Aufenthaltes
besuchte ich sie jeden Tag.

Immer noch denk ich an sie,
als wäre ich dort dem Rest
meiner eigenen Seele begegnet.

Christine Busta

2.
KAPITEL
WORT UND UWORT

schweigen schweigen schweigen
schweigen schweigen schweigen
schweigen schweigen
schweigen schweigen schweigen
schweigen schweigen schweigen

Eugen Gomringer

Hunger

Manchmal habe ich
Hunger
nach nichts als
einem freundlichen Wort –
ein Wort
gegen die Kälte,
gegen die Angst,
ein einziges Wort
zum Aufwärmen
und zum Luftholen,
ein Wort ohne Bleigewicht,
nur beladen mit
einem Gran Frieden,
damit es nicht
gleich davonfliegt.

Peter Schütt

Wörter

meine Fallschirme
mit euch
springe
ich
ab

Ich fürchte nicht die Tiefe
wer euch richtig
öffnet
schwebt

Horst Bienek

Wörter sind das allerwenigste

Wörter sind das allerwenigste.
Worte sind so nichtssagend.
Und obwohl ich
zuverlässig erfahren habe:
Ein einziges Gefühl wiegt mehr
als zehn grosse Sätze,
suche ich jeden guten Satz
wie eine Heiligenstätte auf.

Isabelle Schaub

Hauchball

Ich werfe dir zu
einen Gedanken

Hauchball

zurück
zu mir
zu dir
zu mir

Worte
wirf sie nicht
über den Haufen

Rose Ausländer

Rondo

ich spreche für mich
du sprichst für dich
wir sprechen für uns
das spricht für sich.

Nikolaus Huhn

Ich schreib auf diese Seite

Ich schreib auf diese Seite
nur diesen einen Satz:
Ich mag dich wirklich – heute!
Für morgen ist auf einer andern Seite Platz.

Peter Härtling

Zornig

OOOOOOOOOOOOOOOOOOOOOOh!
O
du
bist
aber
wirklich
o
ein ganz fieser
o
ein ganz ganz mieser
Typ
OOOOOOOOOOOOOOOOOOOOOOh!
O
du
bist
ein echtes
o
ein Mistvieh ein Stinkvieh ein bequackter
Tunkerstunk
das
bist
du
o
eine stingende Kausgekurt das bistu ein
verkarkter ein verhissener Zwiftgerg ein
echter Margmagel
das pistu
ehrlich
OOOOOOOOOOOOOOOOOOOOOOh!
O
dir
piept
es hohl im Gestirnkasten
du Tinkstier mit Meisenmack du gargräugender kekelkatzter Keissscherl o du unbezogenes Grind
o du unverbogenes Krind
o du Säuschal o du Scheusaaaaaaaaaaaaaal!
Sag
mal
hast du sie nicht alle?

Annemarie Wietig

Kleine Auseinandersetzung

Du hast mir nur ein kleines Wort gesagt,
Und Worte kann man leider nicht radieren.
Nun geht das kleine Wort mit mir spazieren
Und nagt ...

Uns reift so manches stumm in Herz und Hirn,
Den andern fremd, uns selbst nur nah im stillen.
Das schläft, solang die Lippen es verhüllen,
Entschlüpft nur unbewacht, um zu verwirrn.

Was war es doch? Ein Nichts. Ein dummes Wort ...
So kurz und spitz. Leis fühlte ich das Stechen.
In solchen Fällen kann ich selten sprechen,
Drum ging ich fort.

Nun wird ein Abend wie der andre sein,
Sinnlos mein Schweigen, ziellos mein Beginnen.
Leer wird die Zeit mir durch die Finger rinnen.
Das macht: ich weiss mich ohne dich allein.

... Ich muss schon manchmal an das Ende denken
Und werde dabei langsam Pessimist.
So ein paar kleine Silben können kränken.
– Ob dies das letzte Wort gewesen ist ?

Mascha Kaléko

Wenn einer die richtigen Worte weiss

Wenn einer die richtigen Worte weiss
und die richtige Stimme hat
und den richtigen Hass
kann er
dich und mich
zu Feinden machen
zu Verrätern erziehen
zum Schweigen bringen
er braucht nur die richtigen Zuhörer

Roswitha Fröhlich

Wort und Uwort

si hei
enander
bim wort
welle näh

so hett
eis uwort
ds andere
gäh

Kurt Marti

Gedichte

können
Vorschläge unterbreiten
aufwiegeln
analysieren
schimpfen
drohen
lachen
warnen
schreien
verurteilen
verteidigen
anklagen
schmeicheln
fordern
wimmern
auslachen
verhöhnen
reizen
loben
erörtern
jubeln
fragen
verhören
anordnen
forschen
übertreiben
toben
kichern

Hans Magnus Enzensberger

Mach es kurz

Mach es kurz
stiehl mir nicht
meine Zeit
ist Geld
regiert
die Welt
weite
Inflation
der Worte
zwingt
die Dichter
zur Kürze

Jürg Weibel

Ich nehme die Sprache beim Wort

Ich nehme die Sprache beim Wort
die mir verspricht
jedes Ding zu benennen

Und gehe doch mit ihr um
als sei ich ein Zöllner
der ihre Siebensachen durchstöbert

sie verhört
scheel schaut auf ihre Habe
auf das Beste erpicht

das sie wohlweislich verschweigt

Eva Zeller

Gedichte machen ist wie angeln

Gedichte machen ist wie angeln
Nach einem elektrischen Fisch
Der funkensprühend auftaucht und
entschwindet

Wenn die Wellen über mir zusammenschlagen
Tauche ich hinab, nach Perlen zu fischen

Mascha Kaléko

Der Herr Dichter gibt der Schülerin Ute (15) ein Interview

Herr Dichter warum reimen Sie?
Ich reime weil ich reimen muss.
Herr Dichter warum weinen Sie?
Ich weine weil ich weinen muss.

Und wenn du weiter wissen willst
Warum ich liebe Ute lache
Und grüble abends wenn du spielst
Dann sag ich nichts zu dieser Sache
Als dass ich grüble lache springe
Brülle zweifle liebe singe
Weil ich grübeln undsoweiter
lachen zweifeln lieben muss.

Herr Dichter warum reimen Sie?
Rede mir nicht diesen Stuss.
Herr Dichter warum schreiben Sie?
Ich schweige Ute. Damit Schluss.

Rudolf Bussmann

Love

3. KAPITEL

SCHMETTERLINGE IM BAUCH

Wörterputzer

Sie lagen im Strandbad.
«Dein Nabel lacht», sagte sie.
«Deiner ist traurig», sagte er.
«Was hat er denn?»
«Ich weiss nicht.»
«Du, das ist aber gar nicht nett von dir. Er hängt so an dir, und du kümmerst dich nicht darum, wenn er Kummer hat.»
Sie lachte.
«Siehst du», sagte er. «Du lachst, obwohl er traurig ist. Ob ich ihn aufheitern kann?»
Er fuhr mit dem Zeigefinger ihren Nabel nach. Das kitzelte so sehr, dass sie aufquietschte. Ein paar Leute hoben die Köpfe.
Sie drehte sich auf den Bauch.
«Du spinnst ja», sagte sie.
Er setzte sich auf, machte ein ernstes Gesicht, hielt die linke Hand hoch, zog mit der rechten einen unsichtbaren Faden heraus, rollte ihn sorgfältig auf, zog wieder.
Sie schüttelte den Kopf.
«Ich spinne», sagte er. «Weisst du was? Ich spinne uns ein. Dann verpuppen wir uns und kriegen Flügel und fliegen weg. Wohin magst du fliegen?»
«Ich glaube, ich mag jetzt lieber schwimmen.»
Er legte die nicht vorhandene Spindel sorgfältig auf die Decke, legte das Knäuel daneben.

Renate Welsh: Geboren 1937 in Wien; studierte Sprachen und Staatswissenschaften, arbeitete als Übersetzerin; veröffentlicht seit 1970 Kinder- und Jugendbücher, die mehrfach ausgezeichnet wurden.

«Nicht drauftrampeln», sagte er, «sonst zerreisst du meinen Faden.»
Sie liefen zum Schwimmbecken, schwammen ein paar Längen, dann tauchte er unter ihr durch, packte sie an den Schultern, prustete ihr einen Kuss in den Nacken. Sie schwammen mit ineinander verhakten Fingern Karussell.
Als sie aus dem Wasser stiegen, hatten beide weisslich aufgeweichte Hände und Füsse. Sie schüttelten sich, dass die Tropfen flogen, rannten zu ihrer Decke zurück, lagen nebeneinander, die Handflächen nach oben, spürten die Sonne, spürten jeder die Bewegungen des anderen.
«Du hast ja eine Gänsehaut», sagte sie.
Er fing an, mit den Armen zu schlagen und zu schnattern.
Sie hielt ihm die flache Hand hin, als wollte sie ihn füttern.
Er stupste die Nase in ihre Hand, knabberte an ihren Fingern. Sie zog seinen Kopf an sich. Seine Haare waren nass.
«Magst du ein Eis?» fragte sie.
Sie gingen Hand in Hand zum Kiosk. Ein roter Ball rollte ihnen vor die Füsse. Ein kleiner, krähender Blonder wackelte hinter dem Ball her, fing ihn überraschend geschickt auf, als sie ihn ihm zuspielte.

Ein Marienkäfer flog auf ihre Schulter, krabbelte hin, krabbelte her, wanderte ihren Arm hinunter. Die dünnen, durchsichtig grauen Flügel hingen unordentlich gefaltet unter den roten Deckflügeln heraus.
«Wie deine Hemden», sagte sie. «Aber ich würde mich nie trauen, auf dir spazierenzugehen. Der ist ausgesprochen frech, der Kerl.»
Der Marienkäfer breitete die Flügel aus, flog weg.
Auf ihrem Arm blieb ein winziger gelber Fleck zurück.
Er pflückte ein Blatt und putzte den Fleck ab.
«Weisst du, was ich am liebsten werden möchte?» fragte er.
«Nein. Sag mir's.»
«Wörterputzer.»
«Wörterputzer? Warum nicht gleich Lampenputzer?» Eine Spur von Schärfe geriet in ihre Stimme. «War einmal ein Revoluzzer, im Zivilstand Lampenputzer», zitierte sie.
Er ergänzte: «Ging im Revoluzzerschritt mit den Revoluzzern mit.»
«Aber im Ernst», fragte sie, «wieso Wörterputzer?»
Er drehte sich zu ihr. «Es gibt doch so viele Wörter, die sind kaputt geredet worden. Ganz verkrustet sind sie – die grossen Wörter vor allem. Man kann sie kaum noch verwenden, so

scheusslich schmecken sie im Mund. Aber man braucht sie ja doch, manchmal. Darum möchte ich sie putzen.»
Sie pflückte einen Grashalm, schob die Rispen zwischen zwei Fingern hoch, blies sie weg.
«Grosse Wörter. Meinst du solche wie ... Heimat oder ... Liebe?»
«Ja, und viele andere, alle, die missbraucht worden sind. Ich stelle mir vor, man müsste sie vorsichtig baden, zuerst vielleicht einweichen ...»
«Ob sie da nicht zergehen? Wie Papiermaché?»
»Glaube ich eigentlich nicht. Sie sind ziemlich zäh, sie haben schon so viel ausgehalten. Stell dir vor, man könnte sie richtig putzen, bis sie wieder glänzen und funkeln wie neu ...»
«Du» – sie legte ihm die Hand auf den Arm, spürte, wie ihr, knapp bevor sie ihn berührte, die Härchen entgegenkamen, verlor den Faden, setzte noch einmal an. «Du – mit einer so geputzten Sprache könnte man ja gar nicht lügen. Das würde doch jeder gleich merken.»
Er nickte. «Stimmt. Stimmt genau. Was dann alles anders würde ...»
Sie sassen eng nebeneinander, das Gewühl, der Lärm ringsum, war auf eine merkwürdige Art nicht störend, bildete eine Glocke, unter der sie beide Platz hatten.
Die Sonne stach. Sie standen beide gleichzeitig auf, gingen zum Beckenrand.
«Ich nehme jetzt gleich ein Wort ins Wasser mit, häng mir's ans Handgelenk», sagte er.
«Bindest du mir eine Schleife?»
Sie machte einen sorgfältigen Luftknoten, zog die Enden des Luftbandes glatt. «Meinst du nicht, dass das Chlor dem Wort schadet?»
«Nein», sagte er. «Ich nehme es ja dann gleich mit unter die Dusche.»
Als sie später wieder auf der Decke lagen, fragte sie: «Glaubst du, es hat genützt, das Wörterbaden?» Sie spreizte Finger und Zehen, streckte sich. «Und was für ein Wort hast du überhaupt mitgenommen?» Ein Zittergrasschatten fiel auf ihre Schulter.
«Na, was denkst du?» Er schluckte. «Wir können es gleich ausprobieren. Du, pass gut auf beim Zuhören, und ich werde ja merken, wie es mir auf der Zunge liegt.»
Sie rückte ein Stück näher. Der Zittergrasschatten rutschte in ihre Halsgrube. «Ja?»
«Also ...»
«Also?»
«Also: Ich liebe dich.»
«Ich dich auch», sagte sie.
Er schüttelte den Kopf. «Kannst du es nicht sagen? Trotz Putzen?»
Eine Falte erschien auf ihrer Stirn. «Müsste ich probieren. Also: ich ... lie ... be ... dich ...»
Sie fuhr sich mit der Zunge über die Zähne, die Falte auf ihrer Stirn verschwand.
«Ja ... ichliebedich.»
«Und?» fragte er.
«Wie schmeckt's?»
«Gut», sagte sie. «Richtig gut – ganz frisch. Wie neu.»

Renate Welsh

Am Anfang müssen Geigen sein

Ankes Hände fühlen sich wohl auf Rolfs Schultern, und gerne würde sie auch ihr Gesicht gegen seinen Rücken lehnen, aber sein schweissnasses Hemd würde das Make-up verwischen, über das Rolf noch kein Wort verloren hat.
Jetzt bremst er, lässt sein Fahrrad einfach fallen – nächstes Jahr wird er sich sowieso was Motorisiertes zulegen – und behauptet, allen Mädchen müsste verboten werden, Hosen zu tragen, weil die keine Aussichten zuliessen. Nur deshalb öffnet Anke einen Knopf ihrer Bluse, ganz oben nur, aber sie hat sich vorgenommen, sich mindestens einmal tief zu bücken, damit Rolf zu seiner Aussicht kommt.
Rolf hat sich auf die Parkbank geflegelt. Man kennt es so von ihm. Die Arme legt er auf die Rückenlehne, die Beine spreizt er, ein bisschen Bauch hat er schon, den zieht er ein. «Komm her», sagt er zu Anke. «Ich brauch was fürs Gemüt.» Und Anke setzt sich auf den ihr befohlenen Platz. Er greift nach ihr, sie wehrt sich ein bisschen, dann küsst er sie. Nur kurze Zeit hält sie still, ärgert sich, weil er sie wie ein Sieger küsst: genommen, gebraucht, geschmeckt.
Sie dreht den Kopf zur Seite.
«Hab dich doch nicht so», sagt Rolf.
Sie antwortet ihm nicht. Mit dem Handrücken wischt sie sich über die Lippen.
Ob er Mundgeruch habe, will Rolf wissen. Und dann bleiben sie so eine ganze Weile stumm nebeneinander sitzen. Er malt mit den Schuhen Kreise in den Kies. Sie versucht, ihm mit ihrem Fuss zu begegnen. Er begreift es als Aufforderung, greift wieder nach ihr – wie in Filmen: mit geschlossenen Augen und vorher befeuchteten Lippen, aber sie zieht sich zurück, wehrt sich gegen ihn, stösst ihn weg.
«Bitte», sagt er, rutscht demonstrativ ans andere Bankende. «Versteh schon: Abstand, weil's nicht bumsen soll.» Er lacht, bekichert seinen Witz, wiederholt ihn, lacht lauter, vergisst seine Haltung – so breit ist er gar nicht in den Schultern –, zieht eine Zigarettenpackung aus seiner Jackentasche, klopft sich eine in den Mund, bietet auch Anke eine an, die lehnt ab, Feuer gibt er sich lässig, ihr sagt er, dass Rauchen ja sowieso dem Teint schadet und dass er es mal genau wissen wollte, wo ihre Haut am zartesten sei.
Sie schlägt zu. Richtig wütend hat sie zugeschlagen – nicht, weil er wieder nach ihr gegriffen hat, sondern weil sie sich das alles ganz anders vorgestellt hatte.
Sicher, Rolf hat einen schlechten Ruf. Mit verdammt vielen Mädchen soll er schon was gehabt haben, aber so ernst hat sie das nie genommen. Sie weiss doch, wie solche Gerüchte in die Welt gesetzt werden. Sie hat doch auch oft im Freundinnenkreis damit angegeben, den und jenen hätte sie und danach abserviert, aber immer nur dann, wenn sie den aussichtslosen Wunsch gehabt hatte, den und viele kennenzulernen. Nein, sie hatte geglaubt, mit Rolf würde es was werden. Schliesslich hatte er ihr Briefe zugesteckt, sogar mit Gedichten.
Deshalb hatte sie geglaubt, Rolf würde vor allen Küssen mit Worten kommen, zärtlich, ganz zärtlich. Ihr in die Augen schauen würde er, deren Pupillen heute eigentlich besonders gross, rehaugengross sein müssten, hatte sie doch extra die Tropfen gekauft, die das bezwecken sollten.
Sein Verhalten vorhin hatte sie ja noch verstanden. Schliesslich konnte er nicht vor ihrem Bruder und Bettina verraten, was er fühlt.

Rolf fühlt Schweiss auf seiner Haut. Die blöde Gans, denkt er, könnte endlich mit ihrem Getue aufhören und ihm mal eine Handvoll erlauben. «Dein Bruder ist in die Bettina verknallt», sagt er.
«Und?» will Anke wissen.
«Na ja, vielleicht schafft er's bei ihr.»
«Versuch's doch du.»
«Ich? Bei der?»
«Haste doch.»
«Wer sagt das?»
«Man hört so was eben.»
Anke mustert die Bank, auf der sie sitzen. Sie hatte mal davon geträumt, dass sie und Rolf da ein Herz und ihre Namen reinschnitzen würden, aber anscheinend ist so was nicht mehr modern. Niemand hat hier seinen Namen reingeschnitzt. Nur ein Schildchen bittet um Aufmerksamkeit für den Spender, der sein Geld mit sanitären Einrichtungen verdient.
Soll sie ihm entgegenkommen? Eigentlich ist die Küsserei ganz schön gewesen. Wie weit darf sie ihm entgegenkommen? Oder ein Gespräch anfangen?
«Hast du auch Durst?»
«Nein.»
«Dort drüben läuft Hundertwasser.»
«Würd mir stinken, immer mit dem Hund Gassi zu gehen.»
«Magst du Tiere?»
«Pferde.»
«Ich hab einen Wellensittich.»
«Viele haben einen Vogel.»
«Blödmann. Der spricht sogar.»
Rolf antwortet nicht mehr. Langsam rutscht er wieder näher, wagt sogar, ihr seine Hand aufs Knie zu legen. Sie tut so, als bemerke sie es nicht. Sie beschreibt den Himmel über sich, behauptet, die Sonne zaubere violette Ränder um die Wolken, behauptet, die Wolken sähen aus wie riesige Glockenblumen, behauptet, bei solchem Wetter am liebsten nur im Badeanzug herumzulaufen, und akzeptiert seine Hand als Zubehör.
«Im Badeanzug möchte ich dich auch mal sehen», sagt er.
«Ich habe einen Bikini.»
«Dann erst recht. – Ist er so gross?» Er deutet eine Winzigkeit an, der sie zunickt, und dann beschaut er sie von allen Seiten, bewegt seine Lippen, als rechne er, bevor er zu der Überzeugung kommt, dass in einem Bikini dieser Grösse nie alles Platz haben könne, was da an ihr dran sei.
Das schmeichelt ihr. Sie weiss schon lange, dass die Jungen ihren vielleicht ein bisschen zu dicken Hintern gerne übersehen, weil's eben oben und vorne auch ein bisschen mehr als bei anderen Mädchen ist.
Aber Rolf?
Die Briefe, die er ihr geschrieben hat, hat sie dabei. Weil sie sich im Moment nichts zu sagen wissen, holt sie die Briefe aus der Handtasche, faltet sie auseinander, liest sie.
Rolf erkennt seine Briefe. Er versucht ein Lachen. Er weiss nicht, wie er sich nun verhalten soll. Soll er die Briefe abwerten, als Gerede hinstellen, oder soll er ... Er will.
«Die sind ehrlich gemeint», sagt er.
Sie scheint es nicht gehört zu haben.
«Die sind wirklich ehrlich gemeint.»

«Ich muss jetzt nach Hause», sagt sie. Und sie steht auf, streicht sich die Hosenbeine gerade, streckt ihm die eine Hand hin und sagt: «Dann tschüs.»
Er ist ganz verdattert. Den Mund bekommt er nicht zu. Damit hatte er nicht gerechnet. Eigentlich hatte er geglaubt, bald am Ziel zu sein. Er nimmt ihre Hand, schüttelt ein Aufwiedersehen, setzt sich wieder hin, spreizt die Beine, wie man es von ihm gewohnt ist, sagt: «Einen Kuss hättest du mir noch geben können.»
Sie gibt ihm diesen Kuss. Sie lässt sogar eine Begegnung der Zungen zu, die Rolf auszunützen versucht mit Tasten zur Bluse hin.
Anke schüttelt den Kopf und geht.
Rolf bleibt nur kurze Zeit noch sitzen, schwingt sich dann auf sein Rad, überholt Anke nahe der Bleibtreustrasse, sagt so von oben herab: «Heute abend haste keine Zeit, oder?»
Anke will wissen, weshalb.
«Ich hab Karten fürs Kino», antwortet er.
«Ich kann um sieben.»
«Am Brünnchen?»
«Gut, um sieben am Brünnchen.»
Er winkt nicht mehr zurück, weil Kahler ihm entgegenkommt, der nicht unbedingt wissen muss, dass er mit Anke, na ja, vielleicht sogar mal fest gehen wird. Und dann verschwindet er um die Ecke.
Anke grüsst Kahler fröhlich. Kahler versucht einen Witz anzubringen, immer versucht er das, aber Anke hat keine Zeit zu lachen.

Zu Hause wartet auf Anke kein fröhlicher Bruder: Gerd macht dünne Lippen und Hausaufgaben, Mathe hat er schon fertig.
Anke sagt ihrer Mutter, dass Rolf sie ins Kino eingeladen habe. Die Mutter erlaubt es, zu spät dürfe es allerdings nicht werden, doch gegen eine Cola danach hätte sie nichts einzuwenden, so alt wäre sie schliesslich auch noch nicht, dass sie sich nicht mehr an ihre Mädchenzeit erinnern könne. Ja.
Bei den Hausarbeiten hat Anke Schwierigkeiten. Sie soll über Kafkas Schloss nachdenken, aber immer wieder spaziert Rolf durch ihre Gedanken, hat eine viel zu grosse Nase, aber seine Augen, braun sind die, so braun.
Anke geht in die Küche, holt sich eine Limo. «Wie war's denn?» fragt sie nur so im Vorübergehen ihren Bruder.
Der antwortet nicht.
Anke versucht, mit ihren Hausaufgaben fertigzuwerden. Sie macht Fehler. Sie fragt sich, welche Fehler sie heute bei Rolf gemacht hat. Hätte sie ihn lassen sollen? War es nicht gut, nein zu sagen?
Jedenfalls, sagt Anke kurz vor fünf zu ihrem Spiegelbild, mag ich Rolf wirklich.

Um diese Zeit hat sich Rolf bereits in Schale geworfen, aber nicht Ankes wegen, sondern auf Wunsch seiner Mutter, die ihren geschiedenen Mann, Rolfs Vater, zu Besuch erwartet, wie jeden ersten Dienstag im Monat. Sogar gekämmt hat er sich.
Sein Vater kommt, begrüsst Rolf wie einen Kumpel, gibt auch seiner ehemaligen Frau die Hand und sagt, sie werde immer jünger, sehe blendend aus, aber Rolf und seine Mutter wissen, das sind seine üblichen Sprüche. Die Mutter stellt die Flasche auf den Tisch, Bier musste immer da sein, wenn er kam, und während er sich sein Glas vollgiesst, erinnert sich Rolf an den Sonntag, als er zufällig mit Kleinholz in die *Birke* gekommen war, Geld für den Cola-Automaten zu wechseln, und er seinen Vater mit der Blonden gesehen hatte, höflich mit Sonntagsgesicht und gespreiztem kleinen Finger. Aufmerksamkeiten für die Dame: Feuer geben, Aschenbecher näherschieben, den Rauch der eigenen Zigarette in

eine andere Richtung pusten, Hand vor den Mund halten beim Husten, Lächeln, als sie die Blumenvase umgeworfen hat. Sein Vater hatte ihn dann entdeckt, hatte ihn vorgestellt. Jetzt trinkt er Bier. Jetzt erzählt er von geschäftlichen Erfolgen. Seinem Sohn schiebt er einen Schein zu. «Für dich», sagt er. «Kauf dir was! Oder», mit Augenzwinkern sagt er es, «mach dir einen schönen Abend.» Er klopft seinem Sohn auf die Schulter. Seine geschiedene Frau sagt nichts. Viel Zeit hat der Vater nicht. Hastig trinkt er sein Glas leer. «Man soll nichts verkommen lassen», sagt er, verabschiedet sich von seinem Sohn mit einem Klaps, erlaubt sich bei der Mutter einen Wangenkuss.
«Dich würd ich wieder heiraten, wenn ich mir die Hörner abgestossen habe», sagt er, geht zur Tür hin und vollendet seinen Satz, bevor er sie hinter sich zuzieht: «schon der guten Klösse wegen, die du machen kannst.»
Rolf und seine Mutter schauen sich an. Rolf drückt seiner Mutter den Geldschein in die Hand. Sie nimmt ihn, streichelt ihm übers Haar und geht in die Küche.
Streicheln ist schön, denkt Rolf. Und an seinen Vater denkt er, wie der eben seiner Mutter gegenüber am Tisch gesessen hat, laut, viel zu laut. Rolf geht in sein Zimmer, zieht die Kleider wieder aus, wirft sich in seine üblichen Klamotten, kämmt sich mit den Fingern durch die Haare, schaut zur Uhr: So viel Zeit habe ich noch?
Er geht zu seiner Mutter in die Küche. Sie wäscht Geschirr ab. Er nimmt das Trockentuch, will ihr helfen.
«Brauchst du nicht», sagt sie. Aber er trocknet trotzdem ab.
«Hast du heute noch was vor?» will sie wissen.
Er nickt. «Ins Kino will ich.»
«Alleine?»
So wie seine Mutter fragt, ohne Augenzwinkern und Grimasse, kann man ehrlich sein. «Mit Anke», sagt Rolf.
«Die?»
«Findest du sie nicht gut?»
«Aber warum denn nicht? Ich hab zwar keine Ahnung, was du eben so gut an einem Mädchen findest, aber die Anke sieht ja eigentlich ganz proper aus.»
«Jedenfalls ist sie nicht so zickig wie die meisten anderen, die immer 'ne Show abziehen.»
Seine Mutter wischt den Küchentisch ab. «Aber komm nicht zu spät nach Hause.»
Rolf nickt, hängt das Geschirrtuch an den Haken. «Ich hab noch Zeit», sagt er, geht zur Tür. «Mach dir nichts draus, wegen Vater, meine ich.»

«Schon gut», antwortet sie.
«Dann also. Gehst du zu Kramers rüber, damit du den Abend über nicht so allein bist?»
«Nein. Ich hab noch eine Menge zu tun. Komm nicht zu spät.»
«Ja», antwortet Rolf.

Weil Anke auf dem Weg zum Treffpunkt am Brünnchen getrödelt hat, damit sich Rolf ja nicht einbilden könne, sie brenne vor Freude auf den Abend, und weil Rolf aus den gleichen Gründen ebenfalls einen kleinen Umweg gemacht hat, bleibt den beiden nicht mehr viel Zeit. Sie beeilen sich. Sie haben sich für einen Film im *Bali* entschieden.
In den anderen Kinos laufen Schocker und «Stellungsvermittler», wie Rolf Filme über Fleisch und Sünden, Lederhosen und Schulmädchen nennt.
Sehr weit hinten sitzen sie.
In der Pause nach dem Vorfilm kauft er Eiskonfekt für sie. Danach, im Dunkeln, rückt er näher und ist froh darüber. Geigen spielen Fremdenführer für ein verliebtes Paar, das noch nicht glücklich sein darf – jetzt noch nicht, in der Mitte des Films. Und immer wieder Geigen. Die bringen auch Rolf und Anke einander näher. Er hat seinen Arm um ihre Schultern gelegt. Seine andere Hand, die plötzlich an ihrem Knie rumfummelt, hatte nur ihre Hand gesucht.
«Gefällt dir der Film?»
Sie nickt. Sie setzt sich ein bisschen anders hin, weil sie gesehen hat, wie unbequem Rolf hockt, um sie nur ja mit beiden Händen berühren zu können.
Wenn er mich jetzt küssen würde, denkt sie, wär's schön.
Aber er küsst sie nicht.
Im Moment ist er von diesem Film gefesselt, der zeigt die Heldin, die ihr Bündel schnürt, um wegzugehen, weit weg, damit sie dem Geliebten nicht mehr begegnen muss, der kein Vertrauen in sie hat und den Verleumdern glaubt. Und die Heldin macht sich auf den Weg, gebeugt geht sie, Geigen begleiten sie.
Da packt es den Rolf ganz schön. Da kann er sich nicht zu Anke hinüberbeugen und sie küssen, wo er doch Tränen in den Augen hat, ganz schön blöd für einen Mann wie ihn.
Rolf rückt näher zu Anke hin.
Anke rückt noch näher zu Rolf hin. Geigen stimmen den Schlussakkord an, Grossaufnahmen zeigen das Glück des Liebespaares.
«So eine Schwarte», sagt Rolf.
Aber Anke antwortet ihm nicht.
Beim Verlassen des Kinos lassen sie sich nicht los. Draussen ist es bereits dunkel geworden. Rolf sagt noch einmal, dass das ja mal wieder so ein Schmachtfetzen gewesen sei.
Später sitzen sie auf der Bank im Park. Er sagt, dass er gar nicht alles sagen kann, was er sagen möchte. Sie sagt es ihm. Noch später weiss auch sie nicht mehr, wie sie alles ausdrücken soll. Aber nicht sehr viel später sind Worte überflüssig geworden.
Rolfs Mutter hat so spät in der Nacht nichts gefragt, weil er sie einfach umarmt hat.
Ankes Eltern waren entsetzt.
Die Mutter wollte lauter sein als der Vater, aber plötzlich verstummte sie. «Du hast ja meinen teuersten Pulli an», sagte sie noch. Und der, sie zupfte an ihm herum, war bereits ihrer Tochter ein bisschen zu klein und zu eng.
«Sie ist wirklich kein Kind mehr», hat sie noch zu ihrem Mann gesagt.
Anke wird in dieser Nacht wohl was geträumt haben. Rolf vielleicht auch.

Wolfgang Gabel

WIR SIND EHRLICH VERRÜCKT

King Kongs riesiger Schädel füllte die ganze Leinwand aus, bedrohte seine Bezwinger mit weit aufgerissenem Rachen.
Der Riesenaffe wurde in einen gewaltigen Käfig gedrängt; sein Gebrüll dröhnte durchs ganze Kino.
«O Gott!» flüsterte Karen in gespielter Angst und lehnte sich etwas weiter zu Joshua hinüber.
«Du brauchst dich nicht zu fürchten. Ich beschütz' dich schon vor diesem Kleiderschrank», flüsterte Joshua.
Er legte ihr seinen Arm um die Schulter, aber nur ganz leicht, so dass er sie kaum berührte.
«Oh, danke schön; ich bin Ihnen ja so verbunden, dass Sie mich kleine alte Frau beschützen», flüsterte Karen. «Und meine zarte Hand halten!»
Sie lehnte ihren Kopf an seine Schulter.
Joshua wusste nicht, was er davon halten sollte. Wollte sie bloss ein bisschen spielen? Oder war es einfach ihre Art, so was zu machen, wenn sie jemandem näherkommen wollte? Hoffentlich.
«Bequem so?» fragte er und gab sich Mühe, lässig zu wirken.
«Sehr bequem. Deine Schulter ist genau in der richtigen Höhe. Und wie geht's dir?»
«Mir? Gut!»
Ihr Körper war eng an den seinen geschmiegt und schien mit ihm zu verschmelzen, und ihr Haar kitzelte seine Wange. Sein Ding wurde steif. Ob sie es merkte? Ihre Hand lag fast auf seinem Schoss. Er versuchte, sich auf den Film zu konzentrieren, aber es half nichts. Also musste er sich auf etwas anderes konzentrieren. Irgendwas anderes. Etwas wirklich Unangenehmes, das ihm jede Lust nahm.
Wie wärs denn mit seinen Eltern und ihren idiotischen Bemerkungen, als er ihnen gesagt hatte, dass er mit einem Mädchen ausging? Warum konnten sie denn nicht wenigstens ein bisschen so sein wie Karens Mutter?
Er hatte ihre Mutter am Abend kennengelernt. Sie war anders, offen und gradeaus. Vielleicht war das der Grund, warum Karen auch so war. *Schön, dass du vor dem Kino noch vorbeigekommen bist: ich freu' mich immer, wenn ich Karens Freunde kennenlerne. Karen hat ein paar sehr nette Sachen über dich gesagt. Und wie ich höre, bist du ein Schachexperte. Das ist ein wunderbares Spiel, was? Ich hab' mal gehört, es sei das älteste Spiel der Welt. Wir haben bei uns in Dänemark auch einen Grossmeister; ich komme nämlich aus Dänemark. Bent Larsen, hast du schon mal von ihm gehört? Ich bin sicher, dass du ihn kennst.*
Keine blöden Anspielungen. Nicht so ein herablassendes Getue. Sie redete mit ihm, als wäre er ein Erwachsener, als wären sie alle erwachsen.
Das war der Fehler, den sein Vater und seine Mutter machten. Sie behandelten ihn, als wäre er neun Jahre alt und als wäre das Ganze eben bloss so eine Geschichte zwischen Kindern. Seine Mutter: *Oh, du gehst aus, Joshy – ich meine Joshua … Karen? Welche war das denn, die Dunkelhaarige oder die Blonde? … King Kong? Wie kann man bloss beim ersten Mal in so einen Film gehen? Aber irgendwie originell. Ganz schön cool.* Und sein Vater, der glaubte, dass er sehr witzig wäre: *Also, ich hätte ja die Blonde genommen; ah, jetzt schaut mich deine Mutter wieder so an. Na ja, du lernst schon noch, dass man mit einer Freundin ausser Schach noch ein paar andere Spiele spielen kann.*

Widerlich! Alle beide! Kein Wunder, dass sie nicht verstehen konnten, wie es ihm mit Schach ging. Sie konnten überhaupt nichts verstehen!

Gut … jetzt war er nicht mehr ganz so aufgeregt. Aber seine Hand, die immer noch in derselben Haltung auf Karens Schulter lag, schlief langsam ein. Er lehnte sich leicht nach hinten und liess seine Hand nach unten gleiten. Plötzlich merkte er, dass seine Finger ihre Brust berührten. Er zog mit einer plötzlichen Bewegung seinen Arm ganz weg. Er schaute mit starrem Blick auf die Leinwand und wagte vor Verlegenheit kaum zu atmen.

Karen setzte sich auf ihrem Sitz ein bisschen anders hin. Sie nahm behutsam seinen Arm und legte ihn um ihre Schulter. Hatte er denn Angst vor ihr? fragte sie sich. Das war doch genau das, was Mark immer versucht hatte, und Joshua zog sich schon bei der kleinsten Berührung zurück. Er war so – Nein, nicht naiv. Na ja, vielleicht naiv. Aber eher – ganz einfach schüchtern. Ganz einfach nett.

Ihre Augen blieben weiter auf die Leinwand gerichtet, aber sie nahm seine Hand und führte sie dahin, wo sie vorhin gewesen war, zu ihrer Brust; dann kuschelte sie sich an ihn. Vor einer Stunde hätte sie es nicht für möglich gehalten, dass sie das machen würde, aber jetzt mit Joshua fand sie überhaupt nichts dabei. Ganz im Gegenteil.

Wollte sie *wirklich,* dass er sie da anfasste? fragte sich Joshua. Sie drückte sich noch enger an ihn. Es überraschte ihn, dass er weniger erregt oder scharf war, sondern dass er eher das Gefühl hatte, er müsse Karen schützen. Er lehnte sich zu ihr hinüber und rieb ganz sanft sein Gesicht an ihrem, und seine Hand lag immer noch da, wo sie lag.

«Ich … Ist es gut so?» fragte er leise.

«Mm-hmmm. Für dich auch?»

«Ja … Ist es wirklich … ist es wirklich gut so?» flüsterte er.

«Ja … Ich meine, mit dir ist es gut. Nicht mit jemand anderem.»

«Oh … Ich – ich …» Er überlegte sich, was er sagen könnte, aber er war zu verwirrt.

«Wir kriegen ja gar nichts mehr von dem Film mit», sagte Karen.

«Das ist mir egal …»

«Mir auch», sagte sie.

Aus der Reihe hinter ihnen kam plötzlich die Stimme einer Frau. «Ich möchte gern den Film sehen, wenn ihr nichts dagegen habt! Geht doch nach hinten in die letzte Reihe!»

«O Gott!» flüsterte Karen. Joshua zog seinen Arm weg. «Gute Idee. Gehn wir nach hinten.»

«O. K.», sagte Joshua.

«Entschuldigung», sagte Karen leise zu der Frau.

Sie siedelten in die letzte Reihe um. Karen legte seinen Arm wieder genau da hin, wo er gewesen war und lehnte dann ihren Kopf zurück an seine Schulter. Joshuas Hand fuhr ganz leicht an ihrer Brust auf und ab, als würde er ganz vorsichtig ein kleines Kind streicheln.

«Mmm … Joshua, was für einen Film sehen wir hier eigentlich?»

«*King Kong* … glaube ich.»

«O ja, richtig. Es ist ein toller Film …» Sie schaute ihn jetzt an, ihr Gesicht war ganz dicht an seinem. «Wirklich, ein supertoller Film …» Joshua küsste sie ganz schnell. Sie trennten sich kurz, dann küssten sie sich noch einmal, diesmal länger. Dann noch einmal dasselbe, noch länger.

Karen kuschelte sich wieder an ihn. «Oh, Mannomann … Egal was das jetzt bedeutet», wiederholte sie, was sie am Montag in der Cafeteria gesagt hatten.

«Es bedeutet eine ganze Menge», wiederholte er ihre Worte aus der Cafeteria. «Stimmt's?»

«Mm-hmm …»

Er drückte sie fester an sich, und ihre Hand streifte zufällig seinen Schoss. Sie zögerte für den Bruchteil einer Sekunde, dann zog sie ihre Hand weg. War das eine Erektion? fragte sie sich. Gut. Es bedeutete, dass er wild war auf sie. Und ihr ging es mit ihm genauso.
«Du kannst ... du kannst, na ja, du kannst mich da anfassen, wenn du willst», stotterte Joshua.
«Nein. Lieber nicht. Nein. Nein, nein.» Sie setzte sich plötzlich ganz gerade hin. «Hey, ich glaub', wir sollten lieber ein bisschen reden», flüsterte sie. «Ich meine, das ist doch irre. Wir sind doch jetzt erst ungefähr 'ne Stunde zusammen, und peng! Schau uns nur mal an! Ich versteh' jetzt langsam, was sie in dem Buch da meinen, das mir meine Mutter gegeben hat ..., dass man es nicht einfach so laufen lassen kann.»
«Schschsch!» kam es von irgendwoher aus dem Kino.
«Ogottogott. Hoffentlich können die Leute nicht hören, was wir reden», flüsterte Karen. «Komm, wir gehn 'ne Pizza essen und unterhalten uns. Ja?»
«Ja», flüsterte Joshua zurück.
In der Pizzeria, im hellen Licht der Lampen und zwischen den blanken Tischen, waren sie beide auf einmal sehr verlegen.
«Wie schmeckt denn deine Pizza?» fragte Joshua.
«So lala. Passt genau ins Einkaufszentrum. Nicht so gut wie die, die du gemacht hast», sagte Karen.
«Ich glaub', meine war wenigstens wärmer.»
«Also, was hältst du davon?» fragte sie.
«Wovon?» fragte Joshua; er war nicht ganz sicher, ob sie immer noch über die Pizza redete.
«Von uns ...Wir müssen aufpassen, oder? Ich meine, wir sollten darüber reden. Ich glaub' ans Reden.»
«Ich ... ich auch.»
«Ich hab' das noch nie wirklich gemacht», sagte Karen.
«Ich hab' ein bisschen Angst.»
«Warum?»
«Weil ich glaube, dass es schwer ist, aufzuhören, wenn man mittendrin ist. Und ich mag es gerne. Sehr gerne.»
«Ich weiss», sagte Joshua. «Ich auch ...»
«Die Frau muss die Grenzen bestimmen. Kapitel drei in diesem verrückten Buch, das mir meine Mutter gegeben hat.
Aber ich glaub' das nicht.
Ich glaube, dass der Mann und die Frau die Grenzen gemeinsam bestimmen sollten ...
Ja, du hast wirklich recht mit der Pizza. Sie ist überhaupt nicht warm. Die schmeckt jetzt langsam wie Pappendeckel. Ich glaub', das ist auch Pappendeckel ... Also, was hältst du von den Grenzen?»
«Na ja – vielleicht können wir machen, was wir heute gemacht haben, aber nicht viel mehr ... Was hältst du davon?»
Warum war er bloss so nervös, während sie so sachlich darüber reden konnte?
«Find' ich gut. Wenigstens für 'ne gewisse Zeit. Mehr kann ich wirklich nicht verkraften. Ich bin noch nicht soweit.»
«Ich – ich glaub', ich bin auch noch nicht soweit», sagte Joshua.
«Ich mein' aber nicht, was *du* jetzt vielleicht meinst. Das ist was anderes. Ich hab' gemeint, dass wir jetzt erstmal auch kein bisschen weitergehen können als heute abend. Ich bin noch nicht soweit, ich bin's noch nicht.»
«Ich weiss schon. Mach dir keine Sorgen. Ich bin auch noch nicht soweit.»
«Also abgemacht?»
«Klar.»
«Schlag ein.»
«O. K.»
Sie streckten sich über dem Tisch die Hände entgegen, schlugen ein und platzten dann plötzlich los und lachten.
«Wir sind *ehrlich* verrückt!» sagte Karen.

Myron Levoy

ICH MAG DICH

Der Plattenspieler summte.
Paula machte die Augen auf und sah das grüne Lämpchen neben Pauls Kopf.
«Willst du die Platte umdrehen?» fragte sie.
Pauls Gesicht lag an ihrem Hals.
«Nein», sagte er. Und als sie aufstehen wollte: «Bleib so liegen.»
Seine Hand lag auf ihrem Bauch, ein Bein angewinkelt auf ihrem.
Sie redeten über Verreisen, dahin, wo es warm ist. Wo es immer warm ist, wo man leben kann mit wenig Geld.
Vielleicht, überlegten sie, kann man hier arbeiten und Geld sparen und dann dort leben, solange das Geld reicht.
«Magst du Italien?» fragte Paula.
Er antwortete nicht. Seine Hand wanderte zu ihrem Busen.
Sie hielt die Luft an und vergass ihre Frage. Sie klemmte seine Hand mit ihrem Arm ein und kicherte: «Das kitzelt.» Sie liess die Hand wieder frei.
Er streichelte ihren Busen.
«Schon wieder.» Paula lachte.
«Hör auf zu lachen», sagte er.
Er legte sich auf sie. Sie stemmte ihre Hände gegen seine Schultern. «Mann, bist du schwer.»
Er blieb liegen und küsste sie.
«Du bist gefangen. Ergib dich!»
Sie griff unter seinen Pullover und kniff ihn. Er sollte brüllen, Aua schreien, um Gnade bitten.
Er nahm ihre Hand weg und zog sie an seinen Bauch. Sie fühlte das Weiche, die Härchen, den Bauchnabel, den Gürtel.
Ihre Hand rührte sich nicht.
Wollte ausreissen, zurück auf den Rücken. Er drückte seinen Bauch gegen ihre Hand, hielt sie fest.
Seine Lippen waren an ihrem Ohr. «Ich will mit dir schlafen», flüsterte Paul.
Sie erschrak. Wie früher, als sie Fahrradfahren lernte und ihr Vater sie das erste Mal losliess und rief: «Du fährst ja allein! Du kannst es!» Da war sie umgekippt und hatte geheult.
«Ich will mit dir schlafen.»
Der Satz nahm ihr die Unbefangenheit, schob sich zwischen sie und Paul. Machte aus ihrem Spiel ernst. Jetzt hatte, was sie machten, einen Namen, ein Ziel. Sie hätte lieber wortlos weitergemacht, vielleicht so weit, wie er jetzt sagte. Das wusste sie nicht. Wollte sie nicht wissen.
Jedenfalls nicht vorher. Hinterher hätte sie sagen können: Wir haben zusammen geschlafen.
Es wäre einfach passiert.

Ausschnitt aus dem Jugendbuch «… und plötzlich willste mehr… – Die Geschichte von Paul und Paulas erster Liebe», Verlag Antje Kunstmann, München 1993.

So passiert wie in dem Film, wo der Mann die Frau auf den Nacken küsste. Die Frau hatte ein seidenes Unterkleid an. Sie hatten sich umarmt und waren sanft aufs Bett gefallen. Alles sah lautlos aus. Lautlos schön.
Die Decke kratzte sie am Rücken. Der Schweiss auf ihrer Haut wurde kalt. Sie zitterte. Plötzlich sah sie sich selber zu, wie sie mit Paul auf der Matratze lag, Paul auf ihr liegend, ihre Beine ineinander verschlungen, ihr T-Shirt bis zum Hals hochgeschoben, der Reissverschluss ihrer Jeans offen. Ihre Hand auf seinem Bauch.
Sie hörte Schritte. «Da kommt jemand!»
«Du hörst Gespenster», flüsterte er, «meine Mutter kommt erst am Abend.»
Er stand auf. «Ich schliess ab.»
Sie sah ihn zurückkommen und dachte: Ich mag dich. Sie wollte es ihm sagen. Er hatte es vorhin gesagt. Er hat nicht soviel Angst, sowas zu sagen, dachte sie. Ist sowieso viel freier. Sie sagte es nicht.
Er zog die Schnürsenkel von ihren Turnschuhen auf und fragte: «Willst du?»
Sie nickte und sagte: «Lass, das mach ich selber», und zog den anderen Schnürsenkel auf. Sie dachte: Ich zieh mich nicht aus, weil ich müde bin. Ich zieh

mich aus, um mit Paul zu schlafen.
Die Turnschuhe plumpsten auf den Fussboden. Sie dachte an die Frau im seidenen Unterkleid und fühlte sich nicht so schön. Sie hatte Angst vor dem Ausziehen und dem Nacktsein. Sie wollte schnell unter die Decke.
Paul umarmte sie.
«Hast du Angst?»
Ja, dachte sie. Nein, dachte sie.
«Nö», sagte sie.
«Du?» fragte sie.
«Nö», sagte er.
Sie legte sich wieder auf den Rücken. Er legte sein Gesicht wieder an ihren Hals, ein Bein auf ihrem, die Hand auf ihrem Bauch. Die Decke kratzte wieder.
«Die Decke kratzt», sagte sie.
«Komm runter! Hier ist es weicher.» Er streckte die Beine unter die Decke.
«Hier ist es schön warm», sagte sie in sein Hemd. Seine Hand lag auf ihrem Bauch. Sie streichelte ihren Busen, wieder den Bauch. Sie spürte, wie die Hand zögerte, weiter nach unten wanderte, bei den offenen Jeans ankam. Ihr wurde heiss.
«Mir ist heiss!» sagte sie.
«Luft!» japste sie und wedelte die Decke hin und her. «Ich ersticke!»
Er küsste ihr den Mund zu.
Ihre Hand lag auf seiner Hüfte. Sie spürte seine Haut zwischen Gürtel und dem rausgerutschten Hemd. Sie schob das Hemd höher, wollte ihn ausziehen.
«Ich trau mich gar nix», flüsterte sie.
«Zieh die Jeans aus», flüsterte er zurück.
Sie schüttelte den Kopf.
«Hast du Angst?» fragte er.
Sie nickte. «Ein bisschen. Jedenfalls vor dem Ausziehen.»
Er zog an ihren Jeans. «Ich zieh die aus.»
«Nein», sagte sie. «Doch», sagte sie.
Gesicht an Gesicht, Nase an Nase, Mund an Mund schoben und zogen sie die Jeans runter. Bis zum Knie. Da blieb sie hängen.
«Die ist so eng.» Paul versuchte, die Jeans weiter runter zu kriegen. Paul streichelte ihren Bauch und schob eine Hand in ihre Unterhose.
«Die blöden Jeans stören mich!» Sie warf die Jeans aus dem Bett, dann die Unterhose, das T-Shirt. Sie legte sich schnell neben ihn, zog die Decke hoch, legte die Hände auf ihren Bauch und sagte: «Ich bin jetzt ausgezogen.»
Sie machte die Augen zu und hörte, wie er «Scheissknöpfe» sagte und wie seine Jeans auf die Erde fielen. Er zog die Decke über ihre Köpfe.
Sie fühlte mit ihrer Zungenspitze seine Lippen, und er murmelte: «He, Paula.»
Sie sagte: «Ich mag dich, Paul.»
Sie dachte: Endlich hab ichs gesagt, und umarmte ihn und küsste ihn.
Sie spürte seinen Schwanz an ihrem Bauch.
Ihr fiel Marlene ein, wie die von ihrer Mutter und der Pille erzählt hat.
Sie rutschte ein Stück von ihm weg.
«Was hast du?» fragte Paul.
«Nix», sagte sie. «Ich hab grad an Marlene gedacht.» – «Nicht an Marlene, an die Pille hab ich gedacht. Marlene wollte mir welche geben.»
«Ach so», sagte er und legte sich auf den Bauch Sie hörte ihn atmen. Dann fragte er: «Und hast du sie?» Sein Gesicht lag auf seinen Armen.
Sie überlegte «Ja» zu sagen und einfach so mit Paul zu schlafen.
Es war fast dunkel im Zimmer. Paula hörte das Summen vom Plattenspieler. Draussen fuhr ein Auto. Die Scheinwerfer beleuchteten einen Moment die Decke. Sie sah die Flecken an der Decke und die Sprüche an der Wand. Das Auto fuhr vorbei. Es war wieder dunkel.
«Nein», sagte sie. «Ich hab keine.»
Er sagte nichts und lag immer noch mit dem Gesicht auf seinen Armen.

Sie sagten beide nichts.
Sie versuchte, die Sprüche an der Wand zu lesen, aber es war zu dunkel. Sie guckte zum grünen Lämpchen vom Plattenspieler, drehte den Kopf zur Seite und sah die Bücher von Paul im Regal. Sie dachte: Warum sagt der nichts? Er lag so weit weg von ihr und rührte sich nicht.
Sie fragte: «Hast du was?»
Er hob den Kopf und langte mit dem Arm zum Plattenspieler, drückte den Knopf und sagte: «Nö! Der blöde Plattenspieler geht mir auf die Nerven.»
Sie sagte schnell: «Mit der Pille, das ist nicht schlimm. Ich krieg bald meine Tage.»
Er antwortete nicht.
«Was hast'n du da?» fragte sie.
«Was schon! Pariser», sagte er verlegen.
Sie hörte, wie er die Schachtel aufmachte und sagte sofort: «Das will ich nicht, das will ich nicht!»
«Du bist verrückt, Paula.» Paul fummelte weiter an der Schachtel. «Und wenn was passiert?»
«Es passiert nichts. Ich hab doch gesagt, ich krieg bald meine Tage.» Sie hielt eine Hand von ihm fest. «Dann kann nichts passieren.»
«Ehrlich?» fragte er unsicher.
«Ehrlich», wiederholte Paula und drängte sich dicht an Paul. Sie küssten sich.
«Nie im Leben würde ich das damit machen», hatte Paula zu Kiki gesagt, als sie hinter einer Parkbank einen gebrauchten Pariser liegen sahen. Sie hatten sich den Mann damit vorgestellt, und die Frau dazu, und hatten gelacht.
«Ach, naja, aber ohne ist es leichtsinnig», hatte Kiki gesagt.

Ich bin nicht leichtsinnig, dachte Paula, meine Tage kommen bald. Das wusste sie sicher.
Die kommen unregelmässig, dachte sie, vielleicht schon morgen. Dann fiel ihr ein: Und wenn sie erst in zwei Wochen kommen? Na und, dachte sie und schob den Gedanken weg.
Paula drückte ihren Bauch an Pauls. Sein Bauch ist auch nass, dachte sie. Seine Finger streichelten ihre Musch.
Paula wollte aufstehen. Sich anziehen. Angezogen mit Paul hier liegen. Wie sonst. Quatschen und Musik hören und Honigbrote essen.
Paul war ihr zu nah. Sie machte die Beine zusammen.
Paul sagte leise: «Paula, ich hab Schiss ohne. Ich nehms doch.»
So wie Paul das macht, ist gar nichts dabei, dachte sie und streichelte ihn.

Sie spürte, wie er mit der Hand versuchte, seinen Schwanz in ihre Musch zu kriegen. Sie waren beide aufgeregt. Sie dachte, dass es weh tun könnte. Sie machte die Beine auseinander, bewegte sich hin und her, damit es leichter ging. Das war ein schönes Gefühl an ihrer Musch. Dann traute sie sich, seinen Schwanz anzufassen.
Sie fühlte den Schwanz an ihrer Musch. Jetzt ist es passiert.
Sie fühlte seinen Schwanz in ihrer Musch. Paul und Paula bewegten sich, atmeten laut, hörten ihren eigenen Atem.

Es war anders als sie es sich vorgestellt hatte. Es hatte nicht weh getan. Es war warm. Fast heiss.
Sie war froh, dass alles so war wie's war. Dass sie Paul im Arm hatte. Wie sie's gemacht haben. Sie waren nassgeschwitzt. Er murmelte: «Es ging so schnell.»
Er streichelte sie.
«Ich würde gerne stundenlang so mit dir liegen», sagte Paula.
«Können wir ja.»
«Können wir nicht», sagte Paula. «Ich muss bald gehen.»
Paula fiel ein, wie Paul am Anfang gesagt hatte: Ich will mit dir schlafen. Jetzt fand sie es gut, dass er es gesagt hatte.
Es war nicht einfach passiert.
Sie wollte mit Paul schlafen, und sie hat mit Paul geschlafen.

Helma Fehrmann / Peter Weismann

Wer bist du?

Hey, wer bist du?
Hey, woher kommst du?
Hey, ich kenn dich nicht
und hab dich doch vermisst.

Ich glaub, ich bin total verliebt.
Ja, ich hab dich auf 'ner Fete gesehen.
Du hast mich angelächelt.
Du hast getanzt wie ein Star,
einfach ganz wunderbar.

Hey, wer bist du?
Hey, woher kommst du?
Hey, ich kenn dich nicht
und hab dich doch vermisst.

Ich weiss es jetzt genau,
dass ich dich brauch.
Ich gehe mit dir bis ans Ende der Welt.
Gib mir deine Hand,
ich zeig dir mein Wunderland.

Hey, wer bist du?
Hey, woher kommst du?
Hey, ich kenn dich nicht
und hab dich doch vermisst.

Sabine Hesse

Ich will mit dem gehen, den ich liebe

Ich will mit dem gehen, den ich liebe.
Ich will nicht ausrechnen, was es kostet.
Ich will nicht nachdenken, ob es gut ist.
Ich will nicht wissen, ob er mich liebt.
Ich will mit ihm gehen, den ich liebe.

Bertolt Brecht

Aufforderung

Im Erlenschatten, Liebste,
im Erlenschatten, nicht.

Unter der Pappel, ja,
dem Weiss und Grün der Pappel.

Weisses Blatt du,
grünes Blatt ich.

Rafael Alberti

Die Liebe ist

die Liebe ist
wie eine Kirsche
mit Nachtigallen
im Kern

die Liebe ist
wie eine Strasse
mit gemalten Sonnenblumen
ist wie eine Auster
aus Schnee

Aldona Gustas

Wenn du so bist wie dein Lachen

Wenn du so bist wie dein Lachen,
möchte ich dich wiedersehn,
tolle Wetten mit dir machen,
mit dir weinen über Sachen,
sogar mit dir untergehn,
sogar mit dir untergehn.

Wenn du so bist wie dein Lachen,
möchte ich dich wiedersehn,
krumme Dinger mit dir machen,
streiten über tausend Sachen,
mit dir schwimmen nach Athen.

Wenn du so bist wie dein Lachen,
könnte ich ganz aus Versehn,
aus dir Erdbeerbowle machen,
mit dir reiten auf 'nem Drachen,
nach Hawaii zu braunen Feen.

Wenn du so bist wie dein Lachen,
würd ich für dein Wohlergehn,
dass die Knochen nur so krachen,
auf dir Purzelbäume machen,
und dich kitzeln an den Zehn.

Wenn du so bist wie dein Lachen,
würde ich auch so verstehn,
solltest du mal schlimm erwachen,
brauchst du mir nichts vorzumachen;
sage nur: Auf Wiedersehn.

Ina Deter

Über das Lachen Zaubern

Immer lacht er
wenn er geht.

Nie lacht er
wenn er kommt.

Als hätt er anderswo
nichts zu lachen.

Als müsst ich zaubern
dass er lacht.

So zauber ich.
So lacht er.

Und nimmt
mein Lachen mit.

Ursula Krechel

Jahrhundertelang

wählten Männer
sich Frauen aus.
Die warteten demütig
sanft senkten sie
scheu den Kopf,
die Lider, den Blick
nach innen gekehrt.

Ich habe meinen
Nacken erhoben,
die Augen weit geöffnet.
Nicht ohne Staunen
sehe ich mich um.

Und wenn
mir einer so gefällt,
dass mir der Atem
stockt in seiner Nähe,
dann sag ich's ihm
vor allen
– oder nie.

Christa Kozik

drei rote rosen

drei rote rosen
er gleich darauf in unterhosen
ich lass ihn laufen
rosen kann ich mir selber kaufen

Gisela Meussling

Eifersucht

Ich will dich
so
allein
wie mich

Frederike Frei

Constantin Brancusi (1876–1957), Der Kuss, 1908

Enst Jandl, Der Kuss, nach Brancusi

ja ja
ja ja
ja ja
ja ja
ja
ja ja
ja ja
ja ja
ja ja

Blindes Huhn

Ich machte mir klar, wie sie aussah: gut gewachsen, gross genug, etwas kleiner als ich. Dunkles Haar, ich bin hellblond, viel zu blond, mehlig eben. Langes Haar. Und ich? Langes Haar etwa? Kurz, viel zu kurz, so wollen sie es zu Hause und im Betrieb. Augen, ihre Augen sahen mich mit einem dunklen Blick ruhig an. Wollte sie was von mir? Ich hatte es von vornherein auf sie abgesehen.

Sie sagte ein Wort: «Du auch?» Ruhig sprach sie und sah mir ins Gesicht. Ich hatte plötzlich Kontur, fühlte, dass ich wer war. Mensch, ich fing an, mich innerlich aufzurichten. Gut, sie war ein bisschen älter, warum nicht. Aber ich würde es sein, der fragen müsste: Kommst du mit? Zwischendurch knickte ich wieder zusammen, besonders morgens vorm Spiegel oder wenn im Betrieb was schiefging, das mit mir zusammenhing. Aber insgesamt waren die Strassen doppelt breit, kein Zaun zu hoch, Sonne und Mond schienen für mich. Einmal half ich sogar einer Behinderten beim Einkaufen. Ein Glück, dass ich es nicht mit so was zu tun hatte!

Dann war es soweit. Sie stand hinter anderen, die ich nicht kannte, neben der Tischtennis-

platte im Freizeitheim, wo sie mir auch zuerst erschienen war. Ich sagte: «Hast du Lust? Im Keller gibt's neuerdings 'ne Teestube, da können wir einen ausklönen.»
Sie guckte mich aufmerksam an, wartete eine Weile mit der Antwort, wandte zweimal den Kopf zu den Tischtennisspielern hin: «Wenn die fertig sind, spiel ich ein Match. Und wenn ich fertig bin und du immer noch willst, können wir ja runtergehn!»
Gut. Ich sah ihr zu, dachte wunder, wie sie ping-pong machen würde, aber sie spielte perfekt. Die Bälle gingen knapp über das Netz. Sie holte sie vom Fussboden her wieder auf die Platte. Sie konnte sogar schneiden. Sie war Profi. Mir blieb der Atem stehen. Das war ein Mädchen, und gleich: Gleich trifft mich das Glück! dachte ich.
Wir gingen in die Tee-Ecke, sie sass mit angezogenem Bein auf ihrem Stuhl, ich streckte die Beine von mir, streng zusammengestellt, irgendwie muss man sich doch lockern können? Wie kann sie nur frei sein, wenn es mir den Verstand nimmt?
Wir tranken unseren Tee, wir rauchten auch eine, ausnahmsweise, sagte sie, und hob mich damit in den Himmel. Wir standen auf und gingen raus, ich brauchte sie nicht erst zu bitten.
Ich fragte sie nach ihrer Wohngegend. Wir gingen in die Richtung. Der Mond schien nicht. Das hätte gerade noch gefehlt: Mondschein und dann: sie und ich! Aber der Himmel war an manchen Stellen offen. Ab und zu ein Stern. Endlich liess ich meine Hand machen, was sie wollte: anfassen!
Wir gingen ein Stück. Ich musste schlucken, so viel Spucke sammelte sich an. War ich nicht der glücklichste Mensch? Bis ich was merkte. Ihr Gang war nicht regelmässig. Rhythmisch zog sie an meiner Hand, als hätten wir Eile. Anziehn, nachlassen, anziehn, nachlassen. Kurz vor ihrem Haus blieb sie stehen.
Es war dunkel genug, ich hätte jetzt den Mut aufgebracht, sie zu küssen, aber gegen irgendeinen Lichtschimmer sah ich plötzlich ihre schiefe Schulterlinie. Ich liess ihre Hand los und wischte meine eigene am Hosenbein ab: kalten Schweiss fühlte ich aufsteigen. Sie zog das Bein nach, war behindert! Wie war es möglich, dass ich es nicht bemerkt hatte; wie war es möglich, dass sie so gut Tischtennis spielte? Wie war es möglich, dass der ganze Glanz um sie herum verschwunden war? Ich sagte einfach tschüss und liess sie stehen.

Ilse Behl

Ilse Behl: Geboren 1937, lebt in Kiel, landwirtschaftliche Tätigkeit, pädagogisches Studium, Schuldienst; seit 1979 schriftstellerische Tätigkeit: Lyrik, mehrere Jugendromane und Erzählungen.

WAS ISST ER AM LIEBSTEN?

Soll ich's jetzt sagen? Noch zwei Bissen, dann ist Vater fertig. Aber Doris hat ihren Salat noch nicht angerührt, und Mutter hat sich soeben eine Tasse Tee eingeschenkt. Ist der Zeitpunkt gut? Oder erst in einer Minute vielleicht? Wenn nur Vater nicht gleich vom Tisch geht! Lieber wär's mir zwar schon. Aber Martin hat gemeint, ich soll's gleich allen zusammen sagen, nicht nur der Mutter. Wär's nicht besser erst morgen? Ich könnte mir noch einmal die Worte durch den Kopf gehen lassen? Nein, nur nicht noch einmal diese Warterei!

«Also – ich möchte euch etwas sagen ...»

«Heraus mit der Sprache, Bruno!» ermutigte mich Mutter, «du warst das ganze Essen über so still, dich plagt etwas.»

«Schiess los», forderte mich Vater auf. «Ist's etwas mit der Lehre?»

Jetzt muss ich wohl. Wenn's nur gut herauskommt! Also ...

«Nein, überhaupt nicht. Ich möchte euch nur sagen, ... dass ich schwul bin.»

Diese grauenhafte Stille! Warum sagen sie bloss nichts? Was geht in ihnen vor? Ich kann doch nicht ständig auf meinen Teller stieren. Endlich räuspert sich Mutter.

«Aber du bist doch mit Karin befreundet, nicht wahr?»

«Sicher, wir mögen uns gut. Karin ist meine beste Freundin. Ich bin gern mit ihr zusammen. Mit ihr diskutiere ich am liebsten. Aber ich möchte nicht mit ihr schmusen oder ins Bett.»

«Aber mit Männern oder Knaben schon?» fragte forschend der Vater.

Jetzt sind wir beim Punkt. Wenn Vater nur nicht ausrastet!

«Mit einem Mann ja, lieber mit einem Gleichaltrigen und am liebsten mit Martin.»

«Das ist wohl dein Kumpel, was?»

«Mein Freund, Papa. Er arbeitet bei der Post und hat kürzlich den Lehrabschluss gemacht.»

«Wie hast du ihn kennengelernt?» wollte Mutter wissen.

«In der schwulen Jugendgruppe.»

«Sag doch nicht immer 'schwul'. Was für ein hässliches Wort!»

«Aber Ma, dem sagen heute doch alle so. Was soll denn schon Grässliches daran sein?» verteidigte mich Doris.

«Das Wort ist mir egal», ereiferte sich Vater. «Aber ist es nicht grässlich, was die treiben? So von hinten und so.»

Was soll ich nur sagen? Ich kann ihm doch seinen Ekel nicht wegreden.

«Das machen viele Normale auch», wusste Mutter.

«Wir aber nicht!» wehrte Vater ab.

Gott sei Dank erhalte ich Schützenhilfe. Diese Bemerkung hätte ich von meiner Mutter nicht erwartet.

«Und wie kommst du ausgerechnet zu dieser Jugendgruppe?» wollte Mutter wissen.

«In der Gewerbeschule hing ein Anschlag mit einer Telefonnummer, und da habe ich eben angerufen.»

«Warum bist du denn nicht zuerst zu Papa und mir gekommen?»

Jetzt wird's persönlich. Wenn die sich nur nicht noch übergangen fühlen! Ich muss ihnen auch sagen, was ich in dieser Beziehung von ihnen halte.

«Ich weiss doch, wie ihr über Schwule und Lesben denkt.»

«Wir haben sie nie verdammt, oder?» rechtfertigte sich Vater.

«Ihr habt aber immer von Kranken oder Armen gesprochen, das war mir genug.»

«Findest du Schwule etwa normal?»

Wenn's jetzt nur nicht zum Streit kommt! Aber dem Frieden

zuliebe geb ich nicht auf: Am besten bleibe ich jetzt sachlich.
«Wir sind im Bett schon anders als die meisten Leute. Aber deswegen bin ich doch nicht krank, ich leide doch nicht darunter. Linkshänder oder Rothaarige haben auch ihre Besonderheit, aber die habt ihr nie bedauert.»
«He Bruder, du weisst heute aber auch auf alles eine Antwort, ich kenne dich doch gar nicht so schlagfertig.»
«Das habe ich eben in der Jugendgruppe gelernt. Die andern haben alle von ihrem Comingout erzählt, die Fragen der Eltern in Erinnerung gerufen und was sie darauf geantwortet haben. Ohne sie hätte ich es euch wohl heute noch nicht sagen können.»
«Diskutiert ihr nur? Oder was passiert da alles?»
Jetzt fängt er wieder mit dem Sex an.
«Was soll da schon passieren, Vater? Was hast du für Hintergedanken? Also ... Manchmal plaudern wir einfach zusammen. Vielleicht bringt plötzlich einer ein Erlebnis ein, an dem wir eine Weile hängenbleiben. Oft will auch einer einen Rat in einer bestimmten Situation. Gelegentlich feiern wir ein Fest mit lauter Musik und Tanz ...»
«... und Geschmuse!»
Jetzt hakt die auch noch ein!
«Sicher, Schwesterherz! Das machst du in der Disco ja auch.»
«Ich gönn's dir ja.»
«Und weiter geht ihr nicht?» forschte Vater weiter.
Er beharrt auf seiner Frage.
«Wenn zwei sich mögen, gehen sie manchmal miteinander heim ins Bett oder in den Wald. Viele haben ihren Freund erst in der Gruppe gefunden. Ich ja auch.»
«Und vorher – gingst du mit keinem nach Hause?» fragte Mutter schüchtern.
«Doch.»
«Und wo hast du ihn aufgelesen?» wollte Vater wissen.
«Im Zug. Er sass im selben Abteil, und wir kamen ins Gespräch. Er sagte mir klar, er finde mich sympathisch, und lud mich zu sich nach Hause ein. Ich ging mit. Dort assen wir etwas zusammen, dann setzte er sich neben mich aufs Sofa und so.»
«Und so ...?»
«Ja, und dann passierte es. Es war ganz schön, und der Mann war auch lieb.»
«Hast du noch Kontakt zu ihm?»
Papa ist dieser Mann noch nicht geheuer.
«Ich habe ihn noch zwei, drei Mal getroffen, dann wollte er nicht mehr, weil ich mich in ihn verknallt hatte. Das war ihm zuviel.»
«Er wollte also nur Sex?»
Er kommt schon wieder mit dem Sex!
«Nicht nur, auch Zärtlichkeit und einen Schwatz, aber keine Beziehung. Vielleicht war ich nicht der richtige Typ oder zu jung für ihn.»
«Und hast du dir dabei nichts geholt? Ich meine AIDS oder den Tripper ...?» sorgte sich Mutter.
«Das war gar nicht möglich. Bei meinen ersten Versuchen haben wir nur aneinander herumgefummelt.»
«Und heute?»
«Ich weiss doch, wie ich mich schützen kann. Aber mit Martin ist das gar nicht nötig.»
«Du erzählst von deinem Schwulsein so überzeugt», meinte Doris, «als ob dich nichts erschüttern könnte. War das immer so?»
«Nein, ich wollte lange nicht schwul sein. Ich habe auch alles mit Karin versucht. Aber ich habe ihr auch von meinen Wünschen erzählt. Und gerade sie hat mir geraten, auch mit einem Mann Erfahrungen zu machen. Ich müsse das ausprobieren und dann wählen. Dann tauchte der Mann im Zug auf, und klopfenden Herzens ging ich mit.»
«Wann hast du's gemerkt, dass du andersrum sein könntest?» wollte Doris weiter wissen.

«Etwa mit vierzehn habe ich in mehreren Aufklärungsbüchern und Lexika geschnüffelt und dabei als erstes immer das Kapitel 'Homosexualität' aufgeschlagen. Da hiess es aber, dass das meistens nur eine Phase im Jugendalter sei. Die Phase ging aber nie vorüber.»
«Aber wie kamst du erst auf den Gedanken, schwul zu sein?»
Ich habe schon zu Beginn der Sekundarschule Männern nachgeschaut. Und in der Badi habe ich in der Garderobe meinen

Nachbarn gerne unters Hemd geguckt. Auch halbnackte Bauarbeiter fand ich toll. Sportler habe ich bewundert und Fotos aus Zeitungen gesammelt, besonders von Männern, bei denen sich etwas in der Hose abzeichnete. Die Sprüche meiner Klassenkameraden über Mädchen und die nackten Frauen in den Reklamen haben mich hingegen nie aufgegeilt.»
«Dann hast du deine Probleme vier Jahre still mit dir herumgetragen?» meinte Mutter.
«Bis ich es Karin sagte und in die Gruppe ging. Auch der Typ vom Zug hat mir ein paar gute Dinge gesagt.»
«Zum Beispiel?»
Vater ist schon wieder skeptisch.
«Er riet mir: Steh dazu, lass es die andern ruhig merken. Vielleicht bekommst du einmal eine aufs Dach. Aber dein Leben lang ein Versteckspiel zu treiben, macht dich erst richtig kaputt. Wenn du dich nicht getraust, mit einem Mann in deiner Familie, in deinem Wohnblock oder an der Arbeit aufzutauchen, landest du in den öffentlichen Toiletten und kommst vielleicht zu einer geilen Stunde, aber kaum zu einem Freund.»
«Ich bin froh, dass du einen Freund hast und nicht herumstreunst, aber weisst du, als Mutter wäre mir eine Schwiegertochter doch lieber. Ich möchte dich gerne einmal als Familienvater sehen und hätte auch gerne Enkelkinder.»
Die übliche Familienidylle!
«Das geht nun einmal nicht; da muss ich dich enttäuschen.»
«Als deine Mutter muss ich mich fragen, was ich in der Erziehung falsch gemacht habe. Vielleicht bin ich sogar noch an allem schuld!»
«Warum 'schuld'? Ich bin und fühle mich doch o.k. Und wenn du ständig darüber grübelst, machst du nur uns beiden das Leben schwer. Es gibt überhaupt viele Theorien übers Schwulwerden. Langsam interessieren sie mich nicht mehr. Ändern kannst du eh nichts.»
«In einer Frauenzeitschrift habe ich gelesen, es liege an den Müttern, wenn sie ihre Buben überbehüten und gefühlsmässig an sich binden», insistierte Mutter weiter. «Aber auch Väter, die ihren Mann nicht stehen oder ihrem Sohn zu wenig Zuwendung geben, sollen Söhne in die Homosexualität drängen, weil diese ihr Leben lang ein männliches Vorbild und väterliche Wärme suchen.»
«Einige sagen aber auch, es sei genetisch, also angeboren», wusste Vater.
«Schwule haben zu viele weibliche Hormone», ergänzte meine Schwester.
Vielleicht kann ich die Diskussion mit einer besonders «scharfsinnigen» Theorie entschärfen:
«Und ich erinnere mich an eine Zeitungsmeldung, wo es ungefähr so hiess: 'Schwangere Frauen, die unter hohem Stress leiden, bringen mehr homosexuelle Kinder zur Welt als üblich. Das zeigt sich in Deutschland deutlich bei den Jahrgängen 44 und 45, deren Mütter stark unter dem Krieg zu leiden hatten.' ... Martin könnte euch sicher noch andere Theorien auftischen, und wir könnten uns die angenehmste auswählen.»
«So schnell und so einfach kommen wir nicht darüber hinweg», meinte Vater nachdenklich.
«Lass uns Zeit, das zu verdauen. Mutter und ich werden wohl eine schlaflose Nacht haben, und wir werden noch öfters darüber sprechen müssen.»
Gott sei Dank lenkt Vater ein! Was kann ich mir mehr wünschen, als mit meinen Eltern im Gespräch zu bleiben!
«Und bringe erst einmal deinen Martin zu uns nach Hause, nicht damit wir seine Theorien hören können, sondern damit wir ihn kennenlernen. Was isst er am liebsten?»
Ja, was hat ihm bis jetzt nur wieder am besten geschmeckt?

Paul Strahm

4. KAPITEL
ANIMAL FARM

Das Meerschweinchen

Es lag auf meinem Bauch,
auf meiner Brust, auf meinem Schenkel.

Es lag dort, weil es kaum anders konnte,
weil ich es hielt.

Weil es getragen wurde, genommen, gepackt.

Manchmal wehrte es sich.
Es protestierte.

Dann war es wieder ein demütiges Meerschweinchen
und ich eine herrschsüchtige Tierfreundin.

Manchmal vergass es mich.
Dann lag es, ohne sich zu bewegen, auf meinem
Schenkel:

Wenn ich redete mit den Menschen,
Wenn ich das Meerschweinchen vergass.

Das mir so viel half, die Menschen zu ertragen.

Brigitte Schwaiger

DAS HUHN UND DAS SONNENLICHT

Es kennt nicht den Frühling, der den Boden auftaut, so dass die Erde nachgibt und das Scharren ermöglicht. Doch das Huhn scharrt auch in dieser Bestallung. Wie den kalten Tagen keine folgen, die weniger frisch sind, lösen keine warmen die lauen ab. Der Boden kommt mit trocknender Wärme nicht zu Staub, in dem es baden würde; trotzdem wälzt sich das Huhn. Da es keine Jahreszeiten kennt, gibt sein Boden keine Würmer her, wenn es scharrt, und es laufen keine Käfer über ihn, denen es nachlaufen könnte, die Luft ist nicht voll Samen, und es liegt auch nirgendwo ein Stück Holz oder Papier, das es anpickt. Die Rinne wird regelmässig nachgefüllt, mit Pressfutter und einem Mehl, das nach Fisch riecht. Das Huhn frisst sich satt. Der Magen ist so rasch gesättigt, dass die Beine es nicht realisieren und weiter auf Nahrungssuche gehen. So pickt das Huhn an einer zufälligen Nachbarin, rupft ihr eine Feder aus, lässt diese zu Boden fallen oder schluckt einen Flaum. Oder es hebt ab vom Boden, flattert los auf ein Insekt an der Wand, auch wenn dieses nur ein schwarzer Punkt ist. Es setzt auch hier drinnen die Füsse abwechslungsweise voreinander; aber plötzlich möchte es nicht nur gehen, sondern laufen und dazu mit den Flügeln schlagen, doch dann kommt es mit denen ins Gedränge, die ihrerseits mit ihren Flügeln ausholen. Und wieder steht es auf einem Bein und kratzt sich am Kopf. Hört es den Schritt des Angestellten, läuft es zur Tür und jagt die andern, die auch zur Tür wollen. Erscheint der Mann, knickt das Huhn in den Gelenken ein, bildet mit Kopf, Hals und Rücken eine gerade Linie und hält die Schwanzfedern leicht nach unten geneigt. Ob der Mann zur Begrüssung das Huhn gänzlich zu Boden drückt oder es unbeachtet lässt, nach dem Sich-Ducken richtet es sich auf, schüttelt sich und seine aufgeplusterten Federn, als wäre es von einem Hahn bestiegen worden. Wie es keine Jahreszeiten kennt, kennt es auch keine Tagesrhythmen. Den Tag eröffnet nicht ein Gockel, der mit seinem Krähen die Sonne weckt, sondern eine Schaltuhr macht Licht. Die Lampe geht nicht auf und nicht unter, sondern an und aus. Nur einmal, als aus Versehen eine stärkere Birne eingeschraubt wurde, legte sich das Huhn zum Sonnenbaden hin. Aber dann kehrte das Licht mit weniger Watt zurück. Und wieder war es in der Frühe schummrig und schummrig am Mittag, der Abend war dämmrig wie die vorangegangenen Stunden, die dämmrig waren wie die vorangegangenen Tage. Zwölf Stunden dauert der Tag, und an diesen langen Tagen schüttelt das Huhn zwischendurch den Kopf. Es sucht Material für ein Nest, das bereits existiert und ohne sein Dazutun gebaut wurde. Wie lange es auch scharrt, es legt keine Mulde frei. Es pickt von den Kehllappen eines andern Huhns Futterreste, zerrt an seinem Kamm, klettert auf ein drittes und bleibt kurz oben stehen. Wenn es von der Futterrinne zum Trinknippel wechselt, verdrängt es andere, die sich dort drängen, und an der Rundtränke wird es von andern beiseitegeschoben und zur Futterrinne zurückgestossen, und auf diese Weise drehen sie sich im Kreis und rotieren. Jedes Tun und jeden Tag aber begleitet es mit Gakeln, mit dem «geek» und «gaik» des Hackaufschreis und dem rangverkündenden «ga-gaak». Unvermittelt steht es da, die Flügel in Spreizstellung, ohne diese aufzufächern, plötzlich stösst es mit beiden Füssen ab, lässt die Krallen nach vorn schnellen und versetzt einem andern Huhn Tritte. Wird es selber gehackt, setzt es zur Flucht an, aber es gibt keinen schützenden Ort, da der Käfig als Ganzes Schutz ist. Dann läuft das Huhn einer Wand entlang, den Kopf gegen die Mauer gerichtet, als gälte es etwas zu erlauschen. Die Henne, die sich ihm in den Weg stellt, holt mit ihren Flügeln aus und schlägt sich an der Mauer einen Knochen lahm. Nun läuft das Huhn gegen das Gitter an; obwohl es nicht weiterkommt, laufen die Beine weiter. Es versucht hinauszusteigen, drückt sich gegen zwei Stäbe, der Schnabel und der vordere Brustkorb gelangen ins Freie, wo hinter dem Bedienungsgang der nächste Käfig beginnt. Und dann steht das Huhn wieder da, lässt den Kot auf ein Blech fallen pickt am Isolierkitt und kratzt sich am Kopf und zupft an Federn, deren Spitzen abgebrochen sind. Und es ordnet sich ins Drängeln ein. Bis es seinen Kopf anzieht, ihn nach hinten wendet, den Schnabel unter die Flügel steckt und wartet, bis die Schaltuhr Nacht einschaltet. Aber einmal hat das Huhn das Sonnenlicht erblickt. Als es mit andern in ein Transportgitter gescheucht wurde und sich dort in eine Ecke duckte, wo kein Platz zum Sich-wenden und zum Aufstehen war. Diese Kiste stand in der Mittagshitze draussen unterm Firmenschild, auf andere gackernde Kisten gestapelt, die ebenfalls auf den Verlad warteten. Ein Strahl drang durch das Gitter und traf das Huhn. Es schloss die Augen und öffnete sie gleich wieder, bewegte seine Lider auf und ab, zuckend und schauend. Das Huhn drückte seinen Hals durch zwei Stäbe; noch nie waren sein Kamm und seine Kehllappen so rot gewesen. Es zwängte seinen Kopf durch und pickte nach dem Licht. Die Sonne schlug in seine Augen wie ein Blitz. Später folgt der Schlag des elektrischen Bolzens und danach der Haken an der Laufschiene, der zum ersten Mal halt macht bei der Rupfstation.

Hugo Loetscher

NEUES AUS DER BIOLOGISCHEN VERSUCHSANSTALT

In unserer biologischen Versuchsanstalt schreitet die wissenschaftliche Arbeit rüstig vorwärts und hat kürzlich wieder Erfolge gezeitigt, die das höchste Verblüffen der Fachleute und Laien erregen werden. Die kühnen Experimente zum Nachweis der Bilateralität der Wirbeltiere sind abgeschlossen. Die Zersägung von 187 lebenden Meerschweinchen (in der Längsrichtung) ergab in nur vier Fällen eine Ungleichheit der beiden Körperhälften, 183 Fälle hingegen bestätigten das Gesetz der Zweiseitigkeit. Sehr interessant verliefen auch die Versuche zur Erforschung der tierischen Reflexbewegungen. Bei 300 langsam über offenem Feuer gerösteten Hunden wurden Zappelbewegungen konstatiert, deren Amplitude zwischen 0.64 und 3.12 (Berechnung nach Flister-Hohenscheit «somatische Mechanik») schwankte, und deren Zahl in der Sekunde vom Minimum 0.03 bis zum Maximum 7 variierte. Dieses Maximum erreichten – rassenbiologisch höchst bemerkenswert! – vorwiegend die Pudel, unsere lieben, treuen Hausgenossen,

Egon Friedell (1878–1938); Alfred Polgar (1873–1955)

indes das Minimum bei den schmählich degenerierten Zwergbullys zu beobachten war. Nicht so schöne Resultate erzielten die Versuche der Überpflanzung von Rattenaugen auf das Gesäss des possierlichen Löwenäffchens (Hapalida leonina). Der eine Teil des Versuchs glückte zwar, indem die entaugten Ratten das Sehvermögen verloren, eine optische Leistungsfähigkeit des Affengesässes konnte jedoch nicht erwiesen werden. Weiterarbeiten und nicht verzagen!

Egon Friedell und Alfred Polgar

FRISCHE BLUTWÜRSTE

Und dann kam der Donnerstag. Onkel Albert liess mich ausschlafen. «Wir fangen erst gegen neun an», hatte er gesagt. Um neun waren alle schon auf. Tante Bertha, Hans, Ursula, der kleine Albert, Alfred der Knecht und Martha die Magd. «Freust du dich?» fragten sie alle. Und lachten. «Gleich wird's losgehn!» Ich freute mich nicht. Ich hatte Angst. Ich liebte Schweine nicht sehr, das schon. Auf der Strasse vor dem Bauernhaus warteten viele Leute. Vor allem Kinder. Onkel Albert war Bauer, Tante Bertha Bäuerin. Über Nacht war Schnee gefallen. «Der bleibt aber nicht. Ist ja viel zu früh. Ein gutes Zeichen. Ein gutes Zeichen!» sagten die Leute. Ich war das erstemal bei Onkel Albert und Tante Bertha in den Ferien. Mitten auf der Strasse vor dem Bauernhaus stand ein grosser Bottich. Für die Sau. Onkel Albert und Alfred der Knecht schleiften sie heraus. Sie grunzte. Sträubte sich. Grunzte jämmerlich. «Die weiss bestimmt, was ihr wartet», dachte ich. «Die weiss es. Die sieht ja den Bottich auch.» Onkel Albert und der Knecht redeten ihr zu: «Ruhig, he, he, ganz schön ruhig. Und da hinein», sagten sie. Und sie stand drin. «Jetzt knallt's dann», sagte ein Junge neben mir. Und strahlte. Und mit der Hand ahmte er ein Gewehr nach: «Poing, poing!» Dann kam der Metzger. Er hatte eine weisse Schürze an mit roten Flecken drauf. Ein Zipfel war schräg nach oben gebunden. Alle Metzger binden die Schürze so. Er krempelte sich die gestreiften Hemdsärmel hoch. Onkel Albert gab dem Metzger das Gewehr. Es war ein richtiges Gewehr. Vielleicht rannte die Sau im letzten Augenblick davon. Hoffte ich.

Rechts und links bildeten die Leute eine lange Reihe. Und vorn, mitten auf der Strasse, war der Bottich. Drin immer noch die Sau. Schmutzig. Hässlich. Sie grunzte laut und aufgeregt. Der Bottich verdeckte die Beine und einen Teil des Bauches. «Bereit», sagte der Metzger. Und entsicherte das Gewehr. Mein Herz klopfte. Ich schloss die Augen. Öffnete sie wieder. Die Sau stand im Bottich. Es war kein Traum.

Jetzt war es ganz still vor dem Bauernhaus. Und kalt. Nur die Sau machte Lärm. Dann der Knall. Sie grunzte. Sackte in sich zusammen. Der Kopf hing über den Rand hinaus. Die Leute klatschten in die Hände. Wir liefen zum Bottich. Ich fast zuerst.

Ich sah das Loch, schräg oben. «Mitten ins Herz!» staunten die Leute. Ein rundes Loch. Und darum herum alles rosa. Schmutzig rosa. Und plötzlich quoll es rot heraus, sprudelte. Alle Kinder jauchzten jetzt. Warmes, richtiges Blut. Die Sau war tot. Der Kopf lag schräg auf dem Bottichrand.
Es dünkte mich furchtbar widerlich. Und doch konnte ich nicht wegschaun. Ich hatte die Schweine nie sehr geliebt, das schon. Sie waren so hässlich, wohnten im Dreck. Hatten eine breite Schnüffelnase.
«Christine, Christine», riefen sie jetzt. «Komm, wir schrubben die Sau. Das machen immer die Kinder.» Sie blutete jetzt nicht mehr. Man hatte sie in einen andern Bottich gelegt. Und kochendes Wasser über sie gegossen. Und irgendein Waschmittel dazugegeben. Wir seiften sie tüchtig ein. Und bürsteten und schrubbten. Und manchmal vergass ich ganz, wen ich da saubermachte. Aber als ich das Schwänzchen über den Bottichrand hängen sah, wurde ich doch wieder ganz traurig. Es war jetzt zwar keine richtige Sau mehr. Viel zu rosa. Und sie duftete nach Seife. Ein duftendes Schwein.
«So», sagte der Metzger. Er trug Holzschuhe. Und eine braunrote Gummischürze. Mit einem Schlauch spritzte er die Sau ab. «Zum Anbeissen sauber», lachte er.
«Wir trinken in der Stube etwas Warmes», sagte Tante Bertha und zog mich hinein. «Der Schnee war ganz rot vom Blut», sagte ich.
«Die war aber gleich tot. Knall. Tot», sagte der kleine Albert. «Ich will zuschaun», sagte Hans, «wie sie die Sau aufschneiden. Das gefällt mir, wenn alles so rauskommt.»
In der Küche rührte Martha die Magd in zwei grossen, hohen Pfannen, Frauen aus dem Dorf hackten Zwiebeln. Tante Bertha drückte mir eine Holzkelle in die Hand. «Immer in der gleichen Richtung, nicht vergessen!» In den Töpfen kochte Blut. Mit Zwiebeln, Knoblauch, Gewürzen, Salz. Blut von der Sau. Die eben noch gegrunzt hatte, stinkig, dreckig gewesen war. Für Blutwürste. «Christine! Rühren, rühren!» Sie nahm mir die Kelle weg. Machte energisch einige Umdrehungen, sagte: «So geht das! Hier wird nicht geträumt. Ein Schwein ist ein Schwein!» Andere Frauen brachten Wursthäute. Die musste ich jetzt halten, und meine Tante füllte mit einer Schöpfkelle die Blutsuppe ein. «Das dickt dann ein, ganz langsam.» Erklärte sie.
Hans kam in die Küche. Er tauchte seinen Finger in die Blutbrühe und schleckte ihn dann ab. «Die hat was hergegeben! Das hat der Metzger gesagt», sagte er. Am Mittag gab es eine kräftige Fleischsuppe. Ich hatte keinen Hunger. Am Nachmittag teilten sie die Sau noch fertig auf. Tante Bertha sagte: «Die Schweinsfüsse und den Schwanz koche ich morgen aus.» Und Onkel Albert fragte: «Na, Christine, wie hat's dir gefallen?» Ich war sehr traurig, dass das Schwein kein Schwein mehr war.
Als ich in der Nacht dalag und nicht schlafen konnte, sah ich immer wieder die Sau mit dem Loch. Und das Blut floss und floss. Und der Kopf war weg. Der lag im Schaufenster der Metzgerei auf einem weissen Tablett. Und in den beiden Schnüffellöchern steckte grüne Petersilie.

Agathe Keller

DER HUND

Es ging auf Mitternacht. Ruhe lag über der Stadt.
Die beiden gingen an der Hafenmauer entlang. Sie warteten auf die Fähre, die sie zum anderen Ufer hinüberbringen sollte, wo sie wohnten.
Der Junge löste sich von der Hand des Vaters und rannte los. Die Tritte seiner kleinen Füsse verflochten sich mit dem Heulen der Schiffssirenen. Mal hüpfte er, mal drehte er sich um sich selbst, bis er schliesslich zu einem Wachhäuschen kam, an dessen Tor ein schmächtiger Soldat mit dickem Schnurrbart und hervorstehenden Augen postiert war. Über seiner Schulter hing ein Gewehr mit Bajonett, und neben seinen Füssen lag auf dem Asphalt ein Hund mit dichtem Fell. Von einer Lampe in der Nähe des Wachhäuschens fiel gelbes Licht auf ihn.
Seine Augen waren halb offen und sahen aus wie ovale Metallringe. Von Zeit zu Zeit hob er die Nase und schnupperte in den heissen Chamsinwind.
Der Junge schaute mehrmals vom Hund zum Wachposten, vom Wachposten zum Hund.
«Ist das ein Polizeihund, Onkel?» fragte er dann unsicher.
Der Mann nickte zustimmend.
Das Kind ging zögernd auf den Hund zu. Dieser knurrte, sein gewaltiger Körper erhob sich, die Metallringe verengten sich.
Der Junge trat näher. Als er seine kleine Hand ausstreckte, wurde der Hund noch angriffiger.
Er bellte scharf. Der Junge machte entsetzt auf dem Absatz kehrt und rannte wie der Wind davon.
Er versuchte, dem Hund zu entkommen, der hinter ihm herrannte.
Der Vater warf einen Stein nach ihm. Da hielt der Hund, noch hin und wieder bellend, inne.
Dann machte er kehrt und trollte sich. Er umkreiste noch das Wärterhäuschen und den Soldaten, der wie ein Götzenbild dastand.
An der Brust des Vaters verlangsamten sich die hastigen Atemstösse des Jungen. Er rieb sich mit seinen Händchen die Augen und fragte: «Hat der Hund kein Haus zum Schlafen, Papa?»
Der Mann wandte den Kopf nach rechts, wo ein zweistöckiges Gebäude direkt auf den Hafen hinabschaute. Ein eiserner Gitterzaun umgab es. Oben über dem Eisentor hing eine verstaubte und rostige Tafel, auf der, in europäischen Schriftzeichen, «Police» stand. Eine Schar von Hunden lauerte am Haupttor und an den Nebentoren. Eine andere Schar blickte von den Fenstern und vom Dach herab.

Ibtihal M.A. Salim

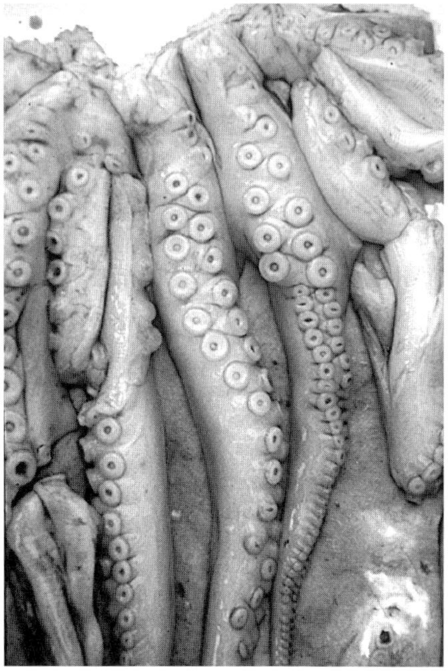

Der Oktopus

Der Oktopus hält noch das Meer
in seinen Armen
als man ihn schon
an Land geschleppt hat
und wieder und wieder
aufs Pflaster schmettert

Kopffüssler der uns
mit seinem geduldigen Sterben
erschreckt: sein Auge
bleibt selbst im Abfallkübel
dem Dämmerlicht der Tiefsee
verhaftet

Und sein Lebenswille
geht über in eine Katze
die seine Reste frisst

Hans-Jürgen Heise

5. Kapitel
Fortsetzung folgt

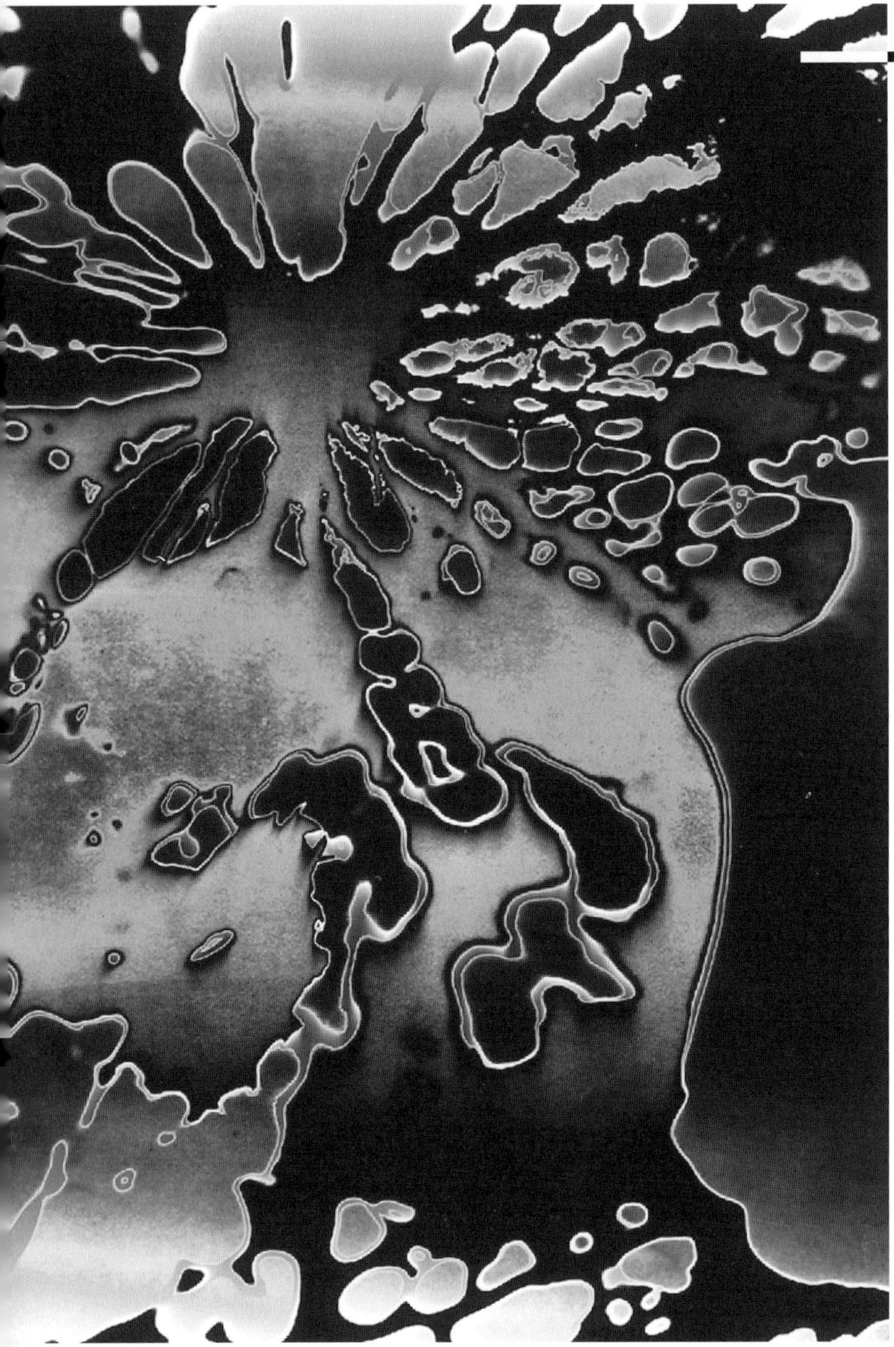

ANFANG 1

Robert Kramer, Steuerbeamter in einer mittelgrossen Stadt, liess sich im Alter von achtundfünfzig Jahren pensionieren, weil er die vergangenen zwei Jahrzehnte seines Lebens mit chronischen Kopfschmerzen und Depressionen durchlitten hatte. Vielleicht deprimierten ihn die Gelder anderer, die er zu kontrollieren hatte, auch wenn er selber ein hübsches Bankkonto besass und jeden Monat eine Kleinigkeit auf die hohe Kante legen konnte. Glücklicherweise hatte er eine liebe Frau – so behaupteten die Nachbarn –, und sie hatte ihn in seiner Pensionierungsentscheidung mit marienhafter Ergebenheit gestärkt. Sie kochte jeden Tag etwas anderes – montags Linsen mit Würstchen, dienstags Sauerkraut mit Rippchen und so fort, bis es am nächsten Montag wieder Linsen mit Würstchen gab, am Dienstag – richtig. Kinder hatten sie keine, und Italiener konnte er nicht ausstehen.
Die Pensionierung bekam Robert Kramer in keiner Weise. Zwar lastete der Druck seiner Vorgesetzten nicht mehr auf ihm, doch er wurde nicht froh. Im Gegenteil. Er liess seinen Morgenkaffee kalt werden, versteckte sich hinter der Zeitung, ohne eine Zeile zu lesen, stocherte appetitlos im Sauerkraut herum oder versuchte, die Linsen mit den Gabelspitzen aufzuspiessen. Am Abend glotzte er auf den Fernsehschirm und zeigte sich nur interessiert, wenn für etwas Reklame gemacht wurde, zum Beispiel für Rasenmäher, obschon er selber keinen Rasen besass. Die Kramers wohnten im dritten Stock.
Mein Mann interessiert sich nur noch für Rasenmäher zum Beispiel, erklärte seine Frau den verwunderten Nachbarn.
(...)

ANFANG 2

Da hatte sie sich nun seit Tagen gefreut, wenigstens am Telefon mit ihm zu reden. Hatte sich auf seine Stimme gefreut. Hatte sich auf die Zärtlichkeit der Pausen zwischen seinen Worten gefreut.
Und nun hatten sie telefoniert.
Sie legte den Hörer auf die Gabel.
Eierschale nannte man diese Farbe. Eierschale und doch nicht zerbrechlich. Hartplastik.
Trotzdem ist es nicht angezeigt, den Hörer auf die Gabel zu werfen, zu hauen, zu schleudern, zu schmeissen, zu dreschen, zu schmettern.
Besonders nicht in Zelle 2 des Postamtes.
Sie wollte auch gar nicht.
Sie wollte ... Was wollte sie eigentlich?
Der junge Postbeamte nannte einen Betrag.
Sie suchte in ihrer Börse, es war plötzlich wichtig, den genauen Betrag zu finden, nicht einfach einen Schein hinzuhalten. Sie spürte die Ungeduld der Wartenden hinter ihr, kramte weiter.
Der Beamte nickte ihr zu.
Die Hausmauer auf der gegenüberliegenden Strassenseite blitzte hier und dort auf, funkelte. Glimmer im Sand? «Feldspat, Quarz und Glimmer, die drei vergess ich nimmer.» Warum nicht? Was bedeutete der Vers überhaupt? So ging es ihr oft mit Eselsbrücken. Die Brücken blieben stehen, wie Requisiten auf einer Bühne nach der Vorstellung, wie diese merkwürdige Brücke, die über die Autobahn führte, eine Brücke ohne Strasse, ein Triumphbogen – für welchen Triumph?
Die menschliche Stimme wurde in elektrische Impulse zerlegt, diese Impulse wanderten in Drähten oder Büscheln von Glasfasern – nein, das galt nur für Interkontinentalgespräche, oder? – zum Empfänger, wurden rückverwandelt, um als Stimme aus dem Hörer zu kommen. Bei so vielen Verwandlungen war es nicht weiter verwunderlich, wenn Fremdheiten entstanden.
Unsinn.
Mutabor war das Wort, das Kalif Storch suchte.
Mutabor. Ich werde verwandelt.
Ich möchte verwandelt werden.
(...)

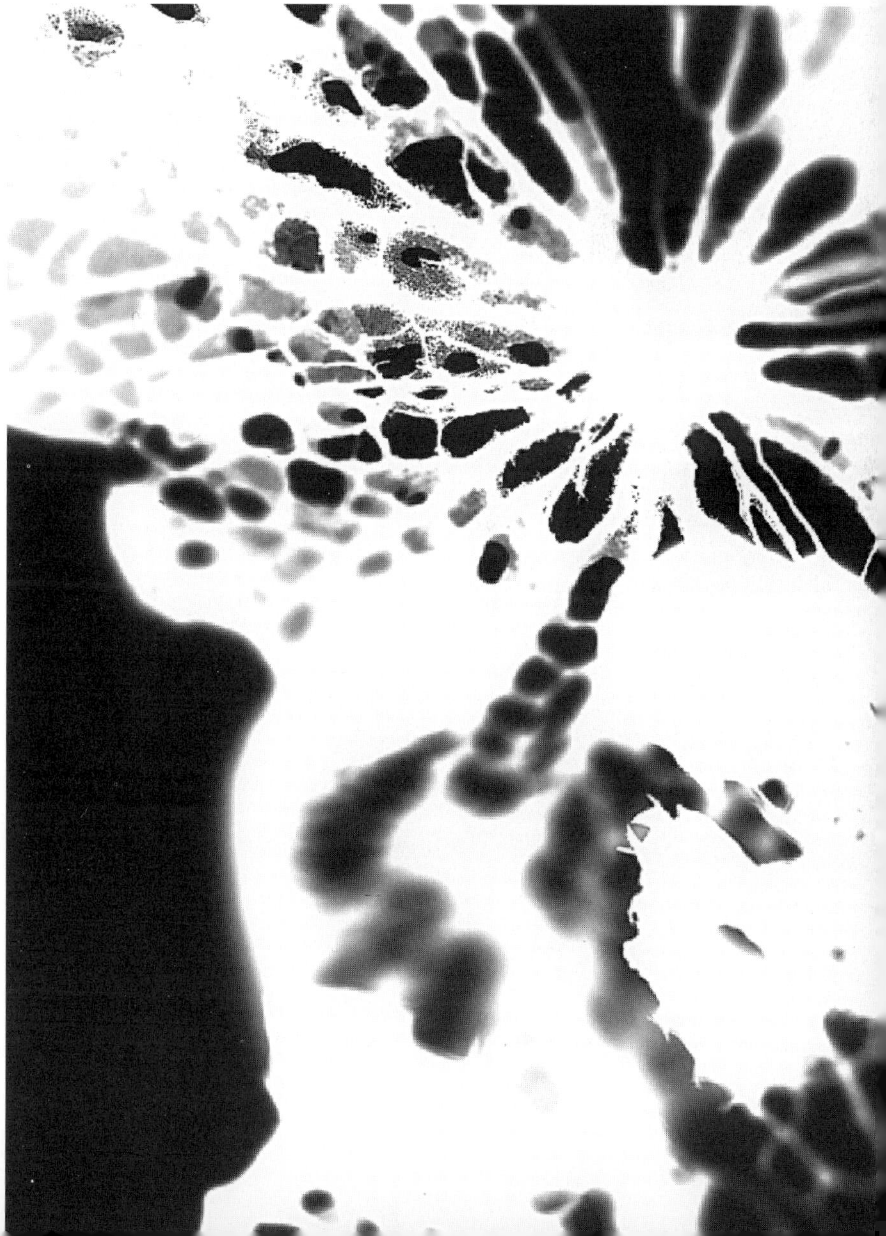

ANFANG 3

Rasin lag auf dem Rücken, die Arme im Nacken verschränkt, die Füsse auf einem Zweig knallroter Sträucher, zwischen denen seine schweren Stiefel schwarz glänzten. Die klassische Pose eines erholungssuchenden Touristen. Nicht weit von ihm lag der Rucksack.
Unbequem und störend war nur eine Falte im Raumanzug, aber Rasin hatte keine Lust, sich auf die andere Seite zu drehen. Es war so wohltuend, den Himmel bis zum Horizont zu betrachten, von dem sich schlanke, aufrechte, fast blattlose Bäume wie Ströme von Blut abzeichneten.
Am ersten Tag hatten ihn diese Bäume frappiert und tief beeindruckt. Doch schon nach einem Monat hatte er sich an ihren Anblick gewöhnt, und nach einem Vierteljahr liess ihn die Landschaft des fremden Planeten gleichgültig. Die Macht der Gewohnheit.
Rasins Partner, Serjosha Subow, lauschte dem Ticken der Uhr. «Gehen wir!» sage er.
Rasin murrte, erhob sich aber. Dienst ist Dienst.
Sie wanderten durch schmale Waldstreifen und über Wiesen; hin und wieder blieben sie stehen und sammelten Gräser.
«Wir haben's gut, bei den Geologen wiegen die Proben mehr», sagte Subow, während er die leichten Hälmchen sorgfältig in die Fächer seiner Tasche legte.
In der ersten Zeit war es für sie eine Art Sport: Wer bringt die meisten unbekannten Pflanzen von der Tagestour heim? Mit Enthusiasmus machten sie sich an die Klassifizierung und übertrafen einander im Ausdenken klangvoller lateinischer Bezeichnungen. Doch bald war ihnen das über; ein Dutzend Funde mehr oder weniger – was soll's; einen Planeten von Anfang bis Ende zu durchforschen ist ohnehin eine Heldentat.
Unter solchen Umständen neigt man leicht dazu, sich als Humboldt zu fühlen, doch selbstkritisch gestanden sich die beiden jungen Männer ein, dass ihre Verdienste wahrhaftig nicht so bedeutend waren.
Ein schwacher Wind wehte, sanft wie in den Wäldern bei Moskau, die Wolken zogen dahin, und bei jedem Schritt schwirrten Insekten aus dem Gras.
«Die reinste Sommerfrische», brummte Subow.
Ja, hier war es zu jeder Zeit idyllisch und friedlich.
Das Laub auf dem schattigen Abhang war noch feucht vom letzten Regenguss, und man konnte leicht ins Rutschen kommen. Allmählich wurde der Hang abschüssiger.
«Es lebe die Jugend!» rief Rasin, nahm Anlauf und schlitterte unaufhaltsam den Abhang hinunter mit Kurs auf den nächststehenden Baum.
Er schoss auf ihn zu, liess ihn wieder los und rutschte, scharf bremsend, von einem Baum zum anderen weiter in die Tiefe.
Sie kamen von ihrer Marschroute ein wenig nach links ab.
«Sieh mal, die Pfütze dort!» sagte Subow.
(...)

ANFANG 4

Du??
Seine Begeisterung hielt sich in Grenzen. Er öffnete nicht einmal die Türe ganz. Ich lächelte tapfer darüber hinweg.
Kommst du mit ins Strandbad?
Ins Strandbad? Muss das sein?
Mhm.
Er wand sich, er suchte nach Ausreden, er kratzte sich am Ohr, aber vergebens. Ich senkte den Kopf und sah ihn unter meinen Haarsträhnen hervor bittend an.
Es sind doch nur ein paar Stunden, sagte ich leise.
Darauf wusste er nichts mehr zu erwidern. Nicht nach allem, was er mir angetan hatte. Er öffnete die Türe ganz, bat mich mit einer Handbewegung einzutreten und verschwand in der Wohnung. Ich schloss die Türe hinter mir, aus dem Hintergrund drangen Radioklänge und leise Stimmen. Ich stand einfach da und nagte an meinen Haarspitzen, während er geschäftig hin und her lief, sein Badetuch zusammenrollte, seine schwarze Brille polierte und die Zeitung sorgfältig neu faltete. Dabei belästigte ich ihn in keiner Weise. Langsam entspannte er sich ein bisschen. Nur ein bisschen. Ich liess ihn eine Weile herumtrödeln, dann hob ich meine Tasche auf und lächelte sanft.
Gehen wir, sagte ich.
Wir fuhren mit dem Tram durch die halbe Stadt, und er schwieg. Er schwieg die ganze Zeit. Ich beobachtete ihn aus den Augenwinkeln. Schweiss tropfte von seiner Stirn und verklebte seine Haare, diese wohlfrisierten, rötlichblonden Locken, auf die er so stolz war. An den Schläfen zeigten sich winzige rote Tupfer. Erste Anzeigen einer Sonnenallergie. Er schob die Unterlippe vor und pustete sich eine Locke aus der Stirn. Er litt. Ich sah es ihm an. Ich musste mich abwenden, damit er meinen Blick nicht sehen konnte. Der alles verraten hätte. (...)

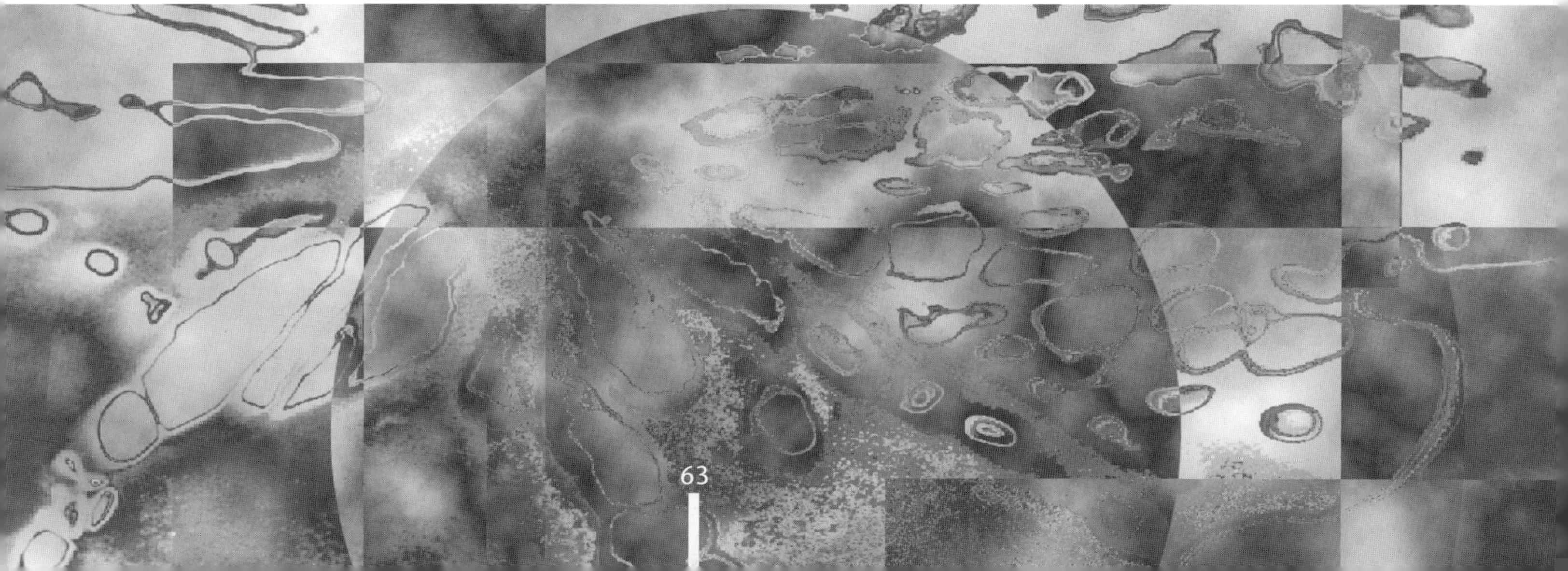

HAF
BEDINGT FÜR SCHÜSSE AUF EIN
7 JAHRE FÜR ELTERNMORD
LONDONE
VON KREUZ ERSCHLAGEN
KURZSCHLUS
De Telegraaf
FINANCIAL TIMES
THE WALL STREET JOURNAL EUROPE
Beatrix begroet Herzog
PSV wint spektakelstuk

6. KAPITEL
DER EINBEINIGE BANKRÄUBER

....

....?

Strassburg. AFP. Gleich zwei Unfälle an einem Tag hat der 45jährige Pierre Cota, einer der neun Geretteten des Airbus-Absturzes vom Montagabend, überlebt: Der in Südfrankreich lebende Techniker wollte am frühen Montagmorgen zum Flughafen von Marseille fahren, als sein Wagen bei Aix-en-Provence an einem Autobahn-Mautposten von einem anderen Fahrzeug gerammt wurde. Obwohl sein Wagen völlig zu Schrott gefahren war, kam Cota mit ein paar Schrammen davon. Seinen Flug hatte er allerdings verpasst, so dass er die Reise Marseille–Strassburg via Lyon erst nachmittags antreten konnte.
In Lyon stieg er um 18.30 Uhr in den Airbus A-320, der 50 Minuten später an einem Hügel in den Vogesen zerschellen sollte.
«Ich hab' wohl einfach Glück gehabt», stellte der zweifach Gerettete im Krankenhaus von Obernai im Elsass fest, in das er nach dem Absturz gebracht wurde. Cota kam beim Absturz mit mehreren Prellungen und Blutergüssen davon und konnte das Krankenhaus am Mittwoch morgen verlassen.

«Basler Zeitung» 23. Januar 1992

....?

Mailand. DPA. Wer am liebsten in der Versenkung verschwinden möchte, ein neues Leben in Südamerika beginnen, unauffindbar sein für die geldhungrige Ehefrau, die aufsässigen Kinder, das Finanzamt: Eine Agentur in Mailand bietet die perfekte Flucht an.
Für einen nicht näher definierten Betrag, je nach Schwere des Falles, organisiert das Unternehmen des 47jährigen Umberto Gallini alles einschliesslich Flucht und neuer Wohnung – und verwischt hinterher jede Spur. Gallinis «Allianz für glückliche Auswanderungen» erfreut sich nach Berichten vom Mittwoch regen Zuspruchs vorwiegend männlicher Klienten. Aber auch Frauen würde ohne weiteres zum perfekten Abgang aus dem schnöden Alltag verholfen.

«Basler Zeitung» 20. September 1991

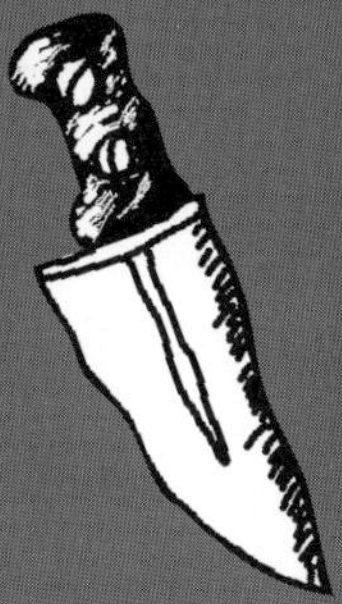

.... ?

Madrid. wg. Zwei Tage nach dem Ereignis ist der Fall noch nicht abgeklärt: Eine 37jährige Frau wandelte am Montag im Regenmantel und Blue Jeans mehr als eine Stunde in der Nähe der Autobahn M-30 mit einem Jagdmesser im Hals durch die Strassen Madrids. Nach Anrufen der Bevölkerung fand die Polizei die mysteriöse Person, als sie bei einer Verkehrsampel auf das grüne Licht wartete. Aus ihrem Mund floss Blut. Nach der Notoperation ist sie ausser Lebensgefahr. Als einziges steht fest, dass es sich um Carmen Cendegui aus Bilbao handelt. Über weiteres tappt die Polizei im dunkeln. Sie kann nach der Operation noch nicht sprechen. Auf die Fragen, ob sie überfallen worden sei oder sich selbst verletzt habe, schüttelte Carmen Cendegui den Kopf. Das Jagdmesser besitzt eine zwölf Zentimeter lange Klinge und wurde sichergestellt.

«Basler Zeitung» 3. Oktober 1991

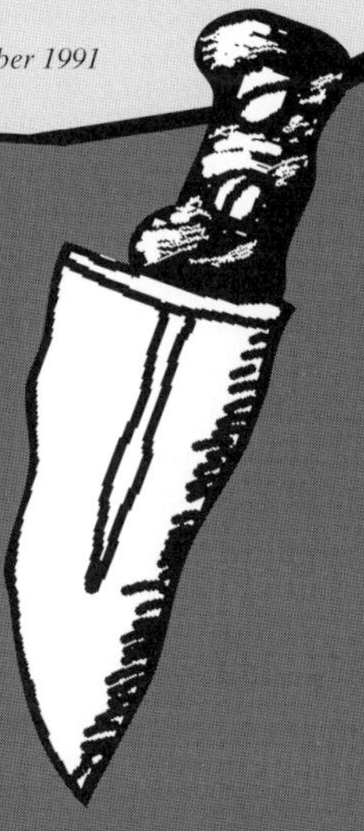

Der einbeinige Bankräuber

In Los Angeles
trat am vergangenen Mittwoch
ein einbeiniger Mann
an einen Bankschalter
hielt dem Kassierer
einen kurzläufigen Revolver
unter die Nase
und verlangte 500 Dollar
der Kassierer gab ihm 1000
der Bandit steckte das Geld ein
humpelte zur Tür
winkte sich ein Taxi
und ist seitdem
verschwunden

Ralf Thenior

DER STRECKENARBEITER

Der Streckenarbeiter, der durch siebzehn Jahre seine Arbeit zur Zufriedenheit seiner Vorgesetzten ausgeführt und sich mit dem ersparten Geld ein kleines Haus unter dem Bahndamm gebaut hat, entdeckt auf dem Heimweg durch den Güterbahnhof einen offenstehenden Kühlwagen, in dem geschlachtete Schweine hängen. Da keiner der Zollbeamten, die sonst immer bei den Wagen herumstehen, zu sehen ist, steigt er, neugierig geworden, hinein, um am eigenen Leib feststellen zu können, wie kalt es in dem Waggon ist. Er setzt sich auf ein über den Boden gelegtes Holzbrett und schläft ein. Da der Mann in einem Winkel sitzt, der von den Zollbeamten nicht eingesehen werden kann, wird er von diesen nicht entdeckt und sie versiegeln das Tor, nachdem sie ihre Kontrolle schon, bevor der Streckenarbeiter hineingestiegen ist, gemacht haben. Vier Tage später findet man den Streckenarbeiter auf dem Zielbahnhof mitten unter den Schweinekadavern tot auf dem Holzbrett sitzend. Zuerst glauben die Leute, die ihn auffinden, er sei erfroren; dann aber entdecken sie, dass der Mann, der nur seinen Arbeitsanzug anhat und von dem man folglich nicht weiss, wer er ist, gar nicht erfroren sein kann, denn die Kühlanlage des Waggons hat versagt und das Schweinefleisch ist, wie sich bei einer näheren Untersuchung herausstellt, verdorben und ungeniessbar. Die Männer, die den Toten vorläufig auf die Verladerampe transportieren, vermuten, dass er durch den Schrecken, nicht mehr herauszukommen und erfrieren zu müssen, vom Schlag getroffen worden ist.

Thomas Bernhard

Thomas Bernhard (1931 – 1989): österreichischer Schriftsteller; verbrachte längere Zeit im Ausland; zahlreiche Preise und Auszeichnungen.

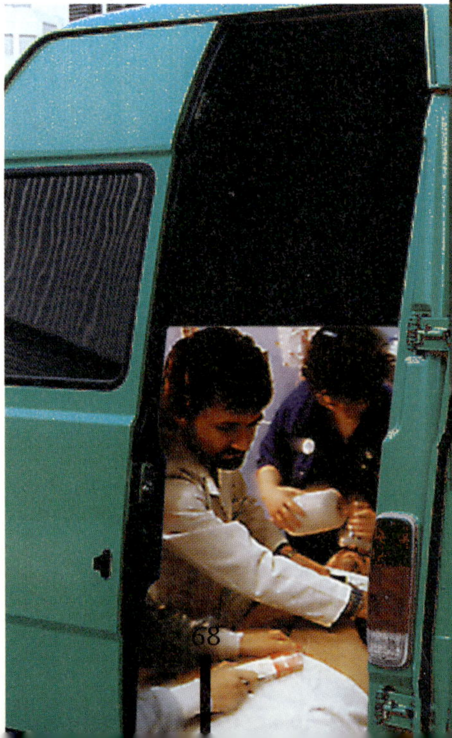

FRÜHZUG

Damals, als wir noch mit Dampf fuhren, sagte der Lokführer, passierten wir jeden Morgen gegen sieben Uhr dreissig die Unterführung bei Kolze, einem Vorort, der wenige Kilometer von unserem Ausgangsbahnhof entfernt ist. Nichts Besonderes, nee. Nur Jakob Schmitz, der Heizer, reckte jedesmal den Hals, sobald wir die Kastanienallee hinter uns hatten. Dann kam, wie gesagt, die Station Kolze, wo wir nicht hielten.
Ob er den Posten schon bezogen hat? schrie Jakob Schmitz. Er schrie, denn bei voller Fahrt ist in der Maschine eine schlechte Verständigung.
Wer? schrie ich zurück.
Na, der Spinner.
So nannten wir den Mann, den wir seit ungefähr vier Wochen an dieser Stelle beobachteten, Mitte September, jeden Morgen, oft sogar bei Sturm oder Regen. Dort führt nämlich die Fahrstrasse unter der Eisenbahn durch und biegt scharf nach links. Gleichzeitig mündet von rechts, bei den Häusern von Kolze, eine zweite, mit Obstbäumen bestandene Strasse, die früher ein Feldweg war, jetzt aber voll ausgebaut ist. Sie hat keine Vorfahrt, doch um diese Zeit, wenn die Berufstätigen unterwegs sind, wird sie stark beansprucht.
Da also stand unser Mann.
Er hatte sich so postiert, dass er gleichzeitig die Kolzer Strasse und die ziemlich enge Unterführung, aus der der Hauptstrom der Autos hervorquoll, im Auge behielt.
Wie er aussah, der Mann? Wir erkannten ihn sofort an seinem hellen, etwas zerbeulten Hut. Ausserdem hatte er einen Spazierstock bei sich. Ein kleiner, ziemlich magerer Bursche, mit kurzen, krummen Beinen, wie es uns vorkam, und mit einer Brille. So an die sechzig mag er gewesen sein, vielleicht auch älter. Jedenfalls stand er jeden Morgen gegen sieben Uhr dreissig an dieser gefährlichen Stelle und regelte den Verkehr.
Wie er das machte? Genau feststellen konnten wir es nicht. Die Lok fuhr bei Kolze bereits das vorgeschriebene Tempo, da bleibt einem nicht viel Zeit zum Beobachten.
Gewöhnlich stand der Mann still, drehte nur ruckweise den Kopf, entweder zur Kolzer Strasse oder zur Unterführung.
Dann, wenn die Unterführung frei war, gab er den wartenden Autos ein Handzeichen.
Manchmal hob er auch den Arm oder den Stock, und im Herbst, als die Tage dunkler wurden, haben wir ihn sogar eine Laterne schwenken sehen.
Weshalb er das tat? Tja, das wussten wir lange nicht.
Wir nannten ihn, wie gesagt, den Spinner, nicht mal seinen Namen kannten wir. Bis Jakob Schmitz, der Heizer, ein Jahr später die jüngste Tochter nach Kolze verheiratete. Da erfuhren wir, dass der Mann früher im Zementwerk beschäftigt und jetzt Rentner war. Na, und?
Er hatte seinen Sohn, einen wilden Motorradfahrer, wie man so sagt, an dieser Stelle verloren, früh zwischen sieben und acht, bei schlechter Sicht und Nieselregen.
Na ja, das ist alles. Seitdem steht er dort, der Alte, und regelt den Verkehr. Möglich, schloss der Lokführer seinen Bericht, dass man eines Tages ein Stopschild dort hinsetzt, wie die Gemeinde Kolze es beantragt hat. Aber bis so etwas entschieden ist, dauert es manchmal lange.

Rudolf Otto Wiemer

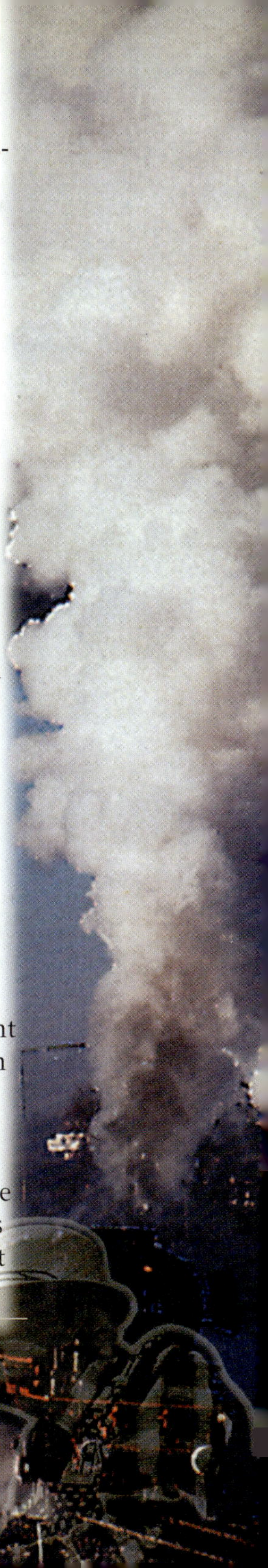

Friedrich Glauser (1896–1938): Schweizer Schriftsteller, vor allem bekannt geworden durch seine Kriminalromane mit der Gestalt des Wachtmeisters Studer.

PECH

… und nur die Umstände sind schuld, Herr Untersuchungsrichter, nur die Umstände … Ich habe Pech gehabt, brandschwarzes Pech. Ich gehöre nicht zu denjenigen, die leichten Herzens die Gesetze übertreten, und doch … Was wollen Sie, man kommt manchmal in Situationen, in denen man jede Kontrolle über sich selbst verliert, und dann … Aber ich muss mich deutlicher erklären, vielleicht sind Sie mir dankbar, dass ich einen hoffnungslosen Fall aus der Welt geschafft habe.
Ich weiss, am Gericht liebt man nicht Fälle, die man zu den Akten legen muss …
Ich bin Bahnwärter, Herr Untersuchungsrichter, und als solcher hab ich den Bahnübergang zu bewachen, die Barrieren herunterzulassen, dann muss ich mit einer roten Fahne vor meinem Häuschen stehen und die Züge an mir vorbeidefilieren lassen; ich bin schon zwanzig Jahre im Dienst. Mein Haus liegt einsam an der Strecke, ich sehe die Schnellzüge, ich sehe die Personenzüge … Meine Frau ist vierzig Jahre alt, wir haben eine erwachsene Tochter, Anna heisst sie. Sie ist verlobt …
Vor drei Wochen, an einem Donnerstag, habe ich den Mann zum ersten Male gesehen.
Er trug einen einfachen, grauen Anzug, er stand am Waldrand und blickte zu meinem Haus herüber. Ich habe deutlich seine Hornbrille bemerkt, die nahm er manchmal ab, setzte sie wieder auf. Dann legte er seine Hand schirmförmig an die Stirn …
Ich habe mich gefragt, was der Mann denn eigentlich wolle. Damals wusste ich noch nichts von dem Fall. Die Zeitungen kommen immer verspätet. Mein Haus liegt so weit ab, und dann erscheint das Blatt, das ich mir halte, nur zweimal wöchentlich. Ich habe Ihnen schon gesagt, es war ein Donnerstag, an dem der Mann sich zum erstenmal zeigte, und doch hab ich eigentlich gleich gewusst, was er wollte … Ich soll deutlicher sein? Es wird mir schwer. Das Reden, wissen Sie … Früher, ja, da war es anders, ich war einmal Präsident des Männerchores und habe Begrüssungsansprachen halten müssen. Aber das ist lange her. Und Begrüssungsansprachen sind nicht so schwer wie die Darstellung …
Am Mittag fährt der Schnellzug, der von Paris kommt, an meiner Hütte vorbei. Und an jenem Donnerstag ist mir eine Brieftasche vor die Füsse geflogen. Ich habe aufgeschaut, ein Fenster in einem Erstklassewagen stand offen, ein Mann mit einer Hornbrille hat sich herausgebeugt … Aber es ging alles so schnell, mehr hab ich nicht sehen können. Aber die Hornbrille habe ich deutlich gesehen, und darum hab ich mich nicht gewundert, als am Abend der Mann am Waldrand stand, die Brille abnahm und wieder aufsetzte und mit schirmförmig an die Stirn gelegter Hand zu meinem Häuschen herübersah …
Er sucht seine Brieftasche, hab ich mir gesagt, aber warum kommt er nicht näher? Hat er ein schlechtes Gewissen? Aber weshalb? Immerhin, es ist doch merkwürdig, dass einer eine volle Brieftasche zum Fenster hinauswirft … Denn es war viel Geld in der Brieftasche, das habe ich noch nicht erzählt, glaub ich, es waren … Aber das wissen Sie selbst besser, es stand ja dann in allen Zeitungen, als von dem Eisenbahnmord die Rede war … Von dem Mann, den man erwürgt in einem Abteil erster Klasse gefunden hat …
An jenem Donnerstagabend ist der Mann mit der Hornbrille nicht zu mir gekommen. Er hat etwa eine Viertelstunde am Waldrand gestanden, und dann ist er verschwunden. Meinen Fund aber habe ich niemandem gezeigt, weder meiner Frau noch

meiner Tochter. Weibsleute verüben gleich ein grosses Geschrei, wenn etwas nicht Alltägliches vorkommt. Die Brieftasche hab ich versteckt, ich hab eine alte Truhe, dort hab ich meine Papiere und Andenken und Briefe von früher, den Schlüssel trag ich immer bei mir …
Am nächsten Abend war der Mann wieder am Waldrand.
Es war ein Freitag. Er ist näher gekommen. «Guten Abend, wie geht's Ihnen?» Eine fremdländische Art, im Sprechen, im Aussehen. Sehr blass, müde, der Anzug verdrückt. Ich dachte, der Mann habe im Wald geschlafen. Es ist ja Sommer jetzt und die Nächte warm. Aber warum hat er im Wald übernachten müssen? Er sah gar nicht aus wie ein Vagabund … «Guten Abend», sag auch ich. «Sie haben nicht zufällig», sagt der Mann und rückt an seiner Hornbrille, «Sie haben nicht zufällig etwas gefunden?» – Nun hätt ich ihn ja beruhigen können. Aber ich sage nur: «Gefunden?» und schweige. Der Mann sieht mich durch seine Gläser an, seine Augen sind traurig, eigentlich hab ich Mitleid mit ihm. Er hat das Gesicht eines Pechvogels … Sonst ist an diesem Abend nichts passiert. Um zehn Uhr ist die Frau schlafen gegangen, meine Tochter war fort, sie hatte sich mit ihrem Bräutigam getroffen, erst um ein Uhr ist sie heimgekommen.
Ich habe auf sie gewartet und

während der Zeit das Geld gezählt ... Viel Geld, Herr Untersuchungsrichter, Banknoten, keine grossen Scheine, leicht zu verwerten ... Ich hätte ein Haus kaufen können ...
Am nächsten Tag ist die Zeitung gekommen. «Raubmord im Pariser Schnellzug ... Der Täter geflüchtet ... Es handelt sich um einen jungen Mann, wahrscheinlich den Neffen des Ermordeten, der seinem Onkel eine Brieftasche mit einer grösseren Summe entwendet hat ... Sachdienliche Mitteilungen ... und so weiter ...» Sie kennen ja den Stil ...
Natürlich, Herr Untersuchungsrichter, ich hätte mich melden sollen. Aber tut man immer das, was man tun sollte? Der Mann tat mir leid, er sah so traurig aus, richtig wie einer, der nie Glück gehabt hat, vielleicht hat er seinen Onkel gar nicht ermorden wollen? Was weiss ich? Es gibt doch Familienstreitigkeiten, nicht wahr ... Und die Brieftasche hatte er ja gar nicht genommen, die ist zum Fenster hinausgeflogen ...
Am Abend war er wieder da. «Sie müssen sich verstecken», hab ich zu ihm gesagt, «die Polizei sucht Sie. Sie müssen ins Ausland, später dann. Wenn Sie wollen, versteck ich Sie, ich weiss im Wald eine Holzhütte, zu der kommt niemand, ich werd Ihnen dorthin Essen bringen ...» Das alles hab ich nur so herausgesprudelt, was wollen Sie, ich weiss, was es heisst, ein Pechvogel zu sein ... Ich habe auch einmal geglaubt, es würde etwas Besseres aus mir, ich hab das Gymnasium besucht, aber dann starb der Vater, und ich bin zur Bahn. Jetzt hab ich das alles vergessen ... Der Mann mit der Hornbrille sah böse drein. «Geben Sie mir das Geld!» hat er gesagt. «Nur Geduld», hab ich geantwortet, und langsam bin ich in Wut gekommen, was nimmt sich dieser Mörder heraus? Ich will ihm doch nicht das Geld unterschlagen, was meint er eigentlich? Aber ganz ruhig hab ich gesagt: «Wenn ich Ihnen das Geld gebe, so werden Sie versuchen zu fliehen und sicher geschnappt werden. Die Polizei sucht Sie. Das Geld ist sicherer bei mir. Wir reden später darüber. Kommen Sie jetzt mit, bevor meine Frau Sie sieht. Sie klatscht gern, meine Frau ...» Da hab ich gesehen, wie er schwach geworden ist: «Gut», hat er nur gesagt und hat sich zu der Hütte im Wald führen lassen. Eine grosse Eiche steht dort, ihre Blätter sind steif und durchscheinend ... Ja, das Geld und das Haus! Herr Untersuchungsrichter, mein Traum war immer, Hunde zu züchten, rassenreine ... Wissen Sie, wie zäh solch ein Traum sein kann? Sie wissen es sicher nicht ... Ich hab dem Mann mit der Hornbrille vierzehn Tage lang das Essen gebracht. Er hat mir erzählt, sein Onkel habe ihn bestohlen; der Ermordete war der Bruder seines Vaters, sein Vormund ... Sie haben Streit bekommen im Zug, er hat ihn nicht töten wollen, er hat kein Mörder werden wollen, der Mann mit der Hornbrille, der Pechvogel ... Im letzten Augenblick hat der Onkel die Brieftasche zum Fenster hinausgeworfen. Vorgestern ist mein Schützling wütend geworden, er hat sein Geld haben wollen, er hat gemeint, er könne nun fliehen ... Und jeden Abend, wenn die Frauen im Bett waren, hab ich das Geld gezählt ...
Viel Geld, Herr Untersuchungsrichter ...
Es war Notwehr, wirklich, es war Notwehr. Er hat mir an die Gurgel springen wollen, der Pechvogel. Aber ich bin stärker.
Er hat dran glauben müssen ...
Nun hängt er an einem dicken Ast der Eiche, jener Eiche, die so durchscheinende Blätter hat ...
Und hier ist die Brieftasche ...
Was wollen Sie, Herr Untersuchungsrichter, es war Pech, brandschwarzes Pech ...

Friedrich Glauser

Aus dem Protokoll

Er schrie so
Wir haben ihn nur getreten
weil er so geschrien hat
Wir haben ihn getreten bis
er ruhig war

Hannelies Taschau

In den Bäumen

in den bäumen
eine windjacke

im abgefallenen
laub
ein paar schuhe

im tulpenbeet
ein gürtel

dies alles gehörte
einem mädchen
das spazieren ging

im frühling (natürlich)

Annemarie Zornack

Zwölf Uhr zweiunddreissig

Der junge Mann vor dem Nachtkino nahm die Zigarette aus dem Mundwinkel, als Katherine Brauer vorbeiging. «Hallo!» sagte er. «So ganz allein?»
Sie erinnerte sich, dass er eine Reihe hinter ihr gesessen war, ein grosser Bursch in einer Lederweste und einer Militärkappe, über deren Schirm ein metallener Adler prangte. Zwei Stunden lang hatte er nicht die Leinwand angesehen, sondern sie – Katherine Brauer, deren kleine, plumpe Gestalt sonst kaum Aufmerksamkeit erregte.
Manchmal doch, dachte sie.
Letzten Freitag war es ein alter Mann gewesen, der sie auf ein Glas Wein einladen wollte; ein kleiner, alter Mann in einem Tweedmantel, der ihr hartnäckig nachlief und immer wieder fragte, ob sie es eilig hätte.
Und den Freitag davor ein Ausländer, der beständig sagte «Ich ganz allein» und dabei mit dem Geld in der Hosentasche klimperte.
Heute war es der junge Mann mit der Militärkappe, der ihr in die dunkle Gasse hinter dem Nachtkino folgte. Er ging langsam, ohne sie anzureden, die

Daumen in seinen breiten Gürtel gehakt. Katherine horchte auf den rhythmischen Klang seiner Schritte und beeilte sich, die beleuchtete Querstrasse zu erreichen.
Als sie unter den grellen Lichtern der Bogenlampe stehenblieb und zurückblickte, sah sie ihn an der Ecke der Gasse stehen und eine Zigarette anzünden. Unter dem Schatten des Mützenschirms sahen seine grossen Augen zu ihr herüber. Sie erinnerte sich an den Mordbericht in den Zeitungen, an die Photos einer öden Strasse und einer mit Packpapier zugedeckten Gestalt; und an den alten Mann, der mit den Händen in den Manteltaschen hinter ihr hergelaufen war wie ein Hündchen, unverständlich durch seine Zahnlücken brabbelnd. Er musste gut siebzig gewesen sein.
Ihre Schritte hallten zwischen den Hauswänden, und die Schritte des jungen Mannes folgten ihnen wie ein Echo.

Katherine sah auf die Uhr. Es war zwölf Uhr zwanzig.
Sie war beinahe erleichtert, als er sie jenseits der Querstrasse einholte und fragte: «Darf ich Sie begleiten?»
Die Reihe der Neonlampen hörte abrupt auf. Hinter der Brücke begannen die engen Gassen, die an den Viadukten der Schnellbahn vorbeiführten; schmale, enge Gassen, in denen es keine Cafés gab, keine Telefonzellen und keine Polizeiwache. Manche davon waren dunkel wie Tunnels.
«Bisschen spät, um allein auf der Strasse zu sein, eh?» sagte er. «Vor allem jetzt ... von dem Mord gehört?» Katherine schritt schneller aus.
«Komisch», hörte sie seine Stimme dicht hinter sich. «Immer um zwölf Uhr zweiunddreissig. Muss ein Verrückter sein, eh? Warum gerade immer dann?»
In einem dunklen Schaufenster spiegelte sich seine massige, hohe Gestalt in der schwarzen Ledermontur. Sein Gesicht lag im Halbdunkel unter dem Kappenschirm, aber sie erinnerte sich, im Zwielicht des Kinos seine Augen gesehen zu haben: grosse, feuchte Augen mit einem neugierigen Blick.
«Immer dann!» wiederholte er lauter, seinen hallenden Schritt übertönend. «Sonderbar, eh? Ich hab' Sie im Kino gesehen.»
Dasselbe hatte der alte Mann auch gesagt.
Katherine Brauer dachte an die Photos und die Schlagzeilen in den Zeitungen. Wer wusste schon, wie ein Mörder aussah?
Hinter ihr schwiegen die Schritte. Er stand an die Mauer gelehnt und leckte mit der Zunge über die Lippen, während er sich umsah, die Gasse hinauf und hinunter, und schliesslich zu den vielen dunklen Fenstern hinauf. Als Katherine stehenblieb, senkte er den Kopf und lächelte sie von unten her an.
«Nicht laufen», sagte er sanft. «Nicht davonlaufen.»
Automatisch blickte sie auf die Uhr. Es war zwölf Uhr dreissig. Hoch über ihr schimmerten die orangeroten Lichter der Viadukte, sonst brannte kein einziges Licht in der Gasse. Ein paar Schritte vor ihr lag der schwarze Tunnel der Unterführung.
Katherine sah ihn an und ging langsam darauf zu. Sie spürte die erste Stufe unter dem Absatz, den kalten Luftzug, der aus dem gemauerten Bogen blies.
Der junge Mann lächelte und folgte ihr, mit der Linken am Reissverschluss seiner Jacke ziehend.
«Nicht davonlaufen», wiederholte er leise, als sie unter den Bogen trat und dort stehenblieb, an die Mauer gelehnt, eine Hand tief in der Tasche ihres Mantels und die Augen auf die verschwommenen Lichter der Viadukte gerichtet. Sie stand reglos da, eine kleine, plumpe Frau mit einem flachen Gesicht und einer hässlichen Brille, während der junge Mann langsam auf sie zukam.
Warum sprechen sie mich an? dachte Katherine Brauer. Sehe ich so aus, als ob ich es gern hätte? Warum gerade ich?
Dann endlich war es zwölf Uhr zweiunddreissig.
Als der Zug über das Viadukt donnerte, zog sie mit einer kleinen Bewegung die Hand aus der Tasche. Der Lärm des Zuges verschlang den Schuss. Einen Augenblick hatte sie den Eindruck, dass der junge Mann in fassungslosem Erstaunen die Augen aufriss, dann verschwand sein Gesicht, als er vornüber zusammenbrach und der Länge nach aufschlug.
Katherine warf einen Blick zurück, ehe sie ihren Weg in die Unterführung fortsetzte. Während sie die Pistole einsteckte, dachte sie an sein weiches Gesicht, das sie nur einen Moment lang gesehen hatte – es würde sich in der Zeitung um vieles hübscher ausnehmen als der alte Mann und der Ausländer.

Barbara Büchner

Barbara Büchner: Geboren 1950 in Wien, seit 1972 freischaffende Journalistin und Schriftstellerin. 1977 Staatspreis für journalistische Leistungen im Interesse der Jugend. 1990 phantastische Erzählungen *«Zwischenfall im Magic Land»*.

SAMUEL

Gewisse Jungen sind sehr hart. Sie haben vor nichts Angst. Sie gehören zu jenen, die eine Mauer hochklettern und sich obendrauf verbeugen. Nicht nur stehen sie tapfer auf dem Dach, sie vollführen auch grossen Lärm im dunkelsten Teil des Kellers, wo nicht einmal der Hausmeister hingeht. Sie tanzen und hopsen auch auf den Plattformen zwischen den geschlossenen Verbindungstüren der Untergrundbahnwagen.

Vier Jungen hopsen auf der hin- und herschwingenden Plattform. Sie heissen Alfred, Calvin, Samuel und Tom. Die Männer und Frauen beidseits in den Wagen beobachten sie. Es gefällt ihnen nicht, wenn sie hopsen oder springen, sie wollen sich aber nicht einmischen. Natürlich sind ein paar Männer in den Wagen einmal tapfere Jungen, so wie die, gewesen. Einer von ihnen war hinten an einen Lastwagen gekrallt von New York bis Rockaway Beach gefahren, ohne loszulassen, ohne dass seine schmerzenden Finger den Griff gelockert hätten. Nichts ist ihm, da oder später, geschehen. Er hatte sich mit anderen Jungen, die lieber zuschauten, zusammengetan: Von der Kreuzung Achte Avenue und Fünfzehnte Strasse ausgehend wollte er zu einem vereinbarten Ort, vielleicht zur Dreiundzwanzigsten am River kommen, indem er bei den fahrenden Lastwagen von Dach zu Dach sprang. Das wurde schwierig, wenn ein Lastwagen an einer Ecke in die falsche Richtung abbog und der nächste Lastwagen ein paar Fuss zu hoch war. Er machte drei oder vier Versuche, ehe es ihm glückte. Die Idee hatte er von einem Film in seiner Schule, der hiess: Die Romantik des Holzflössens.

Er hatte die High School abgeschlossen, eine gute Freundin geheiratet, steckte in einem verantwortungsvollen Beruf und besuchte Abendkurse.

Diese beiden Männer und weitere betrachteten die vier Jungen, die auf der Plattform herumsprangen und hopsten, und dachten: So zu fahren muss Spass machen, besonders jetzt, wo das Wetter schön ist und wir aus dem Tunnel raus sind und hoch über der Bronx fahren. Dann dachten sie: Diese Kinder handeln ja irgendwie dumm. Sie sind klein. Dann dachten sie an ein paar tapfere Streiche, die sie als Jungen gemacht hatten, und das Hopsen schien ihnen da nicht so gefährlich.

Die Frauen in den Anhängern wurden sehr ärgerlich, als sie den vier Jungen zuschauten.

Die meisten zogen die Brauen zusammen und hofften, die Jungen würden diese ihre äusserste Missbilligung erkennen. Eine Frau wollte aufstehen und sagen: Seid vorsichtig, ihr blöden Kinder, geht von dieser Plattform runter, oder ich hol einen Bullen. Aber drei der Jungen waren Schwarze und der vierte war sonstwas, was sie nicht klar erkennen konnte. Sie fürchtete, die würden frech werden und sie auslachen und in Verlegenheit bringen. Sie hatte keine Angst, geschlagen zu werden, aber sie hatte Angst, verlegen zu werden. Eine andere Dame dachte: Die Mütter von denen wissen nie, wo die sind. In diesem besonderen Fall stimmte das nicht. Ihre Mütter wussten alle, dass sie sich die Raketenausstellung an der Vierzehnten Strasse anschauen gegangen waren.
Auf der Plattform draussen hoben, sobald der Zug beschleunigte, die Jungen ihre Hände und zeigten damit zum Himmel, um Raketen beim Start nachzumachen, dann trommelten sie ratternd wie Maschinengewehre aufs bruchsichere Glas, obschon keine Maschinengewehre ausgestellt gewesen waren.
Aus einem Grund, den nur der Fahrer kannte, verlangsamte der Zug plötzlich. Die Dame, welche

sich vor Peinlichkeiten fürchtete, sah, wie die Jungen nach vorn und rückwärts taumelten und sich an den schwingenden Verbindungsketten festhielten. Sie hatte selber einen Jungen zuhause. Entschlossen erhob sie sich und ging zur Verbindungstüre. Sie schob sie auf und sagte: «Jungens, ihr werdet euch weh tun. Es wird euch umbringen. Ich ruf den Schaffner, wenn ihr euch nicht gleich in den nächsten Anhänger verzieht, euch setzt und ruhig seid.»

Zwei der Jungen sagten: «Ja Madam» und taten so, als verzögen sie sich. Zwei weitere zwinkerten ein paarmal mit den Augen und pressten die Lippen zusammen. Der Zug nahm wieder volle Fahrt auf. Die Verbindungstür glitt zu, schob sich zwischen die Dame und die Jungen. Sie lehnte sich an die seitliche Ausgangstüre, weil sie an der nächsten Haltestelle aussteigen musste.

Die Jungen machten sich gegenseitig grosse Augen und lachten. Die Dame wurde rot. Die Jungen schauten sie an und lachten lauter. Sie fingen an, sich gegenseitig auf den Rücken zu hauen. Samuel lachte am lautesten und schlug Alfred auf den Rücken, bis Alfred hustete und ihm die Tränen kamen. Alfred hielt sich am Haken der Kette fest. Samuel schlug ihn, als er die Tränen sah, noch härter. Er sagte: «Warum heulste? Bist ein Säugling, was?» und lachte. Einer unter den Männern, dessen Jugend eher vorsichtig als tapfer gewesen war, wurde zornig. Er stand auf, reckte sich und schaute die Jungen einige Sekunden lang an. Dann ging er in manierlichem Schritt zum Waggonende, wo er die Notbremse zog. Fast gleichzeitig entwich mit einem fürchterlichen Zischen die Luft aus den Bremsen, und die Räder wurden von den Bremsbacken gepackt und festgehalten.

Menschen, die an den sichersten Plätzen standen, fielen vorwärts, dann rückwärts. Samuel hatte seinen Griff an der Kette aufgegeben, um Tom und Alfred gleichzeitig hauen zu können. Alle Passagiere in den Anhängern schwankten nach vorn und zurück, er aber stürzte nur nach vorn und fiel kopfvoran und wurde zwischen die Anhänger gequetscht und getötet.

Der Zug war jäh zum Halten gekommen, halb in der Station, und sogleich rief der Schaffner die Streckenwärter, die diese Todesart kannten und wussten, wie man den Körper von den Rädern und Bremsen entfernte. Schweigen herrschte, bis auf ein paar Passagiere aus anderen Anhängern, die fragten: Was ist passiert! Was ist passiert! Die Frauen standen wartend herum und fragten sich, ob er wohl ein Einzelkind ohne Geschwister gewesen sei. Die Männer erinnerten sich an andere Nachmittage, die ein sehr schlechtes Ende genommen hatten. Die kleinen Jungen drängten sich aneinander, berührten sich an Schultern und Armen und Beinen.

Als der Polizist an die Verbindungstür klopfte und es ihr erzählte, fing Samuels Mutter zu schreien an. Sie schrie den ganzen Tag und klagte die ganze Nacht, obschon die Ärzte sie mit Pillen zu beruhigen suchten. Wehe, wehe, schrie sie hoffnungslos. Sie wusste nicht, wie sie jemals einen anderen Jungen so wie diesen finden sollte. Jedoch war sie immerhin eine junge Frau, und sie wurde schwanger. Dann fasste sie ein paar Monate Hoffnung.

Das Kind, das sie gebar, war ein Knabe. Man brachte ihn zum Anschauen und zum Stillen herein. Sie lächelte. Aber sogleich sah sie, dass dieser Säugling nicht Samuel war. Sie und ihr Mann hatten zusammen weitere Kinder, aber nie wird man je wieder von einem Jungen hören, der genau so wie Samuel gewesen ist.

Grace Paley

LIFE

Die Geschichte vom Mann, der sich im Fernsehen den Brand eines Hochhauses ansieht, das ihm bekannt vorkommt, bis ihm, während er noch rätselt, die zunehmende Rauchentwicklung die Sicht auf den Fernseher nimmt, und er auch schon hustet.

Heinrich Wiesner

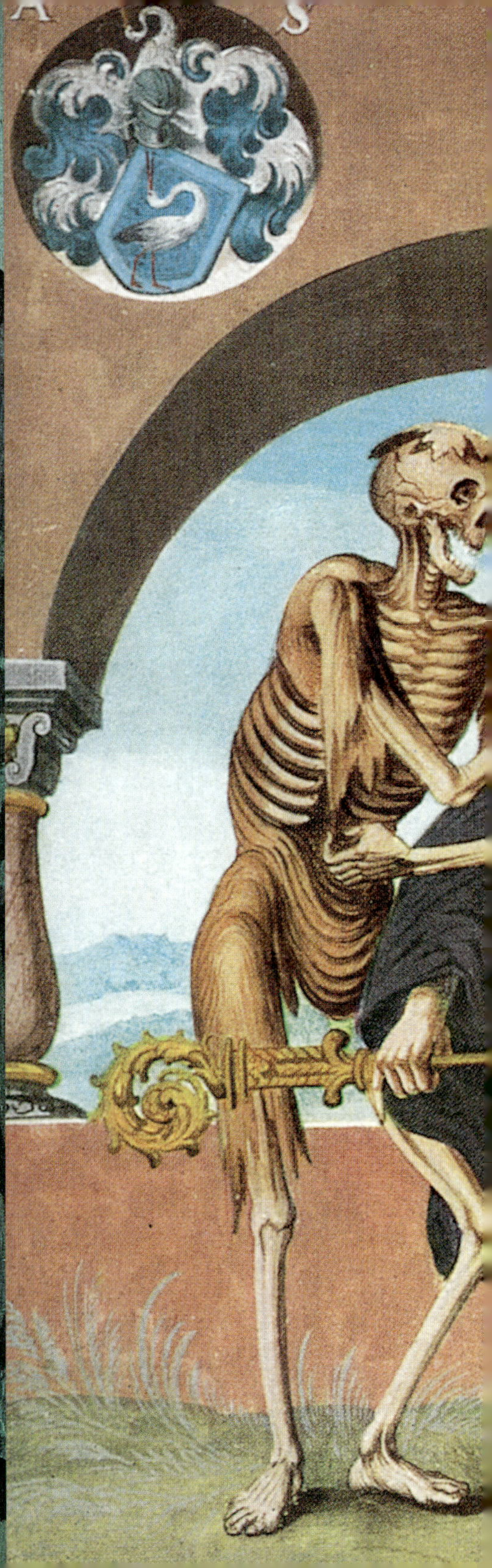

7.
KAPITEL
SLÄBE DR TOD

WIE DU AUF DIE WELT KAMST

Einen Tag, bevor du geboren wurdest, sagte der Arzt, der die letzte Untersuchung im Krankenhaus vornahm: «Wir werden die Geburt einleiten, und zwar morgen früh.»
«Das ist lieb von Ihnen, Herr Doktor», sagte ich. Deine Mutter war froh, dass du bald zur Welt kommen konntest.
«Das hat mit lieb nichts zu tun», sagte der Doktor. «Der Muttermund ist schon geöffnet, und Wehen haben Sie auch schon. Also, kommen Sie morgen früh um 7 Uhr mit nüchternem Magen hierher. Wir machen dann die Einleitung.»
Am nächsten Morgen, es war ein Samstag, brachen wir um halb sieben Uhr früh mit drei Taschen auf. Ein Taxi fuhr uns zum Krankenhaus und hielt vor dem Eingang des Kreiss-Saals. Die Fahrerin sagte zum Abschied: «Nett von Ihnen, dass Sie mir die Storchenfahrt anvertraut haben. Ich wünsche Ihnen viel Glück.»
Im Anmeldezimmer empfing uns eine Hebamme, die sich Schwester Dorothee nannte. Ich musste mich in ihrem Zimmer auskleiden, und sie gab mir ein blaues Nachthemd, vorn zum Zuknöpfen. Sie untersuchte mich, dann rasierte sie mir die Schamhaare ab und gab mir einen Einlauf in den Po. Sie sagte: «Gut wirken lassen und dann schön abführen! Während Sie auf der Toilette sind, mache ich Ihnen das Bad zurecht.»
Schwester Dorothee war eine freundliche, ältere Frau mit Brille und grauem Haar. Sie war deine Hebamme. Vom Moment der Anmeldung bis zu deiner Geburt war sie ununterbrochen bei mir. Als ich in der Toilette zum «Abführen» sass, faltete ich aus dem Kreppapier eine Papiertaube, die in dem engen Raum wunderbar Kreise flog.
Nach einer Viertelstunde kam ich ins Bad nebenan und wusch mich in einer Reinigungslösung. Schwester Dorothee fasste mich dann unter den Arm und führte mich zu einem Bett im Kreissaal. Dort waren vier Kabinen mit Betten, und ich kam in die mittlere, gegenüber dem Schreibtisch der Schwester Dorothee.
Nach einer Weile begrüsste mich ein Doktor und brachte eine lange, dünne Schere mit. Er schnitt von unten die Fruchtblase auf, in der du lagst, das tat überhaupt nicht weh. Dann schloss er meinen rechten Arm an den Wehentropf an und verabschiedete sich mit den Worten: «Na, denn fröhliche Geburt!»
Mein Bauch war mit zwei Gürteln umbunden, die führten zum Wehenschreiber, wo deine Herztöne und meine Bauchschmerzen aufgezeichnet wurden.
Laut hörte ich das Pochen deines Herzens mit an.
«Du hast Herzklopfen, Baby, und ich auch», sagte ich zu dir und hielt meine freie Hand auf den Bauch gepresst, um deine Nähe zu fühlen und um dich für die Geburtsschmerzen zu trösten.
Herrliches Wetter war am Tag deiner Geburt: blauer Himmel, gelbes und braunes Laub an den Bäumen, eine Temperatur von 20 Grad Wärme.
Ich fühlte mich auf dem Bett wohl, als läge ich am Strand, zum Beispiel auf der Insel Fernando. Ich versprach dir, im Sommer mit dir zusammen im warmen Sand zu liegen und an die Stunde deiner Geburt zu denken. Nach ungefähr einer Stunde rief Schwester Dorothee einen Doktor an und sagte am Telefon: «Die Einleitung (damit meinte sie mich) ist jetzt am Tropf, und es geht gut voran.»
Zu dieser Zeit hatte ich Bauchschmerzen von mittlere Stärke, die etwa alle drei Minuten auftraten. Schwester Dorothee gab mir eine Spritze in die rechte Pobacke. Die folgenden Schmer-

Erika Hauser: Geb. 1939 in Berlin. Studium, Arbeit in Fabrik, Zeitungsarchiv, Buchhandel. Veröffentlichte Erzählungen und Jugendbücher.

zen brachten mich zum heftigen Ein- und Ausatmen. Schwester Dorothee gab mir noch ein Zäpfchen in den Po.
Die Wehenschmerzen nahmen unvermindert zu. Ich spürte eindringlich die Schmerzen aufsteigen und dann wieder abschwellen. Ich konnte es gerade noch aushalten, hatte aber schon die Beine angewinkelt, um die schlimmsten Wehen zu überstehen.
Ungefähr nach einer halben Stunde wurden die Wehen so heftig, dass ich es kaum noch ertragen konnte. Ich hätte am liebsten geweint. Ich spürte die Weitung des Muttermundes deutlich, wie wenn ein Riss in mir entstanden wäre. Dann kam ein ganz schrecklicher Schmerz, als wenn der Darm aufgebohrt würde. Ich stöhnte jammernd. Schwester Dorothee kam an mein Bett, sah zwischen meinen Beinen nach und sagte: «Das Kind kommt!» Kaum war der schreckliche Schmerz abgeklungen, kam er schon wieder.
Die Ärztin, die bei der Geburt helfen sollte, band sich eine Gesichtsmaske um und zog sich Gummihandschuhe an.
Ich flehte sie an: «Kommen Sie schnell, Frau Doktor!» Sie blieb ruhig vor meinem Bett stehen und zog sich einen sauberen Kittel an.
Ich stöhnte und heulte zugleich mit der nächsten Wehe. Schwester Dorothee umfasste schon mit der Hand dein Köpfchen. Sie sagte zu mir: «Jetzt legen Sie Ihr Bein auf mein Kreuz!»
Die Ärztin presste zugleich ihre Hand auf meine Bauch und sagte: «Atmen Sie tief ein und aus. Und wenn die nächste Wehe kommt, legen Sie Ihr Kinn auf die Brust und drücken nach unten.»
Der heftige Schmerz kam, und ich drückte, so gut ich konnte, nach unten. Dabei fuhr ein seltsames Geräusch aus meinem Mund und meiner Nase.
«Was machen Sie denn da? Das hört sich ja an wie eine Lokomotive!» sagte die Ärztin.
Aber ich hörte nicht auf sie. Ich drückte weiter auf die gleiche Art. Es war ja nur dein Kopf zu sehen und noch nicht deine Schulter.
Beide Geburtshelfer arbeiteten mit. Sie versuchten, dich zu drehen und zu ziehen. Ich drückte mit letzter Kraft, bis endlich dein blaugrauer Körper hervorglitt. Langsam und zögernd rutschtest du heraus, deine Füsse hieltest du angewinkelt. Als nächstes hielt die Hebamme deinen blaugrauen Körper mit den Füssen nach oben.«Es ist ein Junge!» sagte die Ärztin. Du fingst kräftig an zu schreien

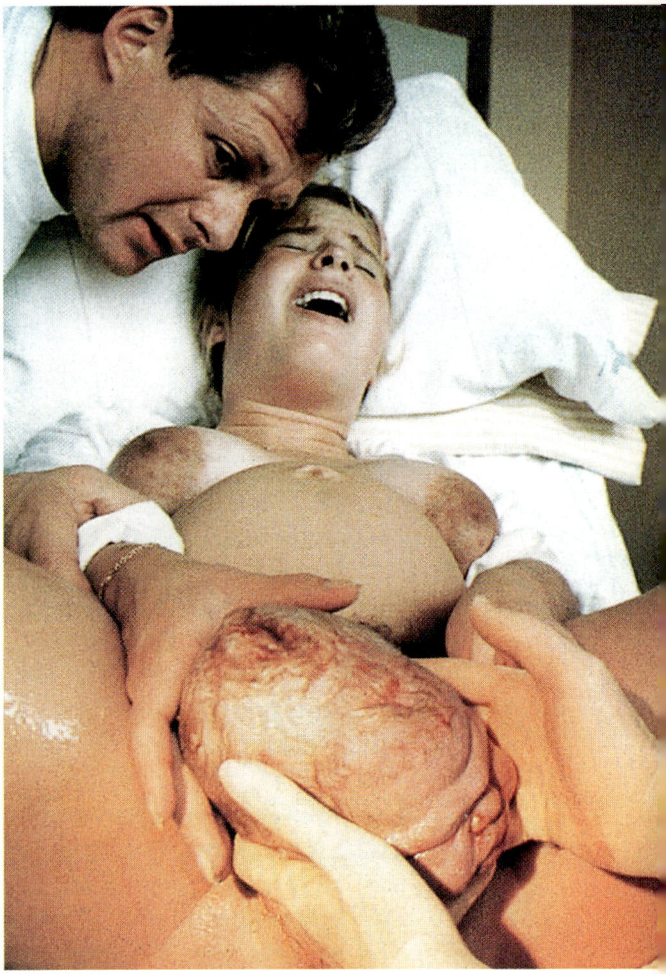

und hörtest längere Zeit nicht auf. Noch beim Wiegen schriest du.
«3200 Gramm», rief die Stimme der Hebamme.
Dann ruhtest du dich aus. Und es wurde Zeit, mir die Nachgeburt aus dem Leib zu ziehen: ein Stück Nabel, eine Haut und einen Klumpen Blut.

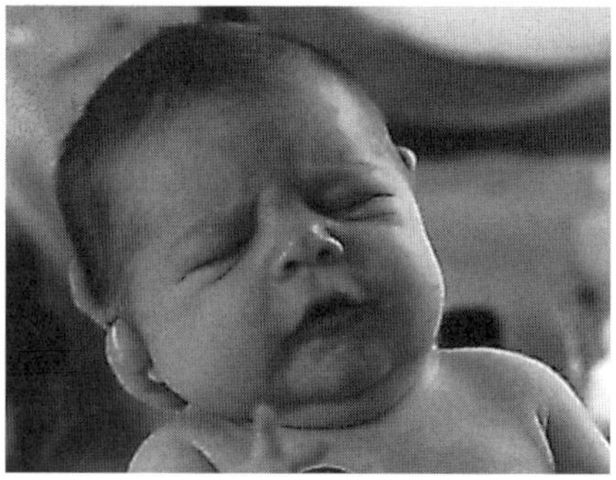

Als das geschehen war, lächelte ich vor Erleichterung und sagte voll Freude: «Ich habe ein Kind.» Die Ärztin schaute sich noch einmal meinen Unterleib an und sagte: «Einen kleinen Riss haben Sie in der Scheide.
Ich muss drei Stiche nähen.
Das wird ein bisschen unangenehm werden, ja?»
Sie nähte ohne örtliche Betäubung, die Stiche piekten scharf in die Haut. Danach sprühte sie einen Spray über die Scheide, und ich wurde zugedeckt.
Schwester Dorothee brachte dich mir und legte dich in meinen rechten Arm. Mein linker Arm war noch mit einem Tropf und einer Traubenzuckerlösung verbunden. Ich war froh, dich bei mir zu haben.
Sie liessen mich fast zwei Stunden lang mit dir allein im Bett. Ich spielte mit dir, betrachtete dein rotes, kleines Gesicht, und du saugtest nach Herzenslust an meinem Finger.

Erika Hauser

Zufall

Wenn statt mir jemand anderer
auf die Welt gekommen wär,
vielleicht meine Schwester
oder mein Bruder
oder irgendein fremdes, blödes Luder –
wie wär die Welt dann
ohne mich?
Und wo wäre denn dann ich?
Und würd mich irgendwer vermissen?
Es tät ja keiner von mir wissen.
Statt mir wäre hier ein ganz anderes Kind,
würde bei meinen Eltern leben
und hätte mein ganzes Spielzeug im Spind.
Ja, sie hätten ihm sogar
meinen Namen gegeben!

Martin Auer

S Läbe

Mängisch dunkts eim scho
dass s Läbe nüt anders sig
als es Gwitter

und mir

mir seckle derdur
und der eint breicht der Blitz
und der ander nit
und nienen e Hütte
wyt und breit.

Franz Hohler

Dr Tod

Dr Tod
isch nid eine
wo eim uf d Schultere chlopft
und seit
chumm mit

sondern eine
wo eim i beidi Arme nimmt
und drückt
und drückt
bis me nüt meh anders
cha dänke
als

jo
i chume

Franz Hohler

HEUTE EIN WUNDER MORGEN IN DEN ABFALLEIMER DAMIT

Djomka lag regungslos da und malte sich angenehme Dinge aus. Er hörte allmählich auf, das amputierte Bein zu spüren; er lernte, geschickt und schnell mit den Krücken zu gehen; den Tag vor dem ersten Mai – ein ganz sommerlicher Tag, an dem Djomka vom frühen Morgen bis zur Abfahrt des Abendzugs durch den Zoo wandert; viel Zeit hat er jetzt, alles gründlich für die Mittelschule durchzuarbeiten und noch viele fehlende Bücher zu lesen. Nie mehr gibt es diese verlorenen Abende, an denen die anderen Burschen zum Tanzen gehen und er sich quält, ob er mitgehen soll, auch wenn er nicht tanzen kann. Nichts mehr dergleichen. Die Lampe anzünden und lernen.
Da klopfte es an die Tür.
«Herein», sagte Djomka. (Dieses «Herein» machte ihm besonderes Vergnügen. Dass man anklopfen musste, ehe man bei ihm eintrat, hatte er nicht gewusst.)
Die Tür wurde aufgerissen, und Asja stürzte ins Zimmer.
Es war, als dringe Asja gewaltsam ein, als habe sie es sehr eilig, als werde sie verfolgt. Als sie aber die Tür hinter sich zugezogen hatte, blieb sie am Türpfosten stehen, die eine Hand auf der Klinke, die andere am Aufschlag des Morgenrocks.
Das war nicht mehr jene Asja, die zu «einer dreitägigen Untersuchung» hierhergekommen war und damals von ihren Sportfreunden auf der Aschenbahn des winterlichen Stadions erwartet wurde. Sie sah müde und blass aus, sogar die aschblonden Haare, die sich doch eigentlich so schnell nicht verändern konnten, hingen kläglich herab.
Aber der Morgenrock war noch derselbe – widerlich, ohne Knöpfe, von vielen Schultern getragen und schon unzählige Male durchgekocht. Jetzt passte er viel eher zu ihr als früher.
Mit zuckenden Augenbrauen sah Asja Djomka an: War es richtig hierherzuflüchten, oder sollte sie weiterlaufen?
Aber so mutlos, gar nicht mehr um eine Klasse älter als Djomka, nicht mehr um drei weite Reisen und alle Lebensklugheit reicher, war Asja ihm ganz vertraut.
Er sagte freudig:
«Asja! Setz dich doch! … Was hast du denn?»

In der letzten Zeit hatten sie oft miteinander geplaudert, auch über sein Bein gesprochen (Asja blieb fest bei ihrer Meinung: nicht abnehmen lassen), und nach der Operation hatte sie ihn zweimal besucht, ihm Äpfel und Gebäck gebracht. Waren sie schon am ersten Abend ungezwungen miteinander gewesen, so wurden sie es danach noch viel mehr. Später erzählte sie ihm auch offen, was für eine Krankheit sie hatte: Die rechte Brust schmerzte, sie hatten irgendwelche Knoten entdeckt, Asja bekam Röntgenbestrahlungen und ausserdem Tabletten.

«Setz dich, Asja, setz dich hin.»

Sie liess die Türklinke los, und während sie mit der Hand an Tür und Wand entlangstrich, als wollte sie sich daran festhalten oder entlangtasten, trat sie zum Schemel am Kopfende von Djomkas Bett. Dann setzte sie sich – und sah an Djomka vorbei, auf die Bettdecke. Sie wandte sich nicht direkt zu ihm hin, und er konnte sich auch nicht zu ihr hindrehen.

«Was hast du denn?» Nun musste er der ältere von beiden sein. Von seinen hohen Kissen gestützt, bog er den Kopf zu ihr hin – nur den Kopf, dabei blieb er auf dem Rücken liegen.

Ihre Lippen bebten, die Augenlider zitterten.

«Asjenka», konnte Djomka nur noch sagen (er hatte so grosses Mitleid mit ihr, sonst hätte er es nicht gewagt, sie Asjenka zu nennen), da hatte sie schon ihren Kopf auf sein Kissen zurückgelehnt, neben seinen Kopf, und der Haarschopf kitzelte sein Ohr. «Nun, Asjenka!» sagte er bittend und fuhr mit der Hand über die Bettdecke, um ihre Hand zu suchen, aber er fand sie nicht, er konnte ihre Hände nicht sehen.

Sie schluchzte ins Kissen hinein.

«Was ist denn? Sag doch, was du hast?»

Er hatte es schon fast erraten.

«Sie werden mich operieren!»

Und sie weinte, weinte. Und stöhnte dann auf:

«O-o-o-oh!»

Solch einen langgedehnten, seltsamen Schmerzenslaut hatte Djomka noch nie gehört.

«Aber vielleicht nicht sofort?» sagte er begütigend. «Vielleicht lässt es sich doch vermeiden?»

Doch er fühlte, dass er das «O-o-o-oh!» auf diese Weise nicht besänftigen würde.

Sie weinte immer noch in sein Kopfkissen hinein. Er spürte schon, wie es neben ihm feucht wurde.

Djomka fand ihre Hand und begann, sie zu streicheln.

«Asjenka! Vielleicht muss es doch nicht sein?»

«Doch … Für den Freitag bereiten sie alles vor.»

Und sie stöhnte herzzerreissend. Djomka konnte ihr verheultes Gesicht nicht sehen, nur die Haarsträhnen fuhren ihm über die Augen. Weiche, kitzlige Haare.

Djomka suchte sie zu fassen, aber es gelang ihm nicht. Und so drückte er ihr nur fest die Hand, damit sie zu weinen aufhöre. Es war ihm mehr leid um sie als um ihn selbst.

«Wo-für noch le-ben?» weinte sie von neuem auf. «Wofür?»

Obwohl Djomka aus seinen trüben Erfahrungen für sich einen Schluss gezogen hatte, würde er doch nicht die richtigen Worte dafür finden. Und wenn auch – Asjas Stöhnen hätte weder er noch ein anderer, noch irgend etwas besänftigen können. Aus *ihrer* Erfahrung konnte sie nur den Schluss ziehen: Es lohnt sich nicht mehr zu leben!

«Wer – wird – mich jetzt – noch – brauchen?» schluchzte sie untröstlich. «Wer?»

Und wieder vergrub sie ihren Kopf im Kissen, Djomkas Wange wurde schon nass.

«Nun, nun», redete er auf sie ein, während er ihre Hand immer wieder drückte, «du weisst doch, was Heiraten bedeutet … Die Ansichten müssen übereinstimmen … die Charaktere …»

A. Solschenizyn: Geboren 1918, regimekritischer russ. Schriftsteller. 1970 Nobelpreis für Literatur; 1974 Ausweisung aus der UdSSR, ab 1976 in den USA; lebt heute wieder in seiner Heimat.
Der Ausschnitt ist dem Roman «Krebsstation» (1968) entnommen.

«Wer wird denn so dumm sein, nur den Charakter zu lieben?» Sie bäumte sich empört auf wie ein Pferd an der Deichsel und riss ihre Hand von ihm los. Da erst erblickte Djomka ihr feuchtes, rotfleckiges, betrübtes und erzürntes Gesicht. «Wer nimmt denn eine, die nur noch eine Brust hat? Wer? Mit siebzehn Jahren!» schrie sie ihn an, als sei er an allem schuld.
Nicht einmal trösten konnte er sie.
«Und wie soll ich *an den Strand gehen?*» schrie sie auf, durchbohrt von dem neuen Gedanken. «An den Strand! Und wie baden ...?» Es packte sie wie ein Taumel, wirbelte sie um ihre eigene Achse, schleuderte sie von Djomka fort, irgendwohin nach unten, die Arme um den Kopf geschlungen, rollte ihr Körper auf den Fussboden.
Unerträglich überfiel Asja die Vorstellung von Badeanzügen aller Moden – mit Trägern und ohne Träger, einteilige und zweiteilige, die jetzt modern waren und die modern sein würden, orangefarbene, hellblaue, leuchtend rote und meergrüne, einfarbige, gestreifte und mit Borten verzierte, die sie noch nie anprobiert, sich aber vor dem Spiegel schon angehalten hatte – und die sie niemals mehr kaufen und anziehen würde! Ausgerechnet dieser Aspekt ihrer Zukunft – die Unmöglichkeit, überhaupt noch einmal an den Strand gehen zu können – schien ihr am allerhärtesten, am beschämendsten zu sein. Deshalb war es sinnlos geworden zu leben.
Aber Djomka brummelte von seinen Kissen herab etwas Ungeschicktes, Unangebrachtes: «Weisst du, wenn niemand dich will ... Nun, ich verstehe ja, wer bin ich denn jetzt noch ... Ich würde dich jederzeit gern heiraten, das merk dir.»
«Höre, Djomka», durchzuckt von einem neuen Gedanken, erhob Asja sich und wandte sich zu ihm um, blickte ihn mit offenen Augen an. «Hör doch: du – bist der letzte! Du kannst sie als letzter sehen und küssen! Denn niemand sonst wird sie mehr küssen können! Djomka! Küss du sie wenigstens! Wenigstens du!»
Sie zog den Morgenrock, der sich von selbst schon ein wenig geöffnet hatte, auseinander, und während sie unaufhörlich weinte und stöhnte, zog sie auch den Halsausschnitt des Hemdchens nach unten – da kam ihre verurteilte rechte Brust zum Vorschein.
Sie glänzte wie die Sonne! Das ganze Zimmer begann zu leuchten und zu flammen! Die Röte der Brustwarze – sie war grösser, als Djomka sie sich vorgestellt hatte – schimmerte vor ihm, und seine Augen waren fast geblendet von diesem rosigen Schein!
Asja beugte sich ganz dicht zu seinem Kopf herab und blieb so stehen. «Küss sie doch! Küss sie!» forderte sie ungeduldig.
Und während er den Duft des Körpers einatmete, der ihm da geschenkt wurde, begann er wie ein kleines Tier, dankbar und entzückt, mit ungeduldigen Lippen in die weiche Rundung über ihm einzudringen, die ihre feste Form bewahrte, wie sie makelloser und schöner sich nicht darstellen lässt.
«Du wirst dich daran erinnern? ... wirst dich erinnern, dass es sie gab? Und – wie sie war?»
Asjas Tränen fielen auf seinen kurzgeschorenen Kopf.
Sie zog ihre Brust nicht zurück, und er wandte sich wieder dem roten Schimmer zu und tat mit den Lippen behutsam, was ihr Kind mit dieser Brust niemals mehr würde tun können.
Niemand kam ins Zimmer, und er küsste lange dieses Wunder über sich.
Heute ein Wunder. Morgen in den Abfalleimer damit.

Alexander Solschenizyn

MARTHAS FLUG Es traf Martha wie ein Schlag. Der Doktor brachte sie noch bis zur Tür und sagte: Kopf hoch. Martha nickte, und schon da fühlte sie, dass jetzt alles anders war. Später im Bus versuchte sie nachzudenken, aber es war taub in ihr. Beim Aussteigen fiel ihr ein, dass sie keine Milch zu Hause hatte. Es kam ihr merkwürdig vor, Milch zu kaufen an einem solchen Tag. Irgendwie hat es etwas Würdeloses, dachte sie. Beim Kaufmann war alles so wie sonst, obwohl das ja nun nicht mehr stimmte. Zu Hause wunderte sich Martha, warum sie nicht weinte. Es war fast sechs, und sie hatte Hunger wie sonst auch um diese Zeit. Zum Essen machte sie sich das Radio an und überlegte, wen sie anrufen könnte. Die Kinder wollte sie jedenfalls nicht anrufen. Sie sprach dann fast eine Stunde lang mit Hilde, aber sie schaffte es nicht, ihr etwas zu sagen, obwohl sie mit Hilde schon eingesegnet worden war. Danach sass Martha dann einfach auf dem Sofa. Es war acht, als sie plötzlich wusste, dass sie nicht ins Krankenhaus gehen würde. Sie packte das Nötigste zusammen und fuhr zum Flugplatz. Es gab nicht mehr viel Flüge um die Zeit. Martha nahm deshalb einfach einen nach Frankfurt. Sie hatte ein prickelndes Gefühl in den Knien, als sie die Rolltreppe hinauffuhr. Sie fühlte sich gut, und eine halbe Stunde später begann der erste Flug ihres Lebens. *Pea Fröhlich*

ABSCHIED

Hirotsugu Kawaguchi:

Geboren 1933 in Japan, gestorben am 12. 8. 1985 beim Absturz einer Maschine der Japan Air Lines auf dem Flug von Tokio nach Osaka. Direktor einer Handelsschiffahrtsgesellschaft. Nach einer Explosion im Rumpf des Flugzeugs konnte der Pilot die Maschine noch eine halbe Stunde in der Luft halten, bis sie am Berg Osutaka zerschellte. Mit Hirotsugu Kawaguchi zusammen starben fünfhundertundzwanzig Menschen. Vier überlebten. Den auf die Zettel eines Notizblocks geschriebenen Abschiedsbrief an seinen Sohn Tsuyoshi und seine Töchter Mariko und Chiyoko fand man in den Händen des Toten.

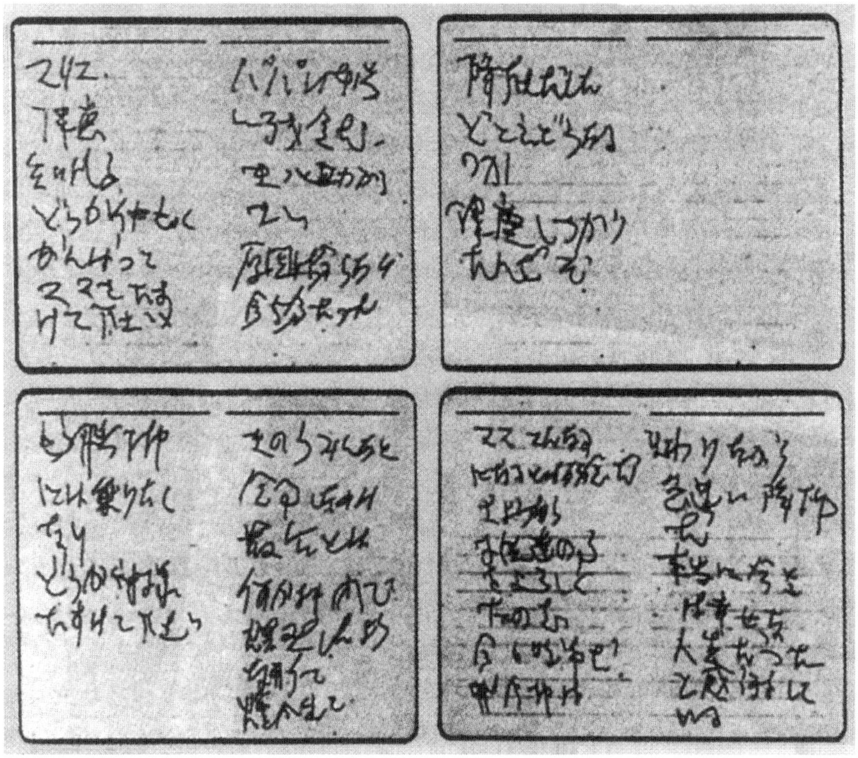

Seid gut zueinander und arbeitet hart. Helft Eurer Mutter.
Ich bin sehr traurig, aber ich bin sicher, dass ich es nicht schaffen werde.
Es dauert jetzt schon fünf Minuten.
Ich werde nie wieder in ein Flugzeug steigen.
Lieber Gott, bitte hilf mir.
Wer hätte gedacht, dass unser Essen gestern abend das letzte war.
Da war Rauch, anscheinend von einer Explosion in der Maschine, und wir fingen an runterzugehen.
Tsuyoshi, ich zähle auf Dich.
Mutter – wer hätte gedacht, dass so etwas geschehen würde.
Es ist schrecklich.
Lebt wohl.
Es ist jetzt 6 Uhr 30.
Das Flugzeug schlingert, und wir fallen schnell.
Ich bin dankbar, für das wirklich glückliche Leben, das ich bis jetzt hatte.

DIE SACHE MIT DAD

Es war kalt und zugig im Zelt von Thompsons Zauberschau. Ein Mann mit einer Glatze und einem Teddygesicht sass neben Tom auf der Holzbank und las die Racing-Results, vor ihm sass eine Frau mit einer Einkaufstasche, aus der ein Pekinese hervorsah, und ein Mann mit Watte in den Ohren und einem langen blauen Schal, den er sich mehrmals um den Hals gewickelt hatte. Durch das Viereck des Eingangs sah man ein paar Buchstaben der Lichtreklame. Man sah ein Stück grauen Himmels, man sah, dass es regnete. Der Mann am Mikrophon draussen beschwor die Leute, doch näher zu treten, indem er ihnen versicherte, dass man schauen, staunen und gute Laune haben werde.

Tom dachte an das Weekendhaus in Sussex. Er wollte nicht daran denken. Er dachte daran. Er sah die braune Holzwand des Häuschens hinter den Bäumen, die schmale Landzunge, die sich in den See hinein erstreckte, den kleinen Schuppen für das Boot und die Geräte, die Farbtöpfe, die Holzböcke, die Reusen, die Angelschnüre, er sah alles. Er sah vor allem das Boot. Er war verdammt noch immer nicht fertig damit. Er hatte im Trocadero gesessen und an das Boot gedacht, er hatte in Priestleys Boxbude gesessen und an die Fischzüge gedacht, die Dad und er gemeinsam unternommen hatten, und er hatte bei Charpenters auf Scheibe geschossen und an die Grasbrände gedacht, die Dad und er im Herbst in Sussex beobachtet hatten; er war ins Trocadero gegangen und zu Priestleys und zu Charpenters, um nicht an das Boot und nicht an die Fischzüge und nicht an die Grasbrände zu denken. Er hatte daran gedacht. Und jetzt sass er in Thompsons Zauberschau, um nicht daran zu denken, und dachte wieder an das Boot, dachte unentwegt daran. Er war auf den Rummel gegangen, um nicht daran zu denken, und er dachte, dachte, dachte.

Der Mann mit dem Teddygesicht knisterte mit der Zeitung. Tom fand, dass er Mr. Dixon ähnlich sah, einem Anglerfreund von Dad, den sie auf einer Bootsfahrt besucht hatten. Das war vier Jahre her. Damals war Ma noch dagewesen, und Dorothy war noch nicht geboren. Er erinnerte sich, dass sie zu dritt Dixons einen Besuch gemacht hatten an einem Sonntagnachmittag, dass er Mrs. Dixons Kuchen verschmäht hatte, um in der Zeit, da die andern Kaffee tranken, mit Johnny Dixon auf den See hinauszurudern. Als sie zurückgekommen waren, hatten die andern auf der Terrasse am Ufer gesessen, Dad hatte geraucht und mit Mr. Dixon über Forellenzucht gesprochen, und Ma hatte ihn geneckt, dass er immer nur von Forellen spräche; und am Abend hatten sie Punsch getrunken und waren alle lustig gewesen.

Dad hatte Witze erzählt und die komische Geschichte von dem Fisch mit dem Glasauge, und nur Ma hatte ganz wenig getrunken, weil sie vorsichtig sein musste wegen Dorothy; und als sie spät zurückgerudert waren, hatte der See ganz blau und dunkel und ruhig dagelegen, und er hatte mit Ma im Heck gesessen, und sie hatten Dads massige Gestalt gesehen, wie sie sich beim Rudern vor- und rückwärts neigte und dunkel abzeichnete gegen den hellen Nachthimmel.

Es würgte ihn in der Kehle, er schluckte und dachte: Es ist sinnlos daran zu denken, absolut sinnlos. Alles ist sinnlos.

Der Mann am Mikrophon hatte seine Slogans abgehaspelt und legte den «Kleinen Jo aus Buffalo» auf. Ein paar Leute kamen die Stufen am Eingang herab,

Tom blickte auf und erkannte George und Mike unter ihnen. Er zuckte zusammen und dachte: Jetzt geht das wieder los. Nimmt das denn gar kein Ende? Muss man sich das immer wieder anhören? Ich will doch bloss meine Ruhe. Ich werd ja schon fertig damit. Ausrotten werd ich's. Das ist das beste. – Er machte sich klein hinter dem Rücken des Mannes mit der Watte in den Ohren, aber Mike hatte ihn schon gesehen. Er hörte, wie Mike zu George sagte: «Da ist ja Tom!» Er sah die beiden auf sich zukommen und dachte: Seid still! Bitte, seid still! Ich will das nicht hören, was ihr sagt. Ich will das nicht hören. Ich will das nicht ...
«Hallo, Tom!» sagte Mike erstaunt, «du hier?» Er gab Tom die Hand. Tom sah ihn finster an. «Wie man sieht», sagte er.
Mike wurde verlegen. «Ja, du warst nicht in der Schule gestern und heute», sagte er stockend, «Mr. Creek hat es uns dann gesagt. Ja, es tut uns leid, Tom.» Er schüttelte Tom die Hand.
«Es tut uns leid», echote George. Tom entzog Mike seine Hand und sah ihn aus schmalen Augen an.
«Mir nicht», sagte er.
Er schluckte. Ich muss es ausrotten, dachte er, alles, was früher war, und alles, was ihr sagt. Ich muss es ausrotten, und wenn ich dran kaputtgehe. Wenn schon etwas zum Teufel geht, soll doch alles gehn! Soll doch gleich alles gehn! Dann tut nichts mehr weh nachher. – Mike sah ihn betroffen an.«Wie meinst du?» sagte er. «Hast du eine Zigarette da?» sagte Tom. «Seit wann rauchst du denn?»
«Also hast du eine da oder nicht?»
Mike beeilte sich, Tom eine Zigarette zu geben, George gab Tom Feuer. Tom zog an der Zigarette, hustete und sagte: «Ich bin froh, dass er weg ist.» Er sah das Entsetzen auf Mikes und Georges Gesichtern, zog an seiner Zigarette und grinste. Im gleichen Augenblick sah er deutlich Dad in Hemdsärmeln vor sich, wie er das Boot neben dem Schuppen aufgebockt hatte und den Kiel abschmirgelte. Die Sonne schien durch das Blattwerk und malte helle Flecken auf den Kiel und auf Dads Hemd.
«Aber Tom!» sagte Mike.
«Ich bin froh», sagte Tom, «er hat gesoffen, sag ich euch, das ganze letzte Jahr, jeden Tag, bis er seine Stelle verlor.» Er spürte, dass er in Fahrt kam, und hatte sekundenlang das triumphieren-

de Gefühl, dass er so weiterreden könne, bis das Boot zum Teufel gegangen war. Aber im nächsten Augenblick fühlte er, wie es in seiner Kehle aufstieg, und er hörte Dad sagen: «Wir werden das Boot neu streichen, für unsern Fischzug nächsten Samstag. Ich wäre für Blau. Wie findest du Blau?» Und er hörte sich selbst sagen: «Blau ist prima. Und den Kiel weiss, dass er dann so aus dem Wasser hervorleuchtet, ja?» Und Dad sagte: «Okay.» Er ballte die Fäuste und dachte: Ich muss es ausrotten, bis es nicht mehr weh tut. Es kostete ihn grosse Anstrengung, zu sagen: «Er ist jeden Abend besoffen nach Hause gekommen», denn Dad hatte ihn inzwischen in den Schuppen geschickt, den Topf mit der weissen Farbe zu holen, und er trug den Topf, der ganz voll war, vorsichtig nach draussen und hielt ihn, Dad tauchte den Pinsel hinein und strich den Kiel und sagte: «Sieht fast aus wie'n Bauch von 'nem Haifisch.»
«Naja saufen», sagte George, «das tun viele.»
«Aber nicht ein ganzes Jahr lang», sagte Tom, «nicht jeden Abend!» So krieg ich's kaputt, dachte er. «Er hat sich überhaupt nicht mehr um uns gekümmert. Er hat Dorothy geschlagen.»
Er musste eine Pause machen. Der Kiel des Bootes leuchtete hell in der Sonne, er hatte inzwischen die blaue Farbe geholt, Dad strich bedächtig Bohle um Bohle und sagte: «Du musst jetzt sehr lieb sein zu Ma, mein Junge. Du wirst in ein paar Monaten ein Brüderchen oder ein Schwesterchen bekommen. – Na, pass auf! Deshalb brauchst du doch die Farbe nicht zu verschütten!»
«Naja», sagte George, «ich weiss ja nicht ...»
Er dachte nach und sagte dann: «Warum bist du nicht wenigstens zu Hause?»
«Pah, da sind die Verwandten», sagte Tom. Er sah Tante Helen, wie sie den Schreibtisch durchwühlte. («Es muss doch etwas zu finden sein! Es muss doch irgend etwas Schriftliches da sein!» Aber es war nichts Schriftliches da.) Der Gedanke an Tante Helen, die den Schreibtisch durchwühlte, erfüllte ihn für Sekunden so sehr mit Hass, dass es ihm fast leichtfiel, zu sagen: «Wenn er nur wenigstens das Auto nicht in Klump gefahren hätte! Wenn's ihm nur nicht mit dem Auto passiert wäre! Dann hätte ich wenigstens den Wagen jetzt.» So ist's gut, dachte

er. Siehst du, Tante Helen, ich lerne von dir! So krieg ich's kaputt, dachte er. Zum Teufel mit allem!
Er sah, dass Mike und George ihn fassungslos anstarrten, und fügte hinzu: «Wenigstens hätte er ein paar Wochen warten können. Ausgerechnet jetzt, wo's in ein paar Tagen Ferien gibt! Geht hin und stirbt und versaut mir die Ferien!»
Er war erschöpft. Er sah Dad mit Dorothy auf dem Arm am Ufer stehen. Dad war so gross und schwer, und Dorothy war ein kleines weisses Bündel und verschwand ganz auf Dads Arm. Tom selbst stieg mit Ma ins Boot, und Dad folgte ihnen, legte Dorothy Ma in den Schoss und setzte sich auf die Ruderbank. Tom und Ma sassen mit Dorothy im Heck und sahen Dad beim Rudern zu. Das Wasser rauschte an der Bootswand und war ganz klar, ein Karpfen tauchte auf aus der blauen, gläsernen Tiefe, nippte an der Wasserfläche, machte kehrt und verschwand, und die Sonne schien, und Dad hatte gute Laune und schnitt Dorothy Grimassen.
Ich halte das nicht mehr aus, dachte er. Es hilft nichts. Es wird ja immer schlimmer. – Er fühlte, wie sein Hals ganz dick wurde. – Weinen ..., dachte er – es ist ja sinnlos. – Plötzlich merkte er, dass Mike etwas zu ihm sagte.
«Es ist doch dein Vater!» sagte Mike.
Im gleichen Augenblick gingen die Lichter im Zelt an, der Vorhang auf der Bühne ging auseinander und enthüllte Fratelli und sein Zaubergerät, die Vorstellung begann. Tom sah Mike an.
«Mein Vater!» sagte er tonlos. Dann wusste er, dass er nicht mehr konnte. Er wusste, dass er den Rummel und George und Mike und sich selbst und alles nicht mehr ertragen konnte, und stand auf.
«Entschuldigt mich, Leute!» sagte er und bemühte sich, ruhig zu erscheinen, «wir sehen uns nächstens wieder.»
Er ging zwischen den Bankreihen hindurch, zwängte sich durch die Leute, die im Seitengang standen, schlug die Zeltplane zur Seite und stand draussen hinter dem Zelt zwischen den Wagen. Es regnete. Er stand keuchend im Regen, die Hände vor das Gesicht geschlagen, und sah Dad zu Hause vor dem Kamin sitzen, Dad, wie er immer dagesessen hatte, wenn er sich Toms Schulaufgaben angesehen hatte. Es ist doch dein Vater!
Es ist doch dein Vater! dachte er. Mein Gott, hör dir das an! Es ist doch dein Vater! sagt er zu mir. Als ob ich das nicht wüsste. Oh, was ist mit mir los? Was hab ich getan? Verzeih mir, Dad, was ich über dich gesagt habe! Bitte, bitte Dad! Ich will nie wieder so was über dich sagen. Es ist ja wahr, dass du getrunken und Dorothy geschlagen und deine Stelle verloren hast und dass du verunglückt bist, als du betrunken warst. Aber du hast das doch nicht gern getan. Du hast doch gar nicht gern getrunken, Dad. Wenn Georges oder Mikes Vater trinkt, dann tut er's, weil's ihm schmeckt oder wenn er in Gesellschaft ist. Du hast doch nie Whisky gemocht und bist doch auf keine Party mehr gegangen im letzten Jahr. – Warum musste Ma mit Robertson weggehn? Kann das ein Mensch begreifen? Mein Gott, warum ist Ma wegen diesem Robertson von Dad weggegangen? – Du hast doch nur wegen Ma getrunken, Dad. Ich weiss es doch. Oh, warum hast du das gemacht? Warum hast du das gemacht, Dad? Was soll denn nun werden? Was soll ich denn nun machen? Was soll ich denn ohne dich machen, Dad! Sag mir doch wenigstens, was ich jetzt tun soll! Soll ich auf der Schule bleiben, oder was soll ich tun? Mein Gott, es kann doch nicht alles sinnlos sein, doch nicht alles ...!
Er merkte plötzlich, dass er Cooper Road hinunterging. Er ging

Cooper Road hinunter und fühlte, wie ihm die Tränen die Wangen hinabliefen. Er hatte den Mantelkragen hochgeschlagen, die Hände in die Taschen gesteckt, und der Regen peitschte ihm so heftig ins Gesicht, dass niemand sah, dass er weinte. Er weinte, solange er Cooper Road hinunterging, und allmählich wurde er ruhiger. Es war das erste Mal, dass er seit dem Tod seines Vaters geweint hatte.
Ich werde Dorothy nach Sheffield zu Onkel James bringen und dort zur Schule gehn, dachte er. Dann kann ich mit ihr zusammenbleiben. – Er sah auf die Uhr, es war kurz vor fünf, die Zeit, um die er Dorothy jeden Tag aus dem Kindergarten abholte. – Ich werde Dorothy abholen, dachte er. Er bog in die Limestreet ein und ging schneller, mit ganz grossen Schritten. Er wollte Dorothy sehen, ganz schnell, jetzt sofort.
Als er am Tor stand und auf den Klingelknopf gedrückt hatte und Miss Parker mit Dorothy an der Hand auf dem verregneten Gartenweg auf ihn zukam, hatte er für einen Augenblick das Gefühl, dass es Dinge gab in der Welt, die in dem Augenblick aufhörten sinnlos zu sein, da man sie tat.

Theodor Weissenborn

Besuch

Wenn wir dann umgezogen sind
richten wir zuerst den Garten
die hässliche Mauer reissen wir ab und
pflanzen einen japanischen Kirschbaum
den hast du dir doch immer gewünscht
da wo jetzt Schutt liegt ist Schatten
wir können eine Sitzecke anlegen
du kannst ausruhen Zeitung lesen
ich bringe dir Kaffee

Vater lag ruhig
lächelte ein wenig mit den braunen Augen
vorsichtig streichelte ich die ans
Bettgitter gebundene Hand

Dorothée Haeseling

Wenn ich tot bin

Wenn ich tot bin
darfst du garnicht trauern
meine Liebe wird mich überdauern
und in fremden Kleidern Dir begegnen
und Dich segnen.

Joachim Ringelnatz

Wenn ein Mensch stirbt

Wenn ein Mensch stirbt
bleibt seine Umgebung zurück:

Die fernen Berge
die Häuser im Quartier
und die Strasse, die sonntags
über eine Holzbrücke geht
gerade bevor sie von der Stadt
wegführt.

Und die Frühlingssonne
die am frühen Nachmittag
ein Regal mit Büchern erreicht
und Zeitschriften, die zweifellos
einmal neu waren.

Ungewöhnlich ist es nicht.

Aber es hat mich trotzdem
oft gewundert.

Henrik Nordbrandt

War ich vielleicht

War ich vielleicht
in einem früheren Leben
ein grosser Baum?
Gelassen, mächtig und schön;
dem Himmel verbunden
und der Erde.
Bin ich vielleicht
in einem späteren Leben
wieder ein Baum –
und mein Sein dazwischen nur
ein schmerzlicher Traum?
Gedenket mein,
ihr Kinder meines Herzens,
gedenket mein,
im Rauschen der Bäume.

Rita Seliger

Oft denke ich darüber nach

Oft denke ich darüber nach,
welche Musik im Radio läuft,
wenn ich sterbe, wie für
alle Menschen das Leben all-
täglich weiterläuft, so wie
es auch für mich weiterlief,
während Millionen von Menschen starben,
ohne dass es mir auf-
gefallen wäre, aber nun, wo meines zu
Ende ist, bin ich fast empört.

Norbert Pranzl

TOD
IN DER SONNE

Als ich an jenem Tag mit zwei Freunden nach Kapstadt fuhr, spielte sich mitten im Alltag und vor meinen Augen die krasse Tragödie vom «Leben und vom jähen Tod» ab – für mich ein ganz neues Erlebnis, nach dem ich mich hilflos fühlte und Furcht bekam.
Unser Bus fuhr nach einer Haltestelle langsam wieder an und näherte sich der Tennant Street, als ein Mann um die Strassenecke raste und in die Hauptstrasse einbog, ihm auf den Fersen sein Verfolger, ein junger Mensch, Anführer einer Bande von Jugendlichen, die ein paar Schritte hinter ihm herliefen.
Sie rannten etwa dreissig Meter weiter, und der junge Mann hatte den Fliehenden beinah erhascht, als der andere plötzlich stehenblieb, sich umwandte und zuschlug, und erst nach vollbrachter Tat und als er die Hand hob, sahen wir im Bus Sitzenden das Messer und begriffen entsetzt, dass er seinen Verfolger erstochen hatte. Er drehte sich daraufhin wieder um und floh weiter, während der Schwerverletzte stillstand und auf seine Brust blickte: es war, als habe er jetzt erst verstanden, was ihm in diesem Bruchteil einer Sekunde widerfahren war. Als er sich zu uns umwandte, zeichnete sich ein immer grösser werdender roter Fleck auf seinem Hemd ab, und wir konnten das Staunen in seinem Gesicht sehen, und Grauen und Angst und die Begier, weiterzuleben und nicht in dieser Sekunde zu sterben, in der unsere Wege sich gekreuzt hatten. Er schrie: «O Gott, Hilfe!» und begann dem Autobus nachzulaufen, während ihm das Blut zwischen den Fingern hervorquoll, die er aufs Herz drückte, wie um das Weiterfliessen zu verhindern. Der Autobus fuhr jetzt ganz langsam, man hörte nur das Murren des Motors, denn die Fahrgäste waren unfähig, ein Wort zu äussern, und sassen vor Schreck wie versteinert.
Nun versuchten wir, vom Oberdeck, wo wir bis dahin gesessen hatten, zum Unterdeck zu gelangen, doch auf halbem Wege hielt uns ein Fahrgast auf, der vor Entsetzen über das, was er sah, auf der schmalen Treppe stehengeblieben war, und wir konnten nicht weiter, bis wir ihn beiseiteschoben und uns hindurchzwängten.
Ein Blutfleck von der Hand des sterbenden jungen Mannes war auf der blanken Chromstahlstange zu sehen, die er gepackt hatte, als er sich auf den Tritt ziehen wollte. Jetzt lag er im Mittelgang auf dem Rücken, die Beine verschränkt unter sich, die Arme hintenübergeworfen, wie ein Mensch, der zum Gebet hinkniete und dabei niedergeschlagen worden war. Sein Hemd war rot und blutdurchtränkt, und seine Hose und die Sitzplätze und der Fussboden waren voller Blutspritzer.
Seine Brust konnte sich beim Atmen nur mit grosser Mühe heben, und wenn er einatmete, straffte sich das Hemd über seinem Brustkorb. Seine weit geöffneten Augen, die blicklos ins Leere starrten, drückten den Aufruhr seiner Gefühle und das Grauen aus, das ihn ob der neuen, irren und furchtbaren Erkenntnis gepackt hatte, dass der Tod so bestürzend nahe und er so ganz allein war und dass seines Lebens Blut unaufhörlich aus seinem durchbohrten Herzen hervorströmte. Und wir andern, wir fühlten uns so hilflos in unsrer Ohnmacht, weil wir nichts tun konnten, sein junges, zartes Leben zu retten.
Und der Tod, als er dann kam, handelte rasch: so jäh wie das Verschwinden der goldenen Abendsonne, wenn man nur eben den Rücken dreht, und wie

der überraschende Schlag einer Glocke in der stillen Nacht. Der Körper glich nun einem Menschen, dessen Persönlichkeit ausgelöscht wurde, ein Leichnam, so leblos wie eine schlaffe, tote, unpersönliche Puppe, aus der menschliches Blut hervorgeschäumt war und eine rote Spur hinterlassen hatte, als es über den Fussboden und über die harte Eisenkante des Trittbrettes auf die heisse Decke der Asphaltstrasse geflossen war.

Unter den Fahrgästen kam es zu einer kleinen Panik, doch sowie der Bus hielt, liefen ein paar Leute hinaus, um Hilfe zu holen, einen Arzt, einen Krankenwagen und die Polizei herbeizurufen, denn schon sammelte sich eine gaffende, drängende Menschenmenge an: Leute aus dem Elendsquartier, aus dem der junge Mann stammte und hervorgeeilt war, dem Tod entgegen. Sie sahen verarbeitet und unordentlich aus, manche trugen beschmutzte Kleider, Hausfrauen hatten ungekämmtes Haar und verfleckte Schürzen, ein paar Männer waren betrunken, barfüssige Kinder hatten plötzlich ihr eifriges Spiel abgebrochen, alle waren aufgeregt, alle waren neugierig und wollten etwas sehen – und was sie dann sahen, verschlug ihnen die Sprache, so dass sie unbehaglich und voller Fragen dieser feindlichen, unerwünschten Wirklichkeit gegenüberstanden, die so unversehens in ihren Alltag eingebrochen war. Und dann erhob sich ein Summen, ein erregtes, zitterndes Stimmengewirr, über dem ein paar bestimmte Fragen und Erklärungen schwebten. «Lauft und holt seine Mama!» riet eine Frauenstimme.

Und andere sagten: «Wie heisst er denn?» und: «Das ist doch der Junge aus der Tennant Street!» und: «Seht bloss das Blut!» Doch lauter als alles: «Ist er tot?»

Und nur sehr wenig Leute wagten mit Bestimmtheit zu antworten, er sei tot, weil selbst sie irgendwie hofften, er könne noch am Leben sein, ja, er müsse noch am Leben sein, daher gaben sie kaum eine Antwort, sondern hielten ihre Zunge – wenn auch halb unwillig – im Zaum.

Und dann kam noch mehr Bewegung in die gaffende Menge, weil sich eine Gruppe nach vorne durchzwängen wollte, und jemand rief: «Obacht, das sind sein Pa und seine Ma!» Und die Gesichter aller Menschen zeigten verängstigte, erschrockene und mitleidige Mienen. Ein weinendes Kind erkämpfte sich den Weg durch die hin und her schwankende Menge, und jemand anders rief: «Nein, so was, das ist sein kleiner Bruder!» Und der kleine Junge kletterte in den Bus, zu seinem toten Bruder, wollte ihn lebendig haben und fand ihn tot, war ausser sich in seinem grossen Schmerz und lief wie ein Verrückter vor ein sich

näherndes Auto, um sich überfahren zu lassen; doch wurde er noch rechtzeitig auf die Seite gezerrt.
Die Eltern des jungen Mannes schluchzten und weinten, und als sie ihren toten Sohn erblickten, wurden sie fast rasend; die Mutter raufte sich wie von Sinnen ihr Haar, Freunde versuchten sie zu trösten und wegzuführen, aber sie wollten nicht weggehen und die Leiche allein lassen.
Der Krankenwagen und die Polizei erschienen gleichzeitig, mit greller Sirene, die sich lärmend freie Bahn verschaffte, und Männer in Uniform mit Autorität in der Stimme ordneten alles an und stellten Fragen, und der Leichnam wurde aufgehoben und fortgetragen, und dann eilte die Polizei von dannen, um einen Teil der Menge einzuholen, die sich auf die Jagd nach dem Mörder begeben hatte und mittlerweile längst in der Ferne hinten in einer Seitengasse am Marktplatz verschwunden war.
Und nachdem die Behörde fort war und die Ursache des Ganzen fort war, zerstreute sich die Menschenmenge, wenn auch unwillig und allmählich und immer noch voller Fragen, und Nachzügler hörten sich begierig die ungenauen Erklärungen der Leute an, die noch herumstanden.
Und die Nachmittagssonne schien – ein grosser, am Nachmittagshimmel aufgehängter Glutball, der sein warmes, strahlendes Licht wie einen goldenen Mantel ausbreitete. Doch für eine kleine Gruppe von drei Menschen war alles Licht plötzlich erloschen, als habe eine grosse schwarze Wolke sich niedergesenkt und sie weinend in grenzenloser Finsternis zurückgelassen.

Peter Kumalo

STERBEN FÜR DIE GERECHTIGKEIT?

Die Todeskandidatin, eine gewisse Barbara Graham, wurde auf dem Stuhl der Gaskammer von St. Quentin festgebunden. Sie war wegen Mordes zum Tode verurteilt, hatte jedoch ihre Schuld stets geleugnet. Jetzt blieb ihr noch eine Minute zu leben, eine knappe Minute noch – da traf die Nachricht vom Hinrichtungsaufschub ein. Als man die Verurteilte losband, brach sie ohnmächtig zusammen.
Während sich der Arzt und der Gefängnisdirektor noch um Barbara Graham kümmerten, kam schon der Gegenbefehl: Die Verurteilte sei doch unverzüglich hinzurichten!
Dann erwachte die Frau aus ihrer Ohnmacht. Sie sieht sich verwirrt um und stammelt: «Ich lebe. Mein Gott, ich danke dir!» Doch der Gefängnisdirektor, selbst am Rand seiner Fassung, muss ihr verkünden, dass die Hinrichtung nun doch vollzogen wird. Und er fordert sie auf – nein, er fleht sie an –, stark zu sein. Barbara Graham aber bricht mit einem Schreikrampf zusammen. Und immer wieder beteuert sie ihre Unschuld.
Man schleppt sie in die Gaskammer zurück, fesselt sie abermals auf den Stuhl. Die Tür der Kammer schliesst sich bereits – da wird telefonisch ein erneuter Aufschub durchgesagt. Das Gericht berät zwanzig Minuten lang über einen neuen Berufungsantrag, lehnt ihn dann ab. Und zum drittenmal muss Barbara Graham in die Gaskammer zurück, wird auf dem Todesstuhl festgeschnallt. Sie ist jetzt am Ende ihrer Kräfte, ihres Verstandes. Als diesmal das tödliche Gas aufsteigt und ihrem Schicksal ein Ende setzt, ist es ihr fast eine Erlösung.

So geschehen in Kalifornien, USA, im Jahre 1955. Ein Tod für die Gerechtigkeit?

Pablo Picasso (1881–1973):
Porträt Marie-Thérèse, 1937.

La Jeune Femme

Que voulez-vous que j'y fasse
Comment cela se fait-il
La jeune femme est de face
Alors qu'elle est de profil

Comment cela se fait-il
Elle n'a qu'un œil de face
Elle en a deux de profil
Que voulez-vous que j'y fasse

Que voulez-vous que j'y fasse
Comment cela se fait-il
Sa figure est une glace
Qui reflète son profil.

Das Mädchen

Nun sag mir, was soll ich machen?
Wie kommt's? Ich glaube, ich schiel'.
Ich seh das Mädchen von vorn,
Und doch zeigt sie mir ihr Profil.

Wie kommt's? Ich glaube, ich schiel'.
Sie hat nur ein Auge von vorn,
Sie hat aber zwei im Profil.
Nun sag mir, was soll ich machen?

Nun sag mir, was soll ich machen?
Wie kommt's? Ich glaube, ich schiel'.
Ihr Gesicht ist ein Spiegel,
Der zurückwirft ihr Profil.

Jean Cocteau

8. KAPITEL
KUNST-STÜCKE

ZEITREISEN IST SCHWIERIGER ALS MAN DENKT

«Das Ding arbeitet perfekt», erklärte Joris Fonteyn nicht ohne Stolz, während er mir in der Werkstatt neben seinem Haus die glänzende, verchromte Zeitmaschine zeigte. «Ich habe gestern eine Reise mit ihr gemacht, und wie du siehst: Ich bin unversehrt wieder zurückgekehrt.»

Mit fachkundigen Griffen entkorkte er eine Flasche Kognak und füllte vor meinen verlangenden Augen zwei Gläser. Ich sah mit schafsdämlichem Blick auf die Maschine, die wie ein Motorrad ohne Räder aussah, ausgerüstet mit einem bequemen Ledersattel und einer grossen Anzahl rätselhafter Knöpfe, Armaturen, Zeiger, Zifferblätter und einer Menge seltsamer, hervorstehender Teile, für die ich keine Bezeichnung fand.

«Gib dir keine Mühe, etwas davon zu begreifen», sagte Joris. Er führte mich in sein Wohnzimmer, wo er behende eine neue Flasche für den Konsum bereitstellte. «Es war nur eine zweistündige Reise», erklärte er. «Aber jetzt, wo ich weiss, wie das Ding funktioniert, will ich mich beim nächsten Mal noch weiter zurückversetzen lassen.»

«Vielleicht zu der Fête im vorigen Jahr? Die würde ich gerne noch mal erleben.»

Joris grinste mir freundschaftlich zu. «Halt dich fest», riet er mir und fuhr dann fort: «Wie du vielleicht noch von der Schule weisst, wohnte einige hundert Meter von hier der gute alte Rembrandt, der – doch das ist meine persönliche Meinung – vielleicht etwas mehr Ruhm geerntet hat, als er eigentlich verdient. Sieh dich doch nur mal im Rijksmuseum um: Welches Werk zieht die meisten Besucher an? Richtig! *Die Nachtwache*. Aber auch *De Stalmeesters* liegen ganz gut im Rennen. Ich hab' ja nichts dagegen, sondern halte mir das zugute. Und wenn die Dinge schon mal so liegen, warum sollte ich dann nicht versuchen, mit Hilfe der gewaltigen Bewunderung für Rembrandt meine Schäfchen ins Trockene zu bringen? Bedenke: Die Bilder dieses Mannes sind heute zehntausendmal mehr wert als damals.»

Endlich drang es zu mir durch, was Joris vorhatte. Ich schnappte ein paar Mal nach Luft. Um über die Erregung hinwegzukommen, nahm ich, vom Kognak schon reichlich benebelt, noch einen Schluck.

«Du ... du meinst, dass du dich zu Rembrandt zurückversetzen willst und ihn beauftragst, für dich ein Bild zu malen? Und dann setzt du dich wieder auf dein Zwischenzeitfahrrad und stösst das Bild im zwanzigsten Jahrhundert für dickes Geld ab?»

Joris nickte glücksstrahlend. «Richtig. Ich stelle mir vor, dass Rembrandt van Rijn für ein paar Goldstücke ein anständiges Farbwerk für mich schafft. Na, is' das 'n Geschäft oder nicht?»

Ja, ein Geschäft wäre es tatsächlich, dagegen war nichts einzuwenden. Man konnte über Joris Fonteyn sagen, was man wollte: aber Ideen hatte er!

Ich brachte deshalb ein kräftiges «Prost!» auf das Gelingen seines Planes aus – und fühlte mich ungefähr eine Minute später etwas schwindlig, als wir, munter über das zu verdienende Geld redend, zu seiner Werkstatt hinübergingen.

Ohne mit reden aufzuhören, hob Joris das Bein über den Sattel der Maschine und stellte behutsam die Zeiger der Armaturentafel auf die Mitte des 17. Jahrhunderts ein.

«Es wird wohl 'ne Weile dauern, bis ich einen Zeitpunkt finde, an dem Rembrandt gerade wenig zu tun hat. Wenn ich ihn soweit habe, werde ich in der

Zeit so weit vorrücken, an der er das Bild fertiggestellt hat. Aber über all das brauchst du dir keine Sorgen zu machen, mein Freund. Ich werde die Koordinaten so einstellen, dass ich – ungeachtet der Zeit, die ich in der Vergangenheit zubringe – in dem Moment wieder hier bin, in dem ich verschwand. Also denn, mach's gut. Ich komme gleich mit einem echten Rembrandt wieder!»
Mit einem erwartungsvollen Grinsen schaltete Joris an den Hebeln seiner Zeitmaschine und war gleich darauf aus meinem Gesichtsfeld verschwunden.
Und tauchte niemals wieder auf.

Irgend etwas war schiefgegangen.
Obwohl er mir zugesichert hatte, sofort wieder zurück zu sein, folgte seinem Verschwinden keineswegs das zufriedene Wiedererscheinen, weder mit noch ohne einen echten Rembrandt auf dem Gepäckträger. Vor meinen staunenden Augen blieb der Platz, an dem Joris und seine Zeitmaschine eben noch gestanden hatten, vollkommen leer.
Er ist auch in den vergangenen drei Wochen leergeblieben.
Anfänglich machte ich mir keine direkten Sorgen. «Er hat die Zeit vielleicht etwas ungenau eingestellt und wird vielleicht erst in einer Minute auftauchen», redete ich mir ein. Aber aus der Minute wurden Stunden und daraus Tage. Und jetzt fing ich wirklich an, mir Sorgen zu machen.
«Es kann nicht die Folge einer falschen Programmierung sein», erkannte ich schliesslich.
«Irgend etwas hat nicht hingehauen. Aber was? Hat er 'ne Panne mit seiner Zeitmaschine und sitzt nun fest zwischen den Jahrhunderten – oder ist er bei Rembrandt angekommen und kann aus irgendeinem anderen Grund nicht mehr von dort weg?»
Ich hatte keine Ahnung. Beim besten Willen der Welt konnte ich mir nicht vorstellen, was Joris Fonteyn zugestossen sein konnte.
Ich zermarterte mir drei Wochen lang das Gehirn, aber nun, dank einer plötzlichen Eingebung, habe ich endlich die Antwort gefunden. Heute vormittag, als ich mit den Nerven schon ziemlich fertig war und genau wie in den vergangenen Tagen aus Mangel an nützlicher Beschäftigung durch Joris' leere Werkstatt tigerte, schoss mir plötzlich ein Gedanke durch den Kopf: «Verdammt, das ist es! Wenn es irgendwo eine Spur von Joris Fonteyn gibt, dann muss sie im Werk des Mannes zu finden sein, zu dem er unterwegs war!»
Der nächste Schritt kostete mich nur einen Augenblick. Ich schwang mich in ein Taxi und liess mich mit rasender Geschwindigkeit vor dem Rijksmuseum absetzen. Der Chauffeur sah etwas überrascht auf, als ich ihn in meiner Eile das ganze Wechselgeld behalten liess; auch der Pförtner hatte einen guten Tag, als ich einen Taler einen Taler sein liess und durch die Drehtür stürmte, geradewegs zu den Rembrandts.
Selbstverständlich hatte ich keine Ahnung, ob mein plötzlicher Einfall mir weiterhelfen würde, aber gespannt wie ich war, lief ich zur *Nachtwache.* Ausser der üblichen Touristentraube davor war dort nichts zu entdecken.
Ich begann mir ehrlich gesagt ein wenig närrisch vorzukommen, als ich auch die übrigen Bilder, einschliesslich der *Stalmeesters* angaffte, ohne dass sie mir den geringsten Hinweis auf das Schicksal meines verschollenen Freundes boten.
Ich seufzte tief vor Enttäuschung und wollte mich schon niedergeschlagen abwenden, als ich plötzlich stocksteif vor einem höchst merkwürdigen Gemälde stehenblieb.
Zögernd ging ich einen Schritt näher heran, und während

nacheinander Abscheu und Befriedigung in mir die Oberhand zu gewinnen versuchten, begann ich – wahnsinnige Reaktion – nervös zu kichern. Denn Joris Fonteyn, Gott schütze seine Seele, scheint mit seinem Plan, Rembrandt ein neues Gemälde malen zu lassen, nur allzu guten Erfolg gehabt zu haben.

Nur, wie schön es auch ist, glaube ich nie im Leben, dass das Gemälde *Die anatomische Lektion des Dr. Jean Deyman,* auf dem die unter den interessierten Augen einer Anzahl von Medizinstudenten des 17. Jahrhunderts bereits halb zerschnittene Leiche des Joris Fonteyn mich mit toten Augen anstarrte, genau das Kunstwerk ist, das der arme Kerl meinte, als er seine Pläne schmiedete. *Jaap Verduyn*

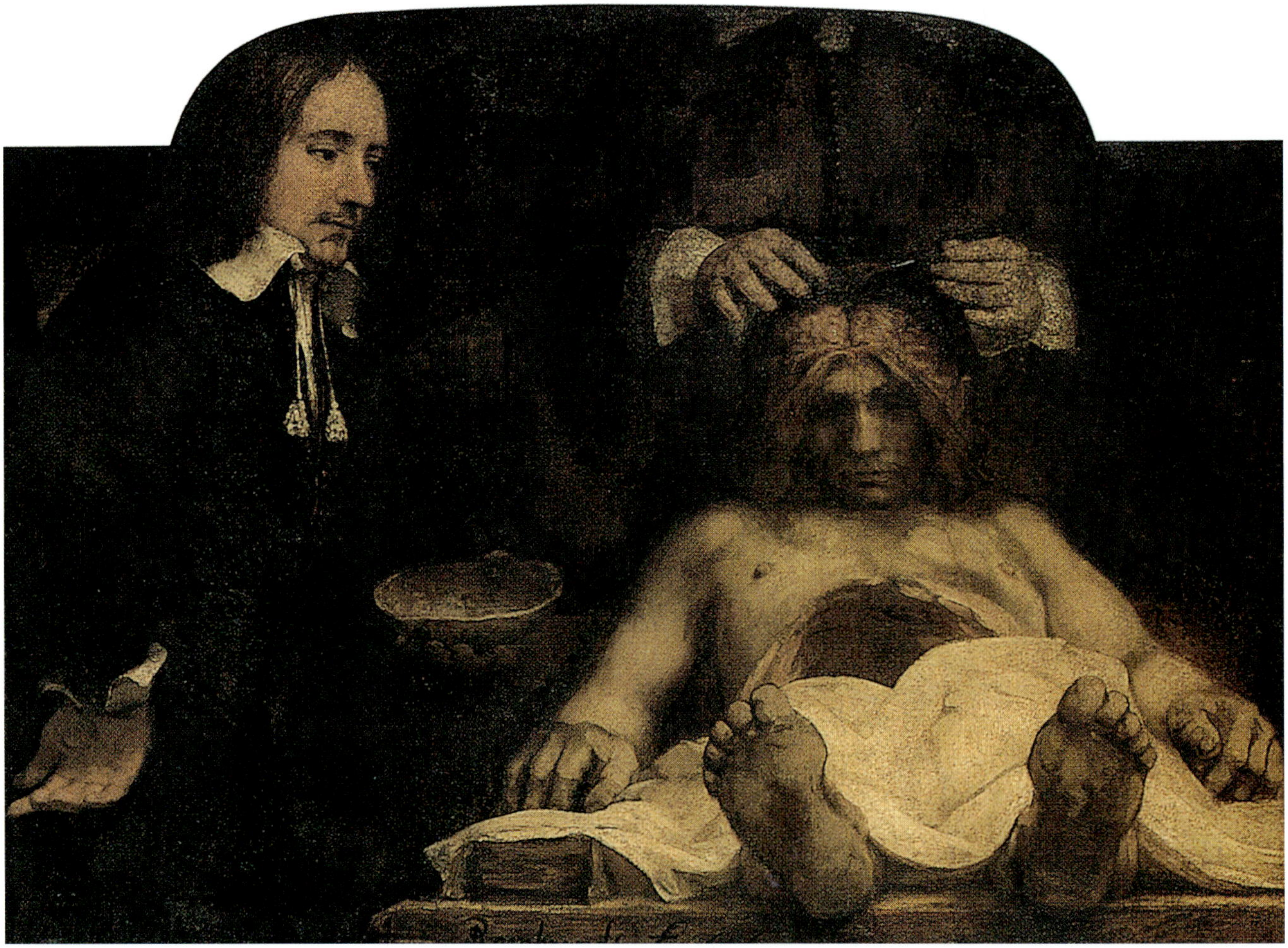

Rembrandt (1606–1669): Die Anatomie des Doktor Joan Deyman (Fragment), 1656. Amsterdam, Rijksmuseum.

René Magritte:
Das Reich der Lichter, 1954.

Das Reich der Lichter

Wenn das Haus im Dunkel steht
und ein Licht angeht
in den Fenstern, in zweien,
schon von fern ist es zu sehn,
im blassen Rot eines Seidenkissens,
das knistert, wenn man die Hand
darauf legt.
Dann kommt und geht
die Angst, die ein Kind hat,
wenn ein Haus im Dunkel steht.

Elisabeth Borchers

Albrecht Dürer (1471–1528):
Ritter, Tod und Teufel, 1513.

Ritter, Tod und Teufel

In die dunkle Schlucht bin ich verschlagen,
Pferd und Hund, sie wittern Spuk und Grauen.
Darf ich hier noch meiner Lanze trauen
Und getrost Visier und Panzer tragen?

Frühlicht tagte wie zu allen Tagen,
Arglos trabt' ich durch beglänzte Auen
Hoch am Mittag. Doch hier unten brauen
Braune Dunstgespenster, mich zu jagen.

Wen denn spüre ich zu meiner Rechten?
Wer denn atmet her mit kühlem Hauche,
Schaut mit fremdem Auge aus dem Strauche?

Und von rückwärts wer mit falschem Schleichen
Schreitet tückisch an des Pferdes Weichen,
Willens mich zu fangen und zu knechten?

Paula von Preradovic

Das Lächeln der Mona Lisa

Ich kann den Blick nicht von dir wenden.
Denn über deinem Mann vom Dienst
hängst du mit sanft verschränkten Händen
und grienst.

Du bist berühmt wie jener Turm von Pisa,
dein Lächeln gilt für Ironie.
Ja … warum lacht die Mona Lisa?
Lacht sie über uns, wegen uns, trotz uns, mit uns, gegen
uns – oder wie?

Du lehrst uns still, was zu geschehen hat.
Weil uns dein Bildnis, Lieschen, zeigt:
Wer viel von dieser Welt gesehen hat –
der lächelt, legt die Hände auf den Bauch und schweigt.

Kurt Tucholsky

Leonardo da Vinci (1452–1519):
Porträt der Mona Lisa, um 1503/1506,
Louvre, Paris.

Mann vom Dienst: Museumswärter
grienen: spöttisch lächeln, grinsen

Versöhnung

Es wird ein grosser Stern in meinen Schoss fallen …
Wir wollen wachen die Nacht,

In den Sprachen beten,
Die wie Harfen eingeschnitten sind.

Wir wollen uns versöhnen die Nacht –
So viel Gott strömt über.

Kinder sind unsre Herzen,
Die möchten ruhen müdesüss.

Und unsre Lippen wollen sich küssen,
Was zagst du?

Grenzt nicht mein Herz an deins –
Immer färbt dein Blut meine Wangen rot.

Wir wollen uns versöhnen die Nacht,
Wenn wir uns herzen, sterben wir nicht.

Es wird ein grosser Stern in meinen Schoss fallen.

Else Lasker-Schüler

Franz Marc (1880–1916): Versöhnung, Holzschnitt 1916

Paul Klee (1879–1940):
Revolution des Viaduktes, 1937

Aufstand des Viadukts

Es war ein Volk, das wollte nie
Zum Nachbarn sich bequemen,
Obwohl die Brücke immer schrie:
Ich will euch 'nüber nehmen.

Der Maler sprach: Die Brücke schreit,
Und so ist dirs befohlen,
Und bist zu gehn du nicht bereit,
Sie kommt und wird dich holen.

Das Volk, es denkt: Die Brücke lenkt
Mich ab von meinen Zielen.
Ich bleibe in mich selbst versenkt,
Kann ganz alleine spielen.

Die Brücke Brücke schreit nicht mehr,
Der Maler hat gefackelt.
Doch welch ein Schrecken hinterher!
Die Brücke kommt gewackelt.

Sie wackelt schnell, man glaubt es kaum;
Sie kommt in vielen Stücken,
Sie nähert sich als wie im Traum
Als viele, viele Brücken.

Das Volk, erschreckt, will endlich gehn
Zum Nachbarn über Brücken.
Doch jetzt kann das nicht mehr geschehn:
Die Brücke ist in Stücken.

Kris Tanzberg

Das Abenteuerschiff
auf ein Bild von P. Klee

fragt uns einer warum
alle Pfeile nach vorwärts weisen
da lachen wir nur
und warum unsre Fahnen so rot sind
da rufen wir was gegen den Wind
und was das grosse M aufm Mast heissen soll
da sind wir schon fast vorbei
wohin segelt ihr wohin segelt ihr
da müsst ihr den Wind fragen den Wind
später wird sich wer erinnern
dass wir alle blau waren

Maria Seidemann

Paul Klee (1879–1940):
Das Abenteuerschiff, 1927.
Foto: Blauel / Gnamm – Artothek

Miró

Am siebten Tag
wischte Gott seine Hände am Lappen
besah was er
gemacht hatte:

Ganz rund ist die Welt
bevölkert
von freundlichen Amöben
Libellenmenschen
die azurne Sonne schwimmt auf den
Drachen zu den sie
niemals erreichen wird

Gott sah dass es gut war
nahm seinen Schlapphut ging
Fischsuppe essen

Maria Seidemann

Japanischer Holzschnitt

Ein rosa Pferd,
gezäumt und gesattelt, –
für wen?

Wie nah der Reiter auch sei,
er bleibt verborgen.

Komm du für ihn,
tritt in das Bild ein
und ergreif die Zügel!

Günter Eich

Gruss F. P.

Drei zickzack
drei pinselstriche
horizont mit grossem kreis:
drei segelschiffe fahren vor die sonne
und holen licht

Reiner Kunze

Chagall

Auf dem Dach der Nacht
umarmt er
die Violine

Häuser rittlings
schlafwandelsicher
schwebt er
über Giebeln

Blau
schaut dich an
die Kuh

Blumen
zartestes Glück

Wolkenbalkone
im Flug liebt
der Bräutigam
die Braut

Rose Ausländer

Sprung

Auf dem 10-m-Brett stehn
wippen
in den See springen
durch die Luft fliegen
ins Wasser tauchen
weg sein
wieder da sein
Fische sehn
unter Wasser schwimmen
fast ersticken
aus dem Wasser tauchen
den Kopf herausstrecken
nicht ersticken
mich treiben lassen
die Arme unter dem Kopf
verschränken
in den Himmel sehn
nichts darin entdecken
anfangen zu crawlen
Badehose ausziehn
nackt sein
von der Küste wegschwimmen
kaum noch die Stadt erkennen
allein sein
Fisch sein
auf dem Rücken liegen
Arme unter dem Kopf
verschränken
(...)

Wolfgang Weyrauch

9. KAPITEL

ICH MAG MEINEN KÖRPER

ICH TRAGE GLASAUGEN

Ich heisse Petro H., lebe in der Schweiz und bin 17 Jahre alt. Das hört sich ganz gewöhnlich an. Es soll hier auch nicht etwas Aussergewöhnliches erzählt werden. Ich möchte im Rahmen dieses Buches die Gelegenheit nutzen, dem Leser zu zeigen, dass ein blinder Jugendlicher genauso lebt wie ein normal sehender Jugendlicher eben auch.

Ich bin geburtsblind. Mit 6 Monaten bekam ich meine ersten Glasaugen. Ich bin also mit einem Fremdkörper aufgewachsen.
Wer es nicht weiss, merkt kaum, dass ich Glasaugen trage.
Ich habe vier Geschwister. So wurde mir meine Blindheit am Anfang gar nicht richtig bewusst. Alles, was meine Geschwister oder die Nachbarskinder machten, probierte auch ich. Und meistens schaffte ich es. Überall, wo eine Dummheit gemacht wurde, war Petro dabei. Ich bin meinen Eltern sehr dankbar, dass sie mich als ganz normales Kind betrachtet haben. Ich konnte machen, was ich wollte. Sie zeigten keine besondere Angst um mich. Ich selber war der Ansicht – und dieser Ansicht bin ich heute noch –, dass man erst weiss, ob etwas geht oder nicht, wenn man es probiert hat.
Mit vier Jahren musste ich in den Kindergarten; es war ein ganz gewöhnlicher Kindergarten für Sehende. Ich glaube, das war die schönste Zeit meines Lebens. Am Anfang sträubte ich mich unheimlich dagegen. In jeder Kindergartenstunde sass ich – so schien es meiner Kindergartentante teilnahmslos da. Dass ich, ohne etwas zu reden dasass, stimmte. Jedoch war ich nicht teilnahmslos, sondern ich beobachtete genau, was um mich vorging. Das ging ungefähr zehn Tage so. Dann taute ich auf und machte überall mit. Zum Schluss wurde ich sogar der «Anführer der Bande». Mit sechs Jahren musste ich in die Blindenschule. Nun wurde mir zum ersten Mal bewusst, dass ich blind war, also irgendwie anders als die anderen. Nun war ich unter meinen «Leidensgenossen». Und jetzt begann ich, das Positive am Blindsein zu entdecken. Wie leicht war es doch, einem normal Sehenden zu sagen: «Das kann ich nicht, weil ich es nicht sehe.» In Wirklichkeit aber wollte man es nicht machen. Warum sich viel Mühe geben, wenn man durch sein Blindsein das Mitleid und damit die Hilfsbereitschaft anderer erregen kann. Diese Haltung ist sehr gefährlich. Man sollte sich bemühen, sie so schnell wie möglich zu überwinden.
Die Schulbildung verlief wie bei anderen Schulkindern eben auch. Nur kam bei mir gezwungenermassen das Internatsleben hinzu. Diese Zeit hat mir auf keinen Fall geschadet. Ich wurde zur Selbständigkeit erzogen; und dafür bin ich sehr dankbar. In letzter Zeit wurde ich oft gefragt, ob ich mich, wenn es möglich wäre, operieren liesse, um sehen zu können. Meine Antwort ist: «Nein». Ich möchte nicht unbedingt sehen. Ich kann ja alles machen, was ich will. Zum zweiten ist es auch eine gewisse Angst vor dieser Welt der Sehenden. Ich habe meine eigenen Vorstellungen; und ich möchte nicht, dass sie mir durch das Sehen zerstört werden. Ich wage sogar zu behaupten: Wie ein sehender Mensch Angst hat, blind zu werden, genauso habe ich Angst zu sehen.
Zur Zeit besuche ich eine Handelsschule. Diese Schule ist nicht eigens für Blinde. Das hilft mir. Ich lerne, mich durchzusetzen und mich zu integrieren. Meine Mitschüler hingegen lernen, den Blinden und besonders den blinden Jugendlichen von einer anderen Seite zu sehen und zu verstehen. Sie sehen nicht mehr den armen, hilflosen Blinden, sondern einen Mitschüler in Jeans, der gerne tanzt, der oft schwimmen geht, kurz, einen ganz normalen Menschen, der eben nicht sieht.
Ich möchte noch einmal darauf hinweisen, dass diese Äusserungen und Empfindungen von mir, dem blinden Petro, stammen und ja nicht verallgemeinert werden dürfen.

Petro H.

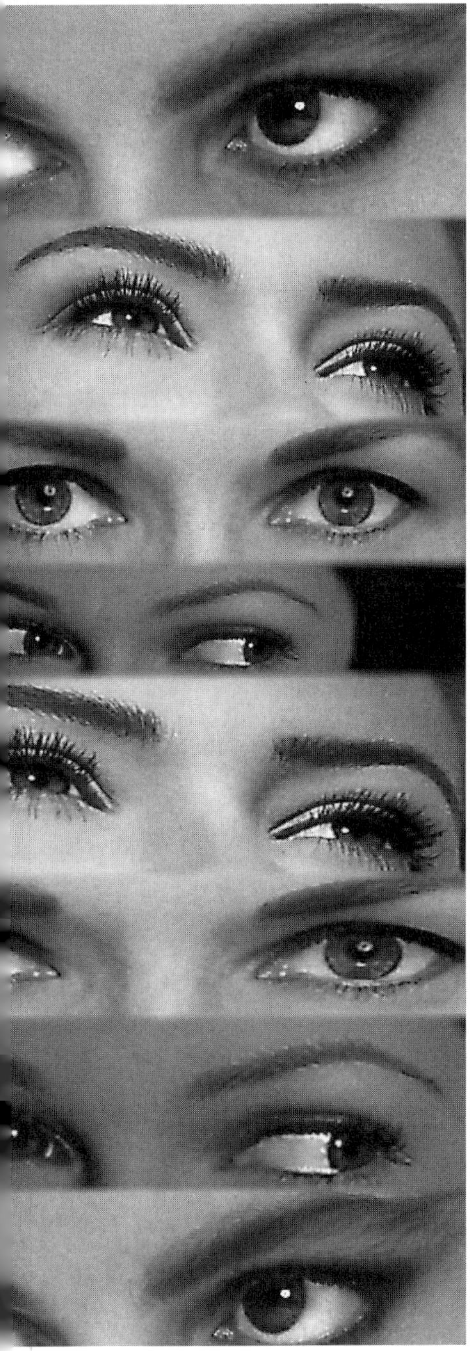

EIN SCHWANK AUS MEINEM LEBEN

Ich war elf. Ich duschte jeden Morgen und Abend kalt, immer wieder, wie verrückt. Und dann rubbelte ich, mit aller Kraft, legte das Handtuch über – damit's nicht so laut zu hören war – und patschte und hämmerte, so kräftig ich konnte. Es half nichts. Die Brust – wurde zu Brüsten.
Jahre später, ich fürchte ich war schon fünfzehn oder sechzehn, las ich, dass aus den Brüsten, mit denen ich mich in der Zwischenzeit halbwegs abgefunden hatte, in bestimmten Phasen des Lebens der Frau *Milch* fliessen würde. Das warf mich um, ich war ausser mir, musste mich übergeben, wagte es nicht, mir selbst gegenüberzutreten, das *darf doch nicht wahr sein.* Ich bin doch kein *Tier!!* – Milch gehörte zu Gras und Kühen (die Rindviecher waren dann nicht fern). Es muss wohl an der Erziehung in Schule und Familie gelegen haben, nicht wahr? Oder will jemand ernsthaft bestreiten, dass es eine absolut phantastische Sache ist, dass ich nicht nur Menschen gebären, sondern auch noch Milch aus meinen Brüsten fliessen lassen kann. Ich bin eine Frau!

Imme Rupprecht

KÖRPERSPRACHE

zittern
schwitzen
frösteln
erröten
erblassen
erstarren
steif dastehen
zurückweichen
Kopf senken
Kopf aufwerfen
Lippen zusammenkneifen
Mund offen stehen lassen
Arme hängen lassen
mit den Zähnen klappern
mit den Zähnen knirschen
zusammenzucken
aufblühen
die Stirn runzeln
die Nase rümpfen
Fäuste ballen
Gänsehaut bekommen
die Haare sträuben
von einem Fuss
auf den andern treten
usw.

Hans Manz

FRIDA KAHLO

Frida Kahlo mit ihrem Mann Diego Rivera 1932

Die erst seit etwa 1980 auch bei uns bekannt gewordene mexikanische Malerin lebte von 1910 bis 1954. Als Kind erkrankte sie an der Kinderlähmung, und 1925 brach sie bei einem Busunfall mehrfach die Wirbelsäule. Sie musste sich insgesamt 27 Operationen unterziehen und war lange Jahre ans Bett gefesselt. Zu ihrem körperlichen Leiden kam hinzu, dass ihr um 21 Jahre älterer Mann – der berühmte mexikanische Wandmaler Diego Rivera – sie mit anderen Frauen betrog.

«Die gebrochene Säule», 1944

Selbstporträt 1943 (Ausschnitt)

DIE FRISUREN FRIDA KAHLOS

Frida Kahlo hat nach einem schweren Unfall, den sie mit 15 Jahren erlitt, einen grossen Teil ihres Lebens im Bett verbringen müssen. Sie entschied sich nicht für pflegeleichte Kurzhaarschnitte; sie machte ihr Krankenbett zum festlichen Ort einer Selbstdarstellung, die die jeweiligen Phasen ihrer Entwicklungen, Umbrüche, Stimmungen mit Hilfe der Frisuren sehr differenziert zu treffen weiss.

«Wenn du kannst, bring mir einen Kamm aus Oaxaca mit, einen von diesen aus Holz», bittet sie 1927 einen Freund, und wenig später schreibt sie ihm: «Hör mal, guck mal, ob unter Deinen Bekannten jemand ein gutes Rezept zum Blondieren der Haare weiss (vergiss es nicht).» Ihr Leben lang lässt ihr Interesse an Frisuren nicht nach. Erst als der Tod, den sie den «Glatzkopf» nannte, ihr unmittelbar bevorstand, gab sie auf: sie bedeckte das gelichtete Haar nur mit einem knittrigen Tuch.

Marie-Luise Könneker

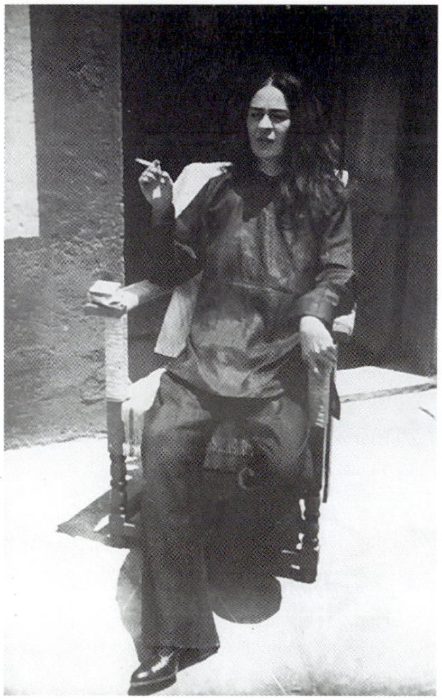

oben links:
Selbstporträt mit Affe und Papagei, 1942

oben rechts:
Selbstporträt 1940

unten links:
Selbstporträt mit abgeschnittenen Haaren, 1940

unten rechts:
Frida Kahlo um 1947

EINE PIZZA KANN ZUM VERHÄNGNIS WERDEN

Der amtierende Schweizer Meister der Junioren im Bodybuilding, Beat Meschberger, trainiert in Möhlin im Studio «Athletik 2000». Was steckt hinter dieser Sportart, die unter einem zwiespältigen Image leidet?

Möhlin. Wie eine Folterkammer sieht das «Athletik 2000» eigentlich nicht aus: die Räume sind luftig und heimelig, der geräumige Gewölbekeller sorgt für eine wohnliche Ambience. Da und dort wischt sich zwar der eine oder andere Athlet den Schweiss aus dem Gesicht, doch die Qualen scheinen sich in Grenzen zu halten. Diese erleiden die Bodybuilder erst zwölf Wochen vor einem Wettkampf. Dann beginnt nämlich die Diät, die zur seriösen Vorbereitung gehört. Auf Fett, Salz, Alkohol und Süsses muss verzichtet werden. Die Ernährung setzt sich dann hauptsächlich aus Eiern und Poulets zusammen. Dies, damit die Streifung der Muskeln besser sichtbar wird, wie Cornel Schweizer, der Inhaber des Fitness-Studios in Möhlin, des Athletik 2000, ausführt. Unter der Haut werde das Fett auf ein Minimum reduziert und der Körper reichlich entwässert. «Definition» wird diese Gesamterscheinung im Fachjargon genannt.
Beat Meschberger aus Wallbach nimmt die Entbehrungen locker: «Ich fühl mich rundum besser und lockerer, seit ich trainiere. Dies gibt mir die Motivation und Disziplin für die Diät.» Der 19jährige übt vier Mal die Woche im Athletik 2000 und ist amtierender Schweizer Meister der Juniorenklasse. Seit er vor rund anderthalb Jahren bei seiner Arbeit als Dachdecker einen Sturz aus sechs Meter Höhe unbeschadet überstanden hat, sieht er auch noch einen durchaus handfesten Sinn in seinem Training. «Der Arzt sagte, dies grenze an ein Wunder und sei einzig meinem durchtrainierten Körper zuzuschreiben», meint Meschberger.

Der junge Mann posiert keineswegs bloss in eitler Selbstherrlichkeit vor dem Spiegel.
«Mich fasziniert vor allem auch die umfassende Lehre der Ernährung. Da reagiert der Körper auf die kleinste Sünde. Eine Pizza kann während der Diät zum Verhängnis werden», sinniert der Schweizer Meister. Vor allem seine Mutter unterstütze ihn bei seiner Diät tatkräftig und sorge auch für das psychische Wohl.

Ohne Hormone

Im Wettkampf werden in einer ersten Runde die Gesamtentwicklung des Körpers, die Proportionen und die Muskeln beurteilt. In der zweiten Runde gilt die Devise «locker vom Hocker», Harmonie und Symmetrie sind gefragt. Die dritte Runde verlangt noch eine Prise Eleganz, zu Musik soll eine kleine Kür gezeigt werden.
Bei den letzten Meisterschaften wurden zum ersten Mal die Dopingkontrollen seriös durchgeführt. Es gab nicht nur Stichproben, sondern jeder Sieger wurde kontrolliert. Das gelassene Wasser wies nicht nur Erfreuliches aus: Manch einer schluckte Hormone in Pillenform zwecks schnellerer Muskelbildung.
«Ein immenses Problem», nimmt Gerold Gremion von der Sportmedizinischen Untersuchungsstelle in Muttenz dazu Stellung. Der Spezialist für physikalische Medizin erzählt von Patienten, die Tabletten zu sich nahmen, die eigentlich nur in der Veterinärmedizin eingesetzt würden. Ein anderer habe sich im Fitnesszentrum mit Tabletten für drei Franken pro Stück eingedeckt und nicht einmal gewusst, was es für welche seien. Die Muskelbildung steige zwar enorm, doch Leberschäden, ein erhöhtes Herzinfarktrisiko sowie eine erhöhte

Unfruchtbarkeitsrate seien Folgen des Missbrauchs.
«Bei uns nicht», beteuert Cornel Schweizer, «viel Protein und Training», heisse die Zauberformel. Seine Frau Lilly geht noch weiter: «So hopplahopp Muskeln heranzaubern ist doch einfach nichts. Es braucht halt viel Selbstdisziplin und Geduld». Bodybuilding sei eine optimale Methode, sich fit und lebenstüchtig zu halten. «Was wissen wir schon von unseren rund 650 Muskeln und wie wichtig sie beispielsweise für unseren Rücken und für unser körperliches Wohlbefinden sind.»

Mehr Lebensfreude

Man möchte als Untrainierte schier versinken neben dieser vitalen Frau. Verstohlen mustert der Blick knackige Formen und federnde Schritte. Unwillkürlich sucht sich der Bauch ins Innere zu verkriechen und die Brust sich zu straffen. Doch der Ansatz zu Haltung fällt in Anbetracht der offensichtlichen Erfolglosigkeit wieder jämmerlich in sich zusammen.
Inzwischen schreitet Beat in seinem geschulten Selbstbewusstsein zum Kabelzug: dort wird der Trizeps gedrückt, auf dass er dem Bizeps nicht hintanstehe und auch tüchtig gedeihe. Die Kurzhantel dient der Entwicklung der Brustmuskulatur und die Kniebeuge mit der Langhantel den Beinen. Beat ist begeistert ob der Ambience im Studio. «Für einen Bodybuilder ist es hier wunderbar zu trainieren. Anderswo stehen die kühl-glänzenden Maschinen in einer Reihe. Da kommt man sich vor wie in einer Fabrik.» Die 300 Quadratmeter Raumfläche lassen im Athletik 2000 eine grosszügige Einteilung zu. Bestens bekannt ist auch die persönliche Betreuung durch Cornel und Lilly Schweizer. So stehen immer rund 40 Anwärter auf einer Warteliste, denn nur 120 Trainierende werden genommen.
«Meine Lebensqualität ist gestiegen», fährt Beat Meschberger fort, «ich freue mich an meinen Fortschritten und fühle mich rundum wohl.»
Kommt denn bei so viel Körperlichkeit der Geist nicht zu kurz? «Im Gegenteil», wehrt sich Lilly Schweizer. «Die Geselligkeit wird bei uns gross geschrieben, und unsere Leute trinken beispielsweise sehr wenig Alkohol. Mir persönlich geht es auch darum, meinem Geist eine gediegene Unterkunft zu bieten.» Es gehe auch um ein gewisses Selbstbewusstsein, eine positive Lebenshaltung und auch Lebensfreude.

Franziska Furrer-Laur

LAUF-FEUER

Eins-zwei, eins-zwei, eins-zwei. Früher haben uns das die Leute am Strassenrand zugerufen, wenn wir an ihnen vorbeitrabten. Heute heben sie kaum noch den Kopf. Ihr Spott zieht nicht mehr. Wir Jogger haben die besseren Argumente. Manche von denen, die vor drei Jahren noch grinsten, laufen inzwischen mit. Zum Beispiel die kleine Ältere vor mir. Die stand manchmal neben ihrem Mann, wenn der seine Kommentare über den Gartenzaun schmetterte. Letztes Mal hat sie mir erzählt, wie furchtbar sie uns fand. Die Weiber, wie sie rennen und schwitzen, komplett verrückt müssen die doch sein, hat sie gedacht. Komplett verrückt. – Jetzt läuft sie selber schon seit einem Jahr. Ganz gut sogar. Unser Lauftreff zweimal die Woche reicht ihr nicht. Zwischendurch läuft sie noch mit ihrem Mann, der sich auch bekehren liess. Nur hält er es noch nicht so lange aus. Dagegen das Paar neben ihr, die werden nicht dabeibleiben. Das seh ich jetzt schon. Wenn die merken, dass die zwei-mal-zwei Kilometer, die sie sich in der Woche abquälen, ihren Bier- und Sahnetortenbauch auch nicht zum Schmelzen bringen können, hören sie wieder auf. Hundertprozentig!

So, an diesem Volk, das zweimal kommt und dann nie wieder, bin ich endlich vorbei. Dieses Gestolpere mitten in der Hammelherde, wo die Luft nach Fussschweiss riecht und Deo-Spray, ist nichts für mich. Nachher laufe ich sowieso wieder allein, das lässt sich jetzt schon absehen.

Eins-zwei, eins-zwei, eins-zwei. Auch wenn mir das niemand mehr zuruft, diesen Takt habe ich im Kopf. In allen Gliedern. An Tagen, wo's läuft wie heute, kriege ich ihn gar nicht mehr raus. Ganz locker, ganz gleichmässig. Eins-zwei, eins-zwei, eins-zwei. Alles, was ich mir beim Laufen so zusammendenke, ist von diesem Eins-zwei-Rhythmus unterlegt.

Wenn man einen Blick dafür hat, kann man die Leute, die regelmässig laufen, an ihrer Haltung, ihrer Figur und natürlich an ihren Beinen erkennen. Im Sommer, wenn wir kurze Hosen tragen, sieht man das besonders gut. Wer 20 Kilometer und mehr in der Woche läuft, hat eben irgendwann keine Wabbelbeine mehr. Selbst mit 50 oder 60 Jahren nicht. Ganz schön flotte Typen gibt es unter den älteren Herrschaften. Seitdem ich die kenne, schreckt mich das Älterwerden viel weniger. Aber der da vorn, der spinnt ja wohl. Erzählt allen laut, dass er seit Jahren keinen Sport mehr getrieben hat, geht aber ganz selbstverständlich davon aus, noch immer so schnell zu sein wie die schnellsten Frauen. Nur weil er ein Mann ist und früher angeblich eine Sportkanone war. Der wird sich wundern. Wir haben ihm gleich geraten, sich erst einmal an die Anfänger zu halten. Aber sieh an, da hört er auch schon auf und hält sich die Seite. So etwas kann böse ausgehen. Ade! Wer schon so anfängt, kommt nie wieder.

Ein Glück, dass die ersten fünf Kilometer vorbei sind. Für mich sind das die schlimmsten. Aber richtig gut geht's mir erst nach Kilometer acht. Da verliert sich die Erdenschwere, die Beine laufen wie von allein, der Atem geht ruhig, die Gedanken können sich freimachen. Auf und davonfliegen.

Wenn mir das früher jemand erzählt hätte ... Werden Sie mal nicht lyrisch, hätte ich gesagt. Ihr stumpfsinniges Getrabe kräftigt vielleicht die unteren Gliedmasse, aber im Kopf, da muss der Mensch ja blöde davon werden. Immer dieses eins-zwei, eins-zwei, eins-zwei. – Heute denke ich ganz anders. Nur kann man das so schlecht erklären. Wer läuft, lebt in dieser

Zeit auf eine ganz besonders intensive Weise. Aber Leben lässt sich nicht erklären. Höchstens nachleben.
Zuerst meinte Erich, ich sollte das mit dem Joggen mal ruhig anfangen. Paar Pfund weniger könnten mir nicht schaden. Ausserdem würde ich es sowieso bald wieder drangeben. Als er merkte, dass es mir mit dem Laufen ernst wurde, hat er auch angefangen. Und dann war er es, der aufhörte ... als er merkte, dass ich ihm davonlief. Jetzt sagt er nicht mehr viel. Was soll er auch sagen. Laufen stärkt eben mehr als nur die Beine und das Herz.
Früher kam ich mir mit meinen 1,78 und 75 Kilo vor wie ein Elefantenbaby. Damals schämte ich mich den ganzen Tag lang. Ich schämte mich, dass ich so schwer war, dass ich ein so pausbäckiges Gesicht hatte, und vor allem schämte ich mich, dass ich so gross war. Vier Zentimeter grösser als mein Mann.
Die 15 Kilo, die ich heute weniger wiege als damals, sind nicht die eigentliche Veränderung, die bei mir stattgefunden hat. Wirklich wichtig ist, dass ich mich nicht mehr schäme. Ich schäme mich nicht, dass ich so grosse Füsse habe, ich schäme mich nicht, wenn ich beim Chef bin und mir geht aus Versehen der Reissverschluss von der Hose auf. Ich schäme mich überhaupt nicht mehr. Und ganz besonders schäme ich mich nicht, vier Zentimeter grösser zu sein als mein Mann.
Man sagt, dass Laufen süchtig machen kann. Vielleicht bin ich es. Vielleicht heute zum ersten Mal. Dieses eins-zwei, eins-zwei, eins-zwei ist in meinem Kopf, in meinen Beinen, im Atem. Normalerweise würde ich spätestens hier umdrehen. Ab dem Baum da vorn kenn ich mich nicht mehr aus. Das wären dann insgesamt 11,3 Kilometer. Aber ich laufe heute einfach weiter. Ein bisschen ist es jetzt so wie damals vor drei Jahren, als ich das erste Mal dieses Gefühl für mich selber, für meinen eigenen Körper hatte. Plötzlich war da nicht mehr eins-zwei, eins-zwei, eins-zwei, da sagte es in mir: ich-lauf, ich-lauf, ich-ich. Da ist es mir erst bewusst geworden, was das heisst – ich – zu sein, mich selbst zu spüren. Wahrscheinlich bin ich auch deshalb damals dabeigeblieben, obwohl es mir schwerfiel. Wie oft wollte ich stehenbleiben, umdrehen, für immer Schluss machen mit dem blödsinnigen Gerenne. Aber dann bin ich jedes Mal weitergelaufen.
Ich kann bis heute nicht aufhören, meine Beine zu bewegen, wenn ich an bestimmte Dinge denke. An die Arbeit zum Beispiel oder an Erich. An die Art, wie er mit mir redet, wie er mich anfasst. Dann kommt mir unwillkürlich der Gedanke: Erich, ich bin schneller als du, ich bin ausdauernder. Wenn ich will, kann ich dir weglaufen, in Wahrheit bin ich dir längst weggelaufen. Ich-ich, ich-lauf, ich-lauf, eins-zwei, eins-zwei, eins-zwei.
Ich könnte ihnen allen weglaufen. Zum Beispiel Rabnick, meinem Chef. Diesem selbstgefälligen Vollbauchträger. Soll er doch mal kommen. Ich sehe ihn schon vor mir: Jogging-Anzug für 500 Mark, Schuhe für 300 Mark und das grosse Schnaufen nach 50 Metern. Aber er wird leider nicht kommen. Wo liessen sich hier im Wald auch seine arroganten Sprüche anbringen. Etwa sein Lieblingssatz: Etwas schneller, Frau Koch, geht es denn nicht etwas schneller? Na klar, Dickerchen, würde ich sagen, für dich lege ich gern noch etwas Tempo zu. – Nie mehr könnte er das sagen, wenn er einmal zum Lauftreff gekommen wäre und mich dabei nur kurz von hinten gesehen hätte.
Schön ist der Wald. Zu jeder Jahreszeit ist er schön. Jetzt, im April, da ist er voller Geräusche und voller Bewegung. Voller hu-

schender, springender, fliegender, laufender Wesen, die alle atmen, ihre Geräusche und Gerüche einbringen. Ich bin eines von ihnen. Ich kann nicht fliegen, keine grossen Sätze machen, aber laufen. – Heute laufe ich schon viel zu lange. Ich möchte gar nicht mehr aufhören.
Die anderen sind alle hinter mir geblieben. Jetzt weiss ich nicht, wo ich bin. Aber das schreckt mich nicht. Ich bin ganz ruhig. Mein Puls fühlt sich an, als sässe ich zuhause vor dem Fernseher. Stundenlang könnte ich noch so weiterlaufen. Eins-zwei, eins-zwei, eins-zwei. – Meinen Kollegen, meinem Mann, meinem Chef, meinen Alterskameradinnen, ihnen allen bin ich davongerannt. Meinem plumpen, alternden Körper: Davongerannt. Meiner Angst, mich auf unbekannten Wegen nicht mehr zurechtzufinden: Davongerannt! Jetzt bin ich mit mir allein. Allein mit meinem gleichmässig schlagenden Herzen, meinem gewichtlosen Rumpf, allein mit meinen Beinen, die weiterlaufen wollen. Sollen sie laufen! Eins-zwei, eins-zwei, eins-zwei. Was vorwärts will, darf man nicht aufhalten. Ich habe auf jeden Fall mich selbst. Und darauf ist Verlass.

Gisela Schalk

MIT MUSIK IM REGENWIND FLIEGEN

Es regnet. Das Karussell steht leer. Der Platz vor der Schiessbude ist ein Morast. Die Eisbude ist geschlossen. Nur eine der Schiffsschaukeln schwingt hoch auf und nieder, Schlagermusik orgelt ins graue Land. Aus dem Dorf kommt niemand bis hier hinaus bei diesem Regen. Nur einmal tauchten zwei Knaben auf, in Winterblusen und Kapuzen vor dem Regen geschützt. Sie drehten für dreissig Rappen einige Karussellrunden. Dann platschten sie durch braune Ackerpfützen zurück ins Dorf. Es regnet, regnet, der Nebel hängt in den Bäumen, nasskalt bläst Wind übers offene Feld. Sie ist verrückt, denkt er und fröstelt im Regenmantel. He, ruft er, du holst dir noch was. Sie schwingt ihre Schaukel. Du holst dir noch eine Lungenentzündung, sagt er, als er die Schaukel stoppt und sie wiederum vierzig Rappen aus dem Handtäschchen klaubt. Sie zuckt die Schultern, das blonde Haar hängt strähnig und nass. Nur dass du es weisst, sagt er und stösst die Schaukel von neuem an, und nach drei, vier Schwüngen sticht der Bug bereits in die blaue Deckenbespannung, so dass er beim nächsten Durchgang unten die Bretterbremse betätigen muss. Die ist verrückt, denkt er sich, und nass bis auf die Knochen dazu. Hast du nicht kalt, fragt er, als sie das nächste Mal zahlt. Nass klebt ihr Sommerkleidchen am Leib. Wie alt bist du denn, fragt er. Schnippisch blickt sie an ihm vorbei und sagt ins Ungefähre, vierzehn. Dann fliegt sie wieder, fliegt hoch, dass er bremsen muss, und die Schlager orgeln in den Regen hinaus. Hast du noch viel Geld, fragt er beim nächsten Halt. Jetzt lacht sie mit weissen Zähnen. Oh, denkt er, als die Schaukel von neuem fliegt, was für ein Kind, ein mickriges Kaff, und dann dieser Regen, doch was für ein Kind! Jetzt lass ich dich nur noch einmal, sagt er beim nächsten Halt, ich habe kalt und du auch, du wirst ja noch krank.
Er lässt sie noch einmal; sie fliegt, er bremst, sie fliegt von neuem, er bremst, die Schlager orgeln, der Regen kommt schräg und kalt mit dem Wind. Also, sagt er, Schluss jetzt, geh heim, es wird bald dunkel. Ja, sagt sie, jetzt geh ich, und schlendert davon, das Täschchen schwenkend, sie zeigt keine Eile, sie schlendert und tapst mit den Sommersandalen in Schlamm und in Pfützen, so dass es die nackten Waden bespritzt. Mit Musik im Regenwind fliegen, es gibt so viel Musik in der Welt.

Kurt Marti

SPIEGELBILD

Nimm
deinen Körper
zur Kenntnis

Du blickst
dich an
und fragst
wer bin ich

Du bist nicht
du wirst
älter
alt

Rose Ausländer

Melone

Mit dir möcht ich eine Melone essen
wir suchen uns eine aus auf dem Markt
schneiden sie an noch im Gehen
schon trieft Süsse heraus
tropft von den Mündern ab wenn wir lachen
tief beissen wir wieder und wieder hinein
spucken die Kerne auf den Weg
die Schalen werfen wir hinter uns
soll wer ihnen nachgehn uns finden
trinkend einander den Saft von den Lippen
ohne ein Luftholen

Maria Seidemann

So

Auf der rechten Seite
so liegen dass
die Knie das Kinn
fast berühren. Sich den
Rücken freihalten für einen
nicht zu weichen
schmiegsamen Bauch.
Beine auch die mit meinen
scharf in die Kurve gehn
zwanzigfach Zeh'n
ganz unten. Ums Herz
in der linken Brust eine
Hand die den Schlag spürt
und bleibt im Nacken
ein schlafender Mund
Speichelfäden.
Morgens aufwachen.
Immer noch da sein.
So.

Ulla Hahn

Ich mag meinen Körper

E. E. Cummings: amerikanischer Dichter, 1894-1962

ich mag meinen körper wenn er bei deinem
körper ist. Er ist so ganz was neues.
Muskeln besser und nerven mehr.
ich mag deinen körper. ich mag was er tut,
sein wie und seine weise. mag so gern spüren
deines körpers rückgrat, seine knochen, die behende
glatt-festigkeit und was ich werde
immer und immer wieder
küssen, ich mag das dies und das an dir,
ich mag, sacht streichelnd, das knistern
deines elektrischen fells und was weichendes
fleisch überkommt … Und augen, grosse liebes-krümel,
und womöglich mag ich den reiz
von dir unter mir so neu

E. E. Cummings / Eva Hesse

Kleiner Brief

Heute morgen fand ich ein Haar
In der Milch, ein langes, dein
Dunkelbraunes in meiner Milch
Dunkle Botschaft aus den fernen,
den wohlriechenden Wäldern
Über deinem Gesicht.

Wolf Biermann

10.
KAPITEL

AUGEN-BLICKE

jetzt
Jetzt
Jetzt
jetzt
Jetzt
Jetzt
jetzt
jetzt
jetzt
jetzt
jetzt
Jetzt

Gerhard Rühm

Die täglichen Wunder

Auf einer Bahnfahrt im Spätherbst
habe ich einen Schwarm
weisser Tauben niedergehn sehn
auf einem Dach, das gleich einem Floss
im Novemberlicht trieb.

Weiterhin sah ich
mit Zapfen besteckte Tannenwipfel.
Von weitem roch ich
das Goldharz unter den Schuppen.

Wiederbegegnet bin ich
der einsamen Kuh,
deren Kopf ein V, deren Schwanz ein S,
vielleicht erinnert ihr euch
an die Villards-Kuh in der Ostschweiz?
Ein Tier aus der Kindheit
vergisst sich nicht.

Vor einer Hecke voll Schneebeeren küsste
ein alter Streckenwärter im Dienst
seine alte Frau, die auf Reisen ging,
und draussen, wo sich die Felder entfalten,
stand über dem Bach
ein weissbehangener Baum –,
Fruchtstände? fragte ich mich, oder Blätter?
Mein inneres Auge
nahm einen Blütenbaum mit.

An einem Haus namens Quellhof
bin ich vorübergefahren
Zweimal traf mich ein Lächeln
von Menschen, denen ich nie mehr
begegnen werde im Leben.

Dies alles erschien mir
sehr wunderbar.

Erika Burkart

Aus der Nähe

wenn du bloss mal
kurz stehenbleibst
und eine weile
auf die hecke
guckst siehst du
einen marienkäfer
dann zwei drei
dann die ganze
hecke voll

wenn du jetzt
über die hecke
guckst siehst du
johannisbeersträucher

und wenn du dich
nun sogar noch
auf die zehen-
spitzen stellst
siehst du schnittlauch
und kopfsalat o!

inzwischen hast du
die hauptstadt
eines ameisenstaates
zertreten

Annemarie Zornack

An der Ampel

diese alte Frau
mit den blauen, dicken Strümpfen
in den viel zu grossen Schuhen,
die abgeschabte Handtasche
fest im Griff,
den Rücken gebeugt von der Zeit –

dieses kleine, alte Gesicht
mit den gefurchten Feldern
und den lebendigen Augen
unter dem beuligen Hut
auf dem struppigen Haar –

diese alte Frau
in dem steifen, braunen Mantel
mit den rührend grossen Knöpfen
blickt eine Sekunde
in mein Gesicht –

und unser Lächeln
flattert wie eine Fahne
durch den Raum
zwischen ihr und mir

Brigitte Werner

Kinderszenen

Die Puppe. Der Bär.
Ein grüner Schuh.

Wer
auf den Kreis tritt
darf sich
nicht mehr bewegen.

Im See
liegt ein Schatz
und
ein geheimes Papier.

Die Fische
schwimmen im Mond.

Nachts
wandern Eisblumen
lautlos durchs Zimmer
beugen sich
über die Betten
erfrieren
Gesicht und Hände.

Vom Dachfenster aus
kann man
Amerika sehen.

Sybille von Bremen

Janus

Auf dem Stern,
den ich
vom Fenster aus sehe,
und auf dem ich
mir ein besseres
Leben erträume,
steht jemand – wie ich –
am Fenster
und sieht die Erde
als paradiesischen Ort ...

Ilona Bodden

Nicht berühren

Wieder so ein schöner Tag,
der Himmel ein einziges,
frischgereinigtes Fenster.
Nicht berühren!
Nicht hinausblicken!

Anhauchen.

Christoph Mangold

Manchmal

Manchmal
wachst du erwartungsvoll auf:
Der Morgen.
Der ist so neu
wie keiner vorher.

Alles ist ganz anders.
Sogar wie die Sonne scheint.
Und du denkst:
Heute wird etwas geschehn.
Etwas,
was es nie vorher gab.
Und du wartest darauf.

Du wartest die ganze Zeit.
Aber nichts geschieht.
Ein ganz gewöhnlicher
Tag ging vorbei.
Nur der Morgen war neu
und so anders.

Susanne Kilian

Das Fenster

Die vielen Himmel über
Sehr flachem Land! Im ersten
Fliegen die Elstern, im zweiten

Hochfahrende Wolken. Der dritte
Für Lerchen. Im vierten
Sah ich ein Flugzeug stehn.

Aus dem fünften funkelt der Stern.
Die toten Schmetterlinge auf den Dielen.
Bevor es zerfällt, verkauft man ein Haus.

Sarah Kirsch

Grüssgott

«Mamm.»
«Ja, mein Junge.»
«Wer war n der Mann, der dich da eben gegrüsst hat?»
«Welcher Mann?»
«Der mit dem Pickel auffe Backe.»
«Egon hat nie einen Pickel auf der Backe gehabt, merk dir das.»
«Ich merk mir lieber, dass er Egon heisst. Ausserdem hat er ***doch*** n Pickel auffe Backe gehabt.»
«Werd nicht frech.»
«Wieso werd ich frech, wenn Egon n Pickel auffe Backe hat?»
«Für dich ist Egon immer noch Herr Prienzl.»
«Wieso is Egon für mich Herr Prienzl und für dich Egon?»
«Weil du ihn nicht kennst. Wen man nicht kennt, den redet man auch nicht mit dem Vornamen an.»
«***Du*** redest ihn aber mit m Vornamen an, stimmts?»
«Ich rede Herrn Prienzl überhaupt nicht an, dass du s genau weisst.»
«Aber er hat ***dich*** angeredet.»
«Wann?»
«Eben.»
«Er hat mich gegrüsst. Na und?»
«Und gezwinkert.»
«Gewas?»
«Gezwinkert. Mit m Auge; so.»
«Hör auf, solche Fratzen zu schneiden!»
«Das is nich meine Fratze, das is Herrn Egon Prienzl seine.»
«Wie kannst du so was sagen!»
«Das kann ich, weil ich s gesehn hab.»
«Überhaupt nichts hast du gesehn!»
«Wieso kann ich überhaupt nichts gesehn ham, wenn ich seinen Pickel und seine Fratze gesehn hab?»
«Du bist unmöglich!»
«Kann mich ja bei ihm entschuldigen gehn.»
«Wehe!»
«Ich denk, wenn man unmöglich is, entschuldigt man sich?»
«Egon – wollt sagen: Herr Prienzl – weiss ja zum Glück nicht, wie du über ihn sprichst.»
«Kann er ja jetzt ruhig wissen, wo ich mich für entschuldigen will.»
«Halt, wo gehst du hin?!»
«Ma sehn.»

Wolfdietrich Schnurre

11. KAPITEL
GESPRÄCHE

DER SCHMUGGLER

Ort der Handlung: eine Grenze zwischen zwei Ländern. – Wer eine Schlagbaum-Attrappe fabrizieren kann, hat das deutlichste Versatzstück. Es genügt jedoch auch eine Tülle mit Stange und dem Schild: «Zoll-Douane».

Spieler: zwei Grenzbeamte (**G**) in angedeuteter Uniform (Mütze!), ein Bauer (**B**) mit einem Schubkarren, in dem sich Sand befindet.

1. G *(blickt angestrengt nach links. Hebt das Fernglas vor die Augen)*

2. G *(kommt von rechts, tippt seinem Kollegen auf die Schulter)* He, Kamerad, Ablösung!

1. G *(sieht auf die Uhr)* Pünktlich wie immer! *(Er übergibt das Fernglas)* Also dann – bis morgen. Mach's gut. *(Geht)*

2. G Schönen Abend noch! Wiedersehn!

1. G *(kommt nochmals zurück)* Was ich noch fragen wollte: Hast du das letzte Verordnungsblatt schon gelesen?

2. G Ach, nur so lala halt.

1. G Steht drin, dass in letzter Zeit genau hier an unserem Grenzübergang viel geschmuggelt wird.

2. G Womit?

1. G Keine Ahnung, steht nicht drin. Nur – manchmal kommt mir der eine Bauer da verdächtig vor.

2. G Der immer mit dem Schubkarren voll Sand hier durchpassiert?

1. G Genau der. Aber – ich habe ihn schon mehrmals den ganzen Sand ausladen lassen: Es ist nichts drin. Und Sand ist zollfrei. Und doch habe ich immer das mulmige Gefühl – naja, lassen wir's für heute. Wiedersehn! *(Geht nach rechts ab)*

2. G Wiedersehn auch. Und komm gut heim! *(Er hält das Fernglas an die Augen. Ruft nach rechts)* Da kommt er schon wieder!

1. G *(von draussen)* Filz ihn gut durch! Vielleicht kommst du dahinter!

2. G *(nimmt das Fernglas ab und wartet ein wenig)* So, fahren wir wieder einmal Sand über die Grenze?

B *(kommt mit seinem Schubkarren, fährt bis zur Mitte des Spielraums)* Ja, Herr Zolloberinspektor. Wieder Sand, reiner Sand, garantiert zollfrei!

2. G Na, dann wollen wir heute mal der Sache auf den Grund gehen. Also: In diesem Schubkarren hier ist ausschliesslich Sand?

B So wahr mir Gott helfe: nur Sand!

2. G Man soll Gott nicht beschwören, wenn man ein schlechtes Gewissen hat.

B Aber wo es doch wirklich nur Sand ist!

2. G *(nimmt einen langen starken Draht und stochert in dem Sand)* Da ist nichts – und da ist nichts – und hier ist auch nichts – also: Du schmuggelst sehr raffiniert! Hosentaschen umdrehen!

B *(dreht die leeren Hosentaschen nach aussen)* Aber Herr Oberinspektor: Wer wird denn so primitive Methoden bei mir vermuten!

2. G Und in der Jacke?

B *(zeigt auch hier die Taschen vor)* Da nichts und da nichts und da – ja – hier natürlich: der Pass!

2. G Mit anderen Worten: in der Jacke auch nichts.

B *(nimmt den Hut ab)* Und im Hut auch nichts.

2. G *(geht stumm auf und ab. Dann stellt er sich ganz nahe zum Bauern hin)* Lindenbauer, ich mach dir ein Angebot. Ein ganz faires Angebot: Ich verspreche dir bei meiner Ehre, dass ich nichts weitersage und keinerlei Gebrauch davon mache, wenn du mir verrätst, wie und was du alle paar Tage hier über die Grenze schmuggelst.

B Und Sie sagen auch dem anderen nichts, dem Inspektor da, der vorher Dienst hatte?

2. G Kein Sterbenswörtchen! Also – jetzt raus mit der Sprache: Was schmuggelst du?

B Schubkarren, Herr Oberinspektor.

– Licht aus! –

Paul Mergast / Gisela Uihlenkamp

DAS EI

Das Ehepaar sitzt am Frühstückstisch. Der Ehemann hat sein Ei geöffnet und beginnt nach einer längeren Denkpause das Gespräch.

Er	Berta!
Sie	Ja …
Er	Das Ei ist hart!
Sie	*(schweigt)*
Er	Das Ei ist hart!
Sie	Ich habe es gehört …
Er	Wie lange hat das Ei denn gekocht …
Sie	Zu viel Eier sind gar nicht gesund …
Er	Ich meine, wie lange dieses Ei gekocht hat …
Sie	Du willst es doch immer viereinhalb Minuten haben …
Er	Das weiss ich …
Sie	Was fragst du denn dann?
Er	Weil dieses Ei nicht viereinhalb Minuten gekocht haben *kann!*
Sie	Ich koche es aber jeden Morgen viereinhalb Minuten!
Er	Wieso ist es dann mal zu hart und mal zu weich?
Sie	Ich weiss es nicht … ich bin kein Huhn!
Er	Ach! … Und woher weisst du, wann das Ei gut ist?
Sie	Ich nehme es nach viereinhalb Minuten heraus, mein Gott!
Er	Nach der Uhr oder wie?
Sie	Nach Gefühl … eine Hausfrau hat das im Gefühl …
Er	Im Gefühl? … Was hast du im Gefühl?
Sie	Ich habe es im Gefühl, wann das Ei weich ist …
Er	Aber es ist hart … vielleicht stimmt da mit deinem Gefühl was nicht …
Sie	Mit meinem Gefühl stimmt was nicht? Ich stehe den ganzen Tag in der Küche, mache die Wäsche, bring deine Sachen in Ordnung, mache die Wohnung gemütlich, ärgere mich mit den Kindern rum, und du sagst, mit meinem Gefühl stimmt was nicht!?
Er	Jaja … jaja … jaja … wenn ein Ei nach Gefühl kocht, dann kocht es eben nur *zufällig* genau viereinhalb Minuten!

Sie Es kann dir doch ganz egal sein, ob das Ei *zufällig* viereinhalb Minuten kocht … Hauptsache, es *kocht* viereinhalb Minuten!

Er Ich hätte nur gern ein weiches Ei und nicht ein *zufällig* weiches Ei! Es ist mir egal, wie lange es kocht!

Sie Aha! Das ist dir egal … es ist dir also egal, ob ich viereinhalb Minuten in der Küche schufte!

Er Nein-nein …

Sie Aber es ist *nicht* egal … das Ei *muss* nämlich viereinhalb Minuten kochen …

Er Das habe ich doch gesagt …

Sie Aber eben hast du doch gesagt, es ist dir egal!

Er Ich hätte nur gern ein weiches Ei …

Sie Gott, was sind Männer primitiv!

Er *(düster vor sich hin)* Ich bringe sie um … morgen bringe ich sie um …

Loriot

K O N S E Q U E N Z

Wie bitte, ob ich was bin? Gegen die Rassentrennung? Natürlich bin ich gegen die Rassentrennung. Was können denn diese armen Menschen dafür, dass sie eine andere Hautfarbe haben? Es muss endlich mal Schluss gemacht werden mit der Diskriminierung!
Aber selbstverständlich bekommen Sie meine Unterschrift. Man muss doch schliesslich beweisen, dass man tolerant ist. Also ich habe nichts gegen die Neger. Vor Gott sind alle Menschen gleich.
Rassenkrawalle in Chicago? Also wissen Sie, ich verstehe ja die Amerikaner nicht. Haben doch eine Demokratie. Sollen den Negern doch endlich die Gleichberechtigung geben. Sind ja schliesslich auch Menschen.
Wenn einer zu mir an die Tür kommt? Na, hören Sie mal! Man hat doch ein Herz für diese armen Teufel. Erst gestern war noch einer hier. Ein ganz Schwarzer, sage ich Ihnen. Sowas von schwarz! Zuerst habe ich mich ja ein bisschen erschrocken, als ich die Tür aufmachte und er plötzlich vor mir stand. Aber er war sehr nett. Wollte Zeitungen verkaufen. Eigentlich kaufe ich ja grundsätzlich nicht an der Tür. Aber in diesem Fall … Da macht man natürlich eine Ausnahme. Er sollte ja auch nicht denken … Sicher, ich habe ihm die Hand gegeben. Na ja, ein etwas komisches Gefühl war das ja. Ich habe mir auch gleich hinterher die Hände gewasch …
Aber das tut man ja sonst auch.
Wie bitte?
Ob ich etwas dagegen hätte, wenn meine Tochter … mit einem Neger? Sie, werden Sie nicht unverschämt. Meine Tochter ist ein anständiges Mädchen. Die tut sowas nicht!

Josianne Maas

MÜLL

Sie begegnen sich im Innenhof. Jeder mit seinem Müllbeutel in der Hand. Zum erstenmal kommen sie ins Gespräch.
«Guten Tag ...»
«Guten Tag.»
«Sie wohnen in der 610, Senhora.»
«Und Sie in der 612, Senhor.»
«Stimmt.»
«Ich habe Sie noch nicht persönlich kennengelernt ...»
«So ist das nun mal ...»
«Verzeihen Sie meine Indiskretion, aber ich habe Ihren Müll gesehen ...»
«Meinen was?»
«Ihren Müll.»
«Ah ...»
«Ich habe bemerkt dass es nie sehr viel ist. Ihre Familie scheint nicht gross zu sein ...»
«Ich bin Junggeselle.»
«Mmmm. Mir ist auch aufgefallen, dass Sie viel Büchsenfleisch essen ...»
«Ich muss mir mein Essen selbst machen. Und da ich nicht kochen kann ...»
«Ich verstehe.»
«Haben Sie auch ...»
«Sie können mich ruhig duzen.»
«Ich muss mich bei dir auch für meine Indiskretion entschuldigen, aber ich habe Essenreste in deinem Abfall entdeckt. Champignons und solche Sachen ...»
«Ich koche eben gern, probiere verschiedene Gerichte aus. Da ich allein bin, bleibt schon mal was übrig ...»
«Sie haben ... du hast keine Familie?»
«Schon, aber sie ist nicht hier.»
«In Espírito Santo.»
«Woher weisst du das?»
«Von den Briefumschlägen im Müll. Aus Espírito Santo.»
«Stimmt. Meine Mutter schreibt jede Woche.»
«Ist sie Lehrerin?»
«Das ist ja unglaublich! Wie hast du das rausgekriegt?»
«Die Handschrift auf dem Kuvert. Ich dachte, so kann nur eine Lehrerin schreiben.»
«Du hast selten Post. Dem Müll nach zu urteilen.»
«Tja ...»
«Neulich war da ein zerknüllter Telegrammumschlag.»
«Ja.»
«Schlimme Nachrichten?»
«Mein Vater. Gestorben.»
«Das tut mir leid.»
«Er war schon sehr alt. Lebte im Süden. Wir hatten uns ewig nicht gesehen.»
«Hast du deshalb wieder mit dem Rauchen angefangen?»
«Wie kommst du darauf?»
«Von einem Tag zum anderen hattest du lauter platte Zigarettenschachteln im Müll.»
«Ich geb's zu. Aber ich hab wieder aufgehört.»
«Ich hab Gott sei Dank nie geraucht.»
«Weiss ich. Dafür waren Tablettenröhrchen im Abfall ...»
«Tranquilizer. Das war so 'ne Phase. Ist schon vorbei.»
«Du hast dich mit deinem Freund verkracht, stimmt's?»
«Selbst das hast du aus dem Müll herausgelesen?»
«Zuerst der Blumenstrauss mit dem Kärtchen, einfach weggeschmissen. Danach haufenweise Papiertaschentücher.»
«Ja, ich hab ziemlich viel geheult. Aber das ist passé.»
«Heute sind wieder ne Menge drin ...»
«Ich bin etwas verschnupft.»
«Ach so.»
«Bei dir hab ich ganze Stapel Kreuzworträtsel gesehen.»
«Stimmt. Ja. Also. Ich bleib meistens zu Haus. Geh selten weg. Du weisst ja, wie das ist.»
«Ne Freundin?»
«Nee.»
«Vor ein paar Tagen war ein Foto in deinem Müll. Ziemlich hübsche Frau.»
«Ich hab paar Schubladen aufgeräumt. Altes Zeug.»
«Du hattest das Bild nicht zerrissen. Das bedeutet, du hoffst, dass sie zurückkommt.»
«Jetzt analysierst du sogar meinen Müll.»

«Ich will nicht leugnen, dass mich dein Trödel interessiert hat.»
«Komisch. Als ich mir deinen Kram näher angesehen hab, nahm ich mir vor, dich kennenzulernen. Ich glaub, das waren die Gedichte.»
«Nein! Und du hast sie gelesen?»
«Gelesen und bewundert.»
«Aber sie sind hundsmiserabel!»
«Wären sie dir wirklich so mies vorgekommen, hättest du sie zerrissen. Sie waren aber nur zusammengefaltet.»
«Wenn ich gewusst hätte, dass du sie lesen würdest ...»
«Ich hab sie nur deshalb nicht behalten, weil ich sie dir praktisch gestohlen hätte. Obgleich, ich weiss nicht: Bleibt der Müll unser persönliches Eigentum?»
«Ich glaub nicht. Der Abfall ist Sache der Stadtverwaltung.»
«Du hast recht. Im Müll wird Persönliches zu Öffentlichem. Was wir aus der Privatsphäre aussondern, vermischt sich mit dem der anderen. Der Müll ist kommunikativ. Er ist das Sozialisierbarste von uns. Vielleicht ist es das?»
«Also, jetzt wühlst du dich zu tief in den Müll. Ich denke ...»
«Gestern war bei dir ...»
«Was?»
«Irre ich mich, oder waren das Krabbenschalen?»
«Richtig geraten. Ich hab mir ein paar stattliche Exemplare gekauft und gleich zubereitet.»
«Krabben sind mein Leibgericht.»
«Ich hab sie zubereitet, aber noch nicht gegessen.»
«Vielleicht könnten wir ...»
«Warum nicht?»
«Ich möchte keine Umstände machen.»
«Das macht keine Umstände.»
«Die ganze Küche wird schmutzig.»
«Na und? Ratz batz ist alles wieder blank. Die Reste schmeissen wir weg.»
«In deinen Müll oder in meinen?»

Luis Fernando Verissimo

EIN MANN KOMMT NIEDER

Hugo Aber, Roswitha, ich brauche doch einen Stammhalter.
Roswitha Da liegt die Pille!
Hugo Ach, Roswitha?!
Roswitha Ich habe es dir gesagt, Hugo. «Kinder, ja», habe ich gesagt, «aber nur, wenn *du* schwanger wirst.» Ich habe es gesagt, Hugo, auf dem Parkplatz vor dem Standesamt habe ich es gesagt!
Hugo Schon gut, schon gut.
Roswitha Warum starrst du denn die Pille so misstrauisch an?!
Hugo Sie sieht so ... so eklig aus.
Roswitha Eklig!? Vor dir liegt eine der grössten Erfindungen der Menschheit, die grösste vielleicht überhaupt, und du redest von Ekel!? Die Pille für den Mann ist eine Sensation! Jahrhundertelang habt ihr uns um das Kinderkriegen beneidet, und wenn es soweit ist?! Typisch Mann!
Hugo Und das soll funktionieren?
Roswitha Natürlich funktioniert das! Der Mann nimmt die Pille davor ein, dann wird *er* schwanger und nicht *sie*. Ausserdem, ich habe im Moment wirklich keine Zeit für eine Schwangerschaft, wo doch im Herbst die Abschlussprüfung «Stahlbau» ist.
Hugo Ja, ja, aber ... Findest du es nicht irgendwie komisch?
Roswitha Was?

Hugo Wenn ich das Kind austrage?

Roswitha Was ist denn daran komisch?!

Hugo Nun ja, ein schwangerer Mann?

Roswitha Hugo! Ein schwangerer Mann ist heutzutage etwas völlig Normales. Im übrigen finde ich schwangere Männer sehr attraktiv.

Hugo Wirklich? – Und du meinst, sie werden mir in der Firma nicht kündigen, wo sie mich doch gerade erst eingestellt haben.

Roswitha Blödsinn! Jeder, der heutzutage einen Mann einstellt, weiss, dass er damit rechnen muss.

Hugo Womit?

Roswitha Dass er schwanger wird, mein Gott! Ausserdem hast du Mutterschutz, Hugo. Jede Frau hat das Recht auf Mutterschutz.

Hugo Aber ich bin doch gar keine Frau.

Roswitha Das ist doch egal.

Hugo Findest du?

Roswitha Völlig.

Hugo Manchmal weiss ich gar nicht mehr, was ich bin.

Roswitha Du bist ein Mann, Hugo, ein Vater, der Mutter wird.

Hugo Ich hab' solche Angst.

Roswitha Vor was?

Hugo Vor den neun Monaten.

Roswitha Hugo, die Schwangerschaft ist für den männlichen Organismus etwas völlig Natürliches.

Hugo Wieso denn das?!

Roswitha Weil sie es im «Gesundheitsmagazin» gesagt haben. Männer, die nie in ihrem Leben ein Kind zur Welt gebracht haben, werden komisch.

Hugo Komisch?

Roswitha Wegen der Hormone!

Hugo Wegen welcher Hormone?

Roswitha Was weiss ich. Wegen irgendwelcher Hormone eben! Nimm jetzt die Pille!

Hugo Ich ... ich trau' mich nicht.

Roswitha Hugo!

Hugo Ich hab' solche Angst. Wenn etwas schiefgeht!? Wenn ich ... Das Kindbettfieber, Roswitha! ... Oder ein Kaiserschnitt ... Ich bin völlig fertig, wenn ich daran denke!

Roswitha Benimm dich, Hugo!

Hugo Wenn ich schwanger werde, werde ich wahnsinnig.

Roswitha Nur einmal in deinem Leben, nur ein einziges Mal, Hugo: Benimm dich wie ein Mann!!

Hugo Wie geht das, Roswitha?! Ich weiss es nicht mehr.

Roswitha Aber ich, Hugo! Ein Mann macht sich nicht in die Hose, wenn er Mutter wird. Nicht, wenn er ein richtiger Mann ist!!

Franziska Polanski

GESPRÄCH MIT ÜBERSEE

«Hallo, Papa, hier Edith, verstehst du mich?» – «Jawohl, als wenn du vor mir stehen würdest, die Technik heutzutage ist grossartig, wenn ich zum Beispiel an diese Burschen und ihre Mondlandung denke, hallo Edith, hörst du mich? Ich habe deine Antwort nicht verstanden, Mutter redete dazwischen. Ich frage dich, ob du mich verstehst? Das ist doch wichtig, Mutter, ja, sie versteht mich. Danke, danke, das gute Kind gratuliert mir noch zum Geburtstag. Es war ein schönes Fest, zwölf Personen: Otto, Lisa und Ferdinand und die Müllers und Rudolf, aber den kennst du nicht. Was sagst du, Edith. Ja. Seid ihr auch gesund? Sie waren nie krank, sagt Edith. Und das Wetter? Der Jahreszeit entsprechend, sagt Edith. Wir haben seit Wochen keine Sonne, leider. Edith. Von uns? Natürlich gäbe es etwas zu sagen, aber das wird dann zu teuer für dich. Ruhig Mutter, du darfst ja selber mit Edith sprechen. Wenn ich von mir rede, sagt Mutter, finde ich kein Ende. Was sagst du Edith, ich soll schon losschiessen, statt zu sagen, es käme zu teuer. Das ist vernünftig, du warst schon klein so, jammerschade, dass du da drüben bist. Nun kommt Mutter, ich habe mich so gefreut, Edith, grüsse die Kinder und Gerhard, ja, ich muss mich setzen, die Aufregung weisst du. Jetzt kommt Mutter.»

«Hallo, Edith, mein Kind? Ja, es geht uns gut, wirklich, es führt zu weit, wenn ich sagen würde, es stimmt nicht mehr ganz.

Es ist alles wie immer, ja, Socken stricke ich auch noch, Edith. – Leise, Vater, du weisst, ich höre schlecht. – Nur meine Brille ist verschwunden, ja Edith, wo könnte sie hingekommen sein, frage ich mich, ja Edith. Die Kinder? Wirklich, so gross?

Die Zeit vergeht, wir werden nicht jünger, ja Edith. Es war wunderschön dich zu hören, die Stimme ist ganz nahe, kaum zu glauben, dass du so weit weg bist, ja Edith. Grüsse die Kinder und Gerhard. Raucht er immer noch so stark? Nebenan ist jemand an Lungenkrebs, ja Edith, vierzig Jahre, alles Gute, Edith. Und die Brille will ich suchen, ja Edith, bleib gesund, Edith, also Edith, auf Wiedersehen, mein Kind.»

Sie wischte Tränen ab und zerknüllte zerstreut einen langen Zettel mit Fragen.

Ingeborg Kaiser

12. Kapitel
KRIEG UND FRIEDEN

Krieg und Frieden

Krieg ist etwas
im Fernsehen
man kann es abschalten

Krieg ist etwas
in der Zeitung
man kann Salat drin einwickeln

Krieg ist etwas
das die Alten erlebt haben
man kann's nicht mehr hören

Krieg ist meistens weit weg

Frieden ist nichts
was man mal
anschalten kann

Frieden ist nichts
was sich schnell
auswickeln lässt

Frieden ist nichts
was man jüngeren oder älteren
überlassen soll

Frieden beginnt immer ganz nah

Ingeborg Görler

Als meine Mutter ein kleines Mädchen war, wohnte an dem östlichen Ausgang des Dorfes, seitab von der Strasse, in einer braunen, von dürftigen Föhren halb verdeckten Hütte, eine Frau.
Man sah sie selten und wenn, wurde den Kindern eingeschärft, nicht hinzuschauen und sich ja nicht in die Nähe des Häuschens zu wagen. Wenn einige Naseweise wissen wollten, warum denn nicht, wurde ihnen gesagt, sie sei nicht rein.
Jahre vergingen – meine Mutter wurde ein grosses Mädchen. Die Frau, die am Saum der Siedlung wohnte, sah man selten, und immer verstummten die Erwachsenen für einen verwirrten Augenblick, wenn sie sie sahen. Schliesslich erfuhr meine Mutter die Geschichte, Schmerz und Schande des Dorfs.
Zur Zeit ihrer Geburt war Krieg im Land. Der Kaiser und der König stritten sich um einen Grenzstreifen, die Soldaten schossen kreuz und quer. Das Dorf lag so unglücklich, dass es, wer auch die Oberhand hatte, immer in der Schusslinie lag. Die Kämpfe, im Sommer begonnen, ebbten und fluteten … die Dorfbewohner sehnten den Winter herbei. Als es im späten November dicht zu schneien anfing, beruhigten sie sich ein bisschen und glaubten sich für die Dauer der kalten Jahreszeit sicher.
Kurz vor Weihnachten erschien ein Trupp Kanoniere, etliche fünfzig Mann, im Dorf. Sie waren im Gefecht von ihrem Regiment getrennt worden und wollten nun, da die Wege vereist waren, hier überwintern. Sie requirierten die ansehnlichsten Gehöfte, ihr Befehlshaber forderte Verköstigung und Verpflegung für sich und seine Schar. Kaum hatten die Dorfbewohner sich den harten Umständen angepasst, da erschien der Befehlshaber wieder beim Dorfschulzen und verlangte sieben Jungfrauen.

Das Dorf schrie auf. Vater, Mütter, Brüder liefen verzweifelt zusammen, flehten und baten den Befehlshaber um Erbarmen. Sieben Jungfrauen, sagte der, oder ich brenne euch das Dach über dem Kopf weg.
Die Bewohner, die junge Töchter hatten, versuchten diese vor den Soldaten zu verbergen, was dem einen oder anderen vielleicht auch gelungen wäre, aber nicht verbergen konnten sie sie vor den Nachbarn. Nach erbitterten Streitereien bestimmte der Schulze (der selber nur Söhne hatte), dass das Los entscheiden solle. Zettel mit den Namen der Mädchen des Dorfes wurden in eine Trommel gelegt, diese heftig geschüttelt und der blinde Simon aufgefordert, sieben Zettelchen herauszuheben.
Nachdem die Namen verlesen waren, weinte alles, die Getroffenen und die Verschonten.
Am nächsten Tag (der Befehlshaber war nicht gewillt, länger zu warten) wurden die sieben, trotz der Kälte in weissen Kleidern, wie zur Konfirmation, mit Gebet und Segenssprüchen in Prozession dem Befehlshaber zugebracht.
Ende Februar setzte Tauwetter ein, und die Soldaten brachen auf, ihr Regiment zu suchen.
Die Dorfbewohner krochen aus den Scheunen und Ställen zurück in ihre Häuser. In einem davon sassen die sieben Mädchen. Die Väter holten sie stumm nach Haus.
Im März zog man eine Ertrunkene aus dem Bach. Als im Sommer Soldaten durch das Dorf marschierten, folgten drei ihnen nach. Eine starb im Kindbett, und man legte das Neugeborene gleich mit in den Sarg. Eine verschied am Beulenfieber. Die siebte wohnte an dem östlichen Ausgang des Dorfes, seitab von der Strasse, in einer braunen, von dürftigen Föhren halb verdeckten Hütte.

Stella Rotenberg

Dorf nach dem Krieg

Zwerg-Pfirsichbäume blühn verwaist
und Blumen herrenlos;
Von Raben dicht umlagert dampft
das feuchte, weite Moos.
Um alte Brunnen da und dort
nur Mauerreste stehn …
Hier ragten früher weit und breit
Gehöfte, reich und gross.

Dai Schï-Ping

Seltsam

Ein Mann, der sich ergötzt
An einer Blume. Doch ei!
Wozu das lange Schwert?

Mukai Kyorei

Dai Schï-Ping: Chinesischer Dichter, 12. Jahrhundert
Mukai Kyorei: Japanischer Dichter (1643–1704)

AM BAHNDAMM

Zu den Toten zählt noch jemand, die junge Frau am Bahndamm, der die Flucht misslang.
Sie erscheint heute nur noch in der Erzählung eines Menschen, der es sah und der es nicht fassen kann. Und sie lebt nur noch in seiner Erinnerung.

Jene, die in den langen Güterzügen mit den plombierten Waggons in die Vernichtungslager befördert wurden, flohen manchmal unterwegs. Aber nicht viele haben es gewagt.
Die Flucht erforderte mehr Mut als das andere: ohne Hoffnung, ohne Widerstreben und Aufbegehren dem sicheren Tode entgegenzufahren.
Dem einen oder dem anderen gelang die Flucht. In dem betäubenden Getöse des rasenden Güterzuges konnte draussen kein Mensch hören, was drinnen geschah.
Die einzige Möglichkeit war, die Bohlen aus dem Fussboden des Waggons herauszureissen. In der furchtbaren dichtgedrängten, halbverhungerten, stinkenden, schmutzigen Menschenmenge scheint ein solches Vorhaben geradezu unausführbar. Man konnte sich kaum rühren. Die dicht gestaute Menschenmasse ward vom reissenden Rhythmus der Fahrt hin und her geworfen, wankte in dicker Stickluft und Finsternis. Aber selbst jene, die von einer Flucht nicht einmal träumen konnten, sei es, weil sie allzu geschwächt oder weil sie ängstlich waren –, selbst jene begriffen, dass man den anderen die Gelegenheit erleichtern müsse. Sie rückten zusammen, drängten sich zurück, hoben die kotigen Füsse, um den andern den Weg frei zu machen.
Gelang es, die Bohle von einer Seite zu lockern, durfte man Hoffnung schöpfen. Nun musste man die Bohle in gemeinsamer Anstrengung lösen. Das dauerte Stunden. Dann musste eine zweite und eine dritte Bohle heraus.
Diejenigen, die am nächsten standen, beugten sich über den schmalen Spalt und wichen schaudernd zurück. Man musste allen Mut aufbringen und mit Händen und Füssen arbeiten, um durch die schmale Öffnung in den Abgrund hinabzutauchen. Dann war über dem Geklirre und Eisengetöse, über den forthastenden Schwellen im tosenden Luftstrom schwebend, die Achse zu erreichen. Und von hier musste man sich Griff um Griff zu der Stelle vortasten, wo der Absprung mit Wahrscheinlichkeit gelingen konnte. Nun konnte man sich zwischen die Schienen fallen lassen oder zwischen den Rädern hindurch an den Bahndamm springen. Dann sich aufraffen, unmerklich von der Böschung hinabrollen und in den fremden Wald fliehen, dessen Finsternis lockte.
Viele kamen dabei zu Tode. Sie schlugen gegen einen vorstehenden Balken, gegen die Kupplung, wurden durch die Fahrtgeschwindigkeit gegen einen Signalmast oder einen Kilometerstein geschleudert. Oder sie brachen sich Arme und Beine und waren so jeglichen Grausamkeiten des Feindes preisgegeben.
Jene, die es gewagt hatten, in die Finsternis hinabzutauchen, in die brüllende, tosende, brausende Finsternis, waren sich dessen bewusst, was ihnen bevorstand. Das wussten auch die, die zurückblieben – obgleich sie durch die verriegelte Tür und das hochgelegene Fensterchen nicht hinausblicken konnten.
Die Frau, die am Eisenbahndamm lag, gehörte zu den Mutigen. Sie war als dritte die Öffnung hinabgekrochen. Hinter ihr kamen noch mehrere. Da knatterten über den Köpfen der Reisenden ein paar Feuerstösse – es war, als ob auf dem Dach des Waggons etwas explodiert sei.

Jäh waren die Schüsse verstummt. Aber für jene, die weiterfuhren, war die dunkle Öffnung, an der die herausgerissenen Bohlen fehlten, wie der Eingang zum Grab. Sie konnten ruhig weiterfahren, ihrem eigenen Tode entgegen, der am Ende der Fahrt ihrer harrte.
Der Zug mit seinem Qualm und seinem Getöse war längst in der Dunkelheit entschwunden, ringsum lag schweigend die Welt.

Der Mann, der das Erlebnis nicht begreifen und nicht vergessen kann, gibt es noch einmal wieder.

Als es hell wurde, sass die Frau, die am Knie getroffen worden war, am Graben des Bahndamms im feuchten Gras. Jemand lag reglos ein Stück weg am Waldrand. Einigen war es gelungen davonzukommen, zwei Männer waren tot. Sie allein blieb in diesem merkwürdigen Zwischenzustand: nicht lebend und nicht tot. Als er sie fand, war sie allein. Aber allmählich erschienen immer mehr Leute in dieser Einöde. Einige kamen von der Ziegelei, andere aus dem nächsten Dorf, blieben ängstlich stehen und sahen ihr aus einiger Entfernung zu – da waren Arbeiter, Frauen, ein Junge.
Immer wieder bildeten sich kleine Grüppchen, die Leute blieben kurz stehen, sahen sich unruhig um, gingen rasch davon. Andere kamen, aber auch sie blieben nicht lange. Sie tuschelten leise miteinander, seufzten, wussten keinen Rat.
Da war kein Zweifel möglich. Die rabenschwarzen Locken der Frau kräuselten sich allzu deutlich, ihre Augen rollten allzu schwarz und geistesabwesend unter den gesenkten Lidern. Da sie keiner ansprach, so fragte sie, ob die Leute am Waldrand noch am Leben seien. Nein, sie seien tot, hiess es.
Es war jetzt hellichter Tag, der Ort lag offen und war von allen Seiten einzusehen. So hatte sich der Vorfall in der Umgebung rasch herumgesprochen. Es war gerade die Zeit des verstärkten Terrors. Einem Flüchtling helfen oder Schutz gewähren, darauf stand der Tod.
Unter den Leuten befand sich ein junger Mann, der längere Zeit dastand, dann ein paar Schritte wegging und wieder zurückkam. Ihn bat sie, ihr aus der Apotheke Veronal zu holen, gab ihm Geld. Aber er lehnte ab. Eine Weile lag sie mit geschlossenen Augen. Dann setzte sie sich wieder, bewegte ihr Bein, nahm es in beide Hände und streifte vom Knie den Rock weg. Nun hatte sie blutige Hände. Das Todesurteil steckte in ihrem Knie wie ein Nagel, mit dem sie an die Erde geheftet war. Lange Zeit lag sie reglos da, ihre allzu schwarzen Augen verdeckte sie völlig mit ihren Lidern.
Als sie die Augen wieder öffnete, sah sie neue Gesichter, aber der junge Mann stand noch da.
Nun bat sie ihn, ihr Wodka und Zigaretten zu besorgen. Das tat er.
Das Grüppchen an der Böschung war auffallend genug, so dass immer wieder Leute dazukamen. Sie lag umringt von Menschen, aber sie rechnete nicht auf deren Hilfe. Sie lag da wie ein verwundetes Tier auf der Jagd, dem man den Rest zu geben vergessen hatte. Sie war betrunken, döste im Halbschlummer. Es war eine unbezwingliche Kraft, die sie von den anderen trennte, ein Ring des Entsetzens.
Die Stunden gingen dahin. Eine alte Bäuerin, die schon einmal dagewesen war, kam wieder, ganz ausser Atem. Sie trat zu ihr, holte einen Becher Milch und ein Stück Brot unter dem Tuch hervor, beugte sich nieder, legte es hastig in die Hände der Verletzten und ging rasch weg, um von weitem zu beobachten, ob sie auch trinke. Erst als sie zwei Polizisten aus dem Städtchen kommen sah, hüllte sie ihr Ge-

sicht in das Tuch und lief fort. Auch die anderen entfernten sich. Nur der junge Kerl, der ihr Wodka und Zigaretten gebracht hatte, leistete ihr immer noch Gesellschaft. Aber sie brauchte nichts mehr von ihm.
Die Polizisten traten mit ernsten Mienen heran, erfassten die Situation im Nu. Da fingen sie an zu beraten, was zu tun wäre. Sie verlangte, dass man sie erschiesse. Sie verhandelte mit ihnen darüber halblaut. Am wichtigsten war ihr, dass der Fall nicht gemeldet wurde. Die Polizisten waren unentschlossen.
Dann gingen auch sie, unterhielten sich, blieben immer wieder stehen, gingen weiter. Es war nicht klar, was sie tun würden. Jedenfalls waren sie nicht gewillt, ihrem Wunsche nachzukommen. Sie bemerkte übrigens, dass der höfliche junge Mann mitgegangen war. Er hatte ihr

vorhin Feuer gegeben, sein Feuerzeug ging nur schwer an. Sie hatte ihm auch gesagt, dass es ihr Mann sei, der eine der beiden Toten am Waldrand. Diese Nachricht hatte ihm offenbar nicht behagt.

Sie versuchte, von der Milch zu trinken, aber dann liess sie es bleiben und stellte den Becher nachdenklich ins Gras. Ein schwerer, windiger Vorfrühlingstag war heraufgezogen. Es war recht kühl. Hinter dem kahlen Feld ragten ein paar Häuschen, auf der andern Seite fegten einige magere Kiefern mit ihren Ästen den Himmel. Der Wald, den sie erreichen wollte, lag hinter ihrem Kopf, ein Stück entfernt vom Eisenbahndamm. Diese Einöde, das war alles, was sie von der Welt sah.

Der junge Mann war zurückgekehrt. Sie nahm wieder einen Schluck aus ihrer Flasche, er reichte ihr Feuer. Eine leichte bewegliche Dämmerung zog vom Osten her über den Himmel. Im Westen stiegen die Wolken rasch nach oben, es waren Streifen und runde Knäuel.

Neue Gesichter tauchten auf. Die Leute kamen von der Arbeit. Jene, die früher da waren, klärten sie auf. Sie redeten, als ob sie gar nicht mehr existierte.

«Dort liegt ihr Mann, er ist tot», sagte eine Frauenstimme. «Sie sind aus dem Eisenbahnzug geflüchtet, wollten in das Wäldchen. Aber sie wurden beschossen. Ihr Mann ist tot, und sie ist hier liegengeblieben. Sie hat einen Knieschuss abbekommen, konnte nicht weiter ...»

«Wenn sie im Wald läge, könnte man sie eher wegbringen, aber hier, vor aller Augen, das kann keiner ...»

Dies sagte die alte Bäuerin, die ihren Becher abholen kam. Schweigend sah sie auf die Milch, die ins Gras gegossen war.

So fand sich also niemand bereit, sie vor Einbruch der Nacht von hier fortzuschaffen, einen Arzt zu rufen oder sie zur Station zu bringen, damit sie in ein Krankenhaus käme. Nichts davon wurde laut. Jetzt ging es nur noch darum zu sterben, so oder so.

Als sie bei einbrechender Dämmerung die Augen öffnete, war niemand mehr da, bis auf die beiden Polizisten, die wiedergekommen waren, und den jungen Mann, der nicht mehr von der Stelle wich. Sie bat sie wiederum, sie zu erschiessen, aber sie glaubte selbst nicht mehr daran, dass sie es tun würden. So legte sie beide Hände über die Augen: nichts mehr sehen!

Die Polizisten zauderten immer noch. Sie redeten aufeinander ein. Der eine sagte: «Mach du's doch.»

Dann hörte sie die Stimme des jungen Mannes. «Dann geben Sie's her ...»

Sie stritten noch eine Weile. Dann sah sie zwischen leicht geöffneten Lidern, wie einer der Polizisten seine Pistole zog und sie dem Fremden reichte.

Die Neugierigen, die in einem kleinen Grüppchen etwas abseits standen, sahen, wie er sich über sie beugte. Sie hörten den Schuss und wandten sich verärgert ab. «Da hätten sie schon lieber jemand rufen sollen, statt sie umzubringen wie einen Hund.»

Als es dunkel wurde, kamen aus dem Walde zwei Männer, um sie zu holen. Sie suchten lange, ehe sie sie fanden. Sie dachten, sie schlafe. Als der eine sie jedoch an der Schulter anfasste, merkte er sofort, dass sie tot war.

Die ganze Nacht über und den nächsten Morgen blieb sie noch liegen. Erst gegen Mittag kam der Dorfälteste mit einigen Leuten, um sie mit den beiden anderen Toten am Bahndamm zu verscharren.

«Aber weshalb er sie erschossen hat, ist unverständlich», schloss der Erzähler. «Das begreife ich nicht. Gerade von ihm hätte man annehmen können, dass sie ihm leid tat ...»

Zofia Nalkowska

DAS SCHLÜSSELSPIEL

Sie beendeten das Abendessen, die Frau räumte die Teller fort, trug sie in die Küche und stellte sie in den Abwasch. In der Küche brannte das Licht noch schwächer als in der Stube, fast ganz gelb, und die Wände zeigten dicht an dicht Wasserflecken. Sie wohnten hier seit zwei Wochen; es war ihre dritte Kriegswohnung, die beiden früheren hatten sie in Panik verlassen.

Später kam die Frau ins Zimmer zurück und setzte sich wieder an den Tisch. Da sassen sie zu dritt, sie, ihr Mann und das dreijährige, pausbäckige, blauäugige Kind. In letzter Zeit hatten sie oft über die blauen Augen und die runden Backen des Kindes gesprochen. Das Kind sass aufrecht da und betrachtete seinen Vater. Aber man sah, dass es kaum noch sitzen konnte, so müde war es.

Der Mann rauchte eine Zigarette, er hatte gerötete Augen und blinzelte eigenartig. Seit sie ihre zweite Wohnung in Panik verlassen hatten, blinzelte er mit den Augen. Es war schon spät, zehn Uhr, der Tag lange vergangen, Zeit zum Schlafengehen, doch vorher mussten sie das Spiel hinter sich bringen, das sie seit zwei Wochen jeden Abend wiederholten, weil es noch immer nicht richtig klappte. Obwohl der Mann sich sehr bemühte, obwohl sein Körper gelenkig und seine Bewegungen geschickt waren, gab es Schwierigkeiten mit ihm. Nicht etwa mit dem Kind. Das Kind verhielt sich vortrefflich. Als es sah, dass der Vater die Zigarette ausdrückte, zuckte es zusammen und machte seine blauen Augen weit auf. Die Frau, die eigentlich an dem Spiel nicht teilnahm, streichelte ihm übers Haar.

«Nur einmal noch spielen wir Schlüssel, nur heute, nicht wahr?» Mit diesen Worten wandte sie sich an ihren Mann. Er antwortete nicht, weil er nicht überzeugt war, dass dies die letzte Probe sein würde. Immer noch brauchte er zwei, drei Minuten zu viel. Er stand auf und begab sich zur Badezimmertür. Dann rief die Frau leise: «Bim-bim». Sie ahmte die Klingel nach und tat das besonders gut. Ihr Bim-bim war wirklich ein leises, klangvolles Klingeln. Auf das Klingeln hin, das aus dem Mund der Mutter so melodisch ertönte, sprang das Kind von seinem Stuhl und lief zur Eingangstür, die nur ein schmaler Korridor von dem Zimmer trennte.

«Wer ist da?» fragte es.
Die Frau – sie allein blieb am Tisch sitzen – schloss schnell und heftig die Lider, wie wir es tun, wenn uns plötzlich ein scharfer Schmerz durchzuckt.
«Ich mache gleich auf, ich suche nur die Schlüssel», sagte nun das Kind und rannte laut stampfend zurück in die Stube. Es lief um den Tisch, zog an der Kredenz eine Schublade auf und schloss sie wieder mit lautem Knall.
«Gleich, gleich, einen Augenblick, ich kann die Schlüssel nicht finden, ich weiss nicht, wo Mama sie hingelegt hat», rief es sehr laut, schob einen Stuhl vor sich her, stieg darauf und langte mit der Hand auf das höchste Brett des Regals.
«Ah, da sind sie!» ertönte ein triumphierender, froher Ruf. Dann sprang es vom Stuhl, schob ihn wieder an den Tisch und ging, ohne die Mutter anzuschauen, mit ruhigen Schritten zur Eingangstür.
Ein kühler und feuchter Luftzug drang vom Treppenhaus herein.
«Mach zu, Liebling», sagte die Frau leise. «Das hast du vortrefflich gemacht, wirklich.»
Es hörte die Worte nicht, stand mitten im Zimmer, den Blick auf die geschlossene Tür zum Badezimmer gerichtet.
«Mach die Tür zu», wiederholte sie mit müder, matter Stimme. Jeden Abend sagte sie dieselben Wörter, das Kind aber fixierte jeden Abend die geschlossene Tür zum Badezimmer. Schliesslich knarrte sie. Der Mann war blass, sein Anzug bedeckt mit weissen Kalkflecken und Staub. Er stand in der Tür und blinzelte.
«Na, wie war's?» fragte die Frau.
«Mir fehlen immer noch ein paar Minuten. Er muss länger suchen. Ich schiebe mich seitlich hinein, aber dann … es ist dort so eng, dass die Körperdrehung … Und er soll mehr Krach machen, er soll lauter auftreten.»
Das Kind liess den Blick nicht von ihm.
«Sag ihm was», flüsterte sie.
«Vortrefflich, vortrefflich hast du das gemacht, Kleiner», sagte er mechanisch.
«Ja, ja!» rief die Frau. «Du machst das wirklich vortrefflich, Liebling. Du bist überhaupt nicht klein! Du verhältst dich wie ein Grosser. Du weisst ja, falls am Tage, wenn Mama zur Arbeit ist, tatsächlich jemand klingelt, hängt alles von dir ab. Nicht wahr? Und was sagst du, wenn sie nach deinen Eltern fragen?»
«Mama ist auf Arbeit …»
«Und Papa?»
Es schwieg.
«Und Papa?» schrie der Mann entsetzt.
Es erblasste.
«Und Papa?» wiederholte der Mann leiser.
«Ist tot», antwortete das Kind und stürzte auf den Vater zu, der dicht neben ihm stand und komisch mit den Augen blinzelte, aber schon lange für alle diejenigen tot war, die wirklich klingeln würden.

Ida Fink

Der deutsche Einmarsch am 10. Mai 1940 kommt für die Niederlande überraschend. Nach der Zerstörung Rotterdams kapitulieren die niederländischen Streitkräfte, und bereits ab dem 15. Mai sind die Niederlande deutsches Besatzungsgebiet.

Im Februar 1941 beginnen die Razzien im Amsterdamer Judenviertel.

Am 22. Februar werden alle Ausgänge des Judenviertels von den deutschen Besatzern gesperrt, annähernd 400 Jungen und Männer werden verhaftet und abtransportiert.

LIENTJE

Im Oktober 1941, frühmorgens, verliess die gelernte Tee- und Kaffeeverkäuferin Lien Grader, die seit einem Jahr als Aushilfe in der Gemeindeverwaltung ihres Amsterdamer Stadtbezirks arbeitete, ihre Wohnung, genauer: ihr Zimmer. Sie hatte es kürzlich erst gemietet, es lag in einem der Judenviertel der Stadt; Lien Grader selbst, eine kleine, straffe Frau von vierundzwanzig Jahren, war keine Jüdin.

Sie ging zu einem Verwandten, ihrem Onkel Pieter van Bloom, der ganz in der Nähe lebte. Van Bloom war krank. Jeden Morgen hatte sie ihn in den vergangenen Wochen vor der Arbeit besucht, sein Bett aufgeschlagen, mit ihm gefrühstückt und das Mittagessen vorbereitet.

Auch an diesem Morgen bog die junge Frau nach ein paar Minuten Fusswegs in die Peperstraat ein. Hier, unmittelbar am Wasser, gab es nur wenige Wohnungen, dafür eine Menge Lagerhäuser mit Lastenaufzügen in den Giebeln; es gab auch Büros der Schiffahrtsgesellschaften und Reedereien.

Lien Grader übersah im ersten Augenblick die Menschenschlange auf dem gegenüberliegenden Trottoir. Es war ja

frühmorgens, das Licht entschied sich allmählich erst für den Tag; die Farben flossen noch ineinander, ergaben ein Gemisch aus Grau und Beige und stumpfem Kopfsteinpflaster. In diese trübe, milchige Stimmung war eine lange Reihe von Menschen hineingearbeitet: Frauen in Mänteln, Kinder, die Rucksäcke trugen, Männer mit Koffern und Säuglinge, die aus den Kinderwagen den Morgen beschrien.
Vielleicht war es dieser Singsang, der Lien Grader aufmerken liess. Fadendünn, unüberhörbar drang er bis an ihr Ohr, lenkte die Augen hinüber und verlangsamte ihre Schritte. Dann sah sie und sah alles mit einem Blick. Jedermann schien auf der Strasse versammelt zu sein, Alte und Junge, Frauen und Männer, Arme und Reiche.
Die gelben Sterne, die sie auf der Kleidung trugen, stachen hervor. Sie waren nicht Tag und nicht Nacht, sie strahlten über der Zeit …

Neben der Schlange liefen Hunde, deutsche Schäferhunde, die von Uniformierten gehalten wurden und hechelnd in ihren Halsbändern lagen. Deutsche Kommandorufe ertönten. Lien Grader versteckte sich in einem Hauseingang.
Die Sternenmenschen auf der anderen Seite der Strasse stiegen auf bereitstehende Lastwagen. Fallklappen wurden hochgeschlagen, Sicherungsbolzen klackten, Deckplanen fielen herunter. Schnell waren sie festgezurrt. Dann sprangen die Deutschen in ihre Jeeps, auf ihre Krafträder, starteten die Motoren, und schon verschwand alles, löste sich aus der Strasse, als sei es nur eine Erscheinung.
Lien Grader starrte auf die Stelle, wo eben die Schlange gewesen war. Die Motorengeräusche verloren sich in den Nebenstrassen. Es hatte den Anschein, diese Menschen da waren gegen ihren Willen abtransportiert worden. Der Vorgang hatte sich aber ohne jeden Widerstand, ja, reibungslos vollzogen. Sie standen wie in der Kirche, dachte Lien Grader in ihrem Versteck. Dann löste sie sich aus dem Hauseingang, massierte ihre um den Essenbeutel verkrampfte Hand und ging weiter. Sie trug einen zweireihigen, sandfarbenen, eng um die Taille gebundenen Regenmantel, der bis an die Waden reichte. Die halbhohen Schuhe setzte sie unwillkürlich vorsichtiger auf.

Wenige Augenblicke später stand sie vor ihrem Onkel. Er war längst wach und wartete im kühlen, dunklen Haus auf den Tag, der mit Lientje (er nannte sie immer schon Lientje) begann.
Van Bloom, ein Bäcker, war durch die Krankheit spitzig geworden, die Knochen staken in seiner Kleidung, das Grau in seinem Gesicht, Farbe seines Berufsstandes, und die Ringe unter den Augen waren ins Gelbe und Aschfarbene gewechselt. Er würde bald sterben, das wusste er. Lien Grader wusste es auch, ohne dass sie jemals darüber gesprochen hatten. Zwischen den beiden herrschte ein wortloses Einvernehmen.
Ohne Umschweife begann Lien, ihre täglichen Aufgaben zu erledigen. Der Onkel sah ihr dabei zu, nachdem er sich angezogen und rasiert hatte. Das war sein Teil zum Gelingen des Morgens. Die Nichte erzählte bei ihrer Arbeit von dem sonderbaren Transport. Pieter van Bloom wusste sofort, was da geschehen war. Er sagte es. Lien unterbrach ihn mehrmals. Kinder waren dabeigewesen! Er könne nicht recht haben! Ihre heftige Reaktion beunruhigte van Bloom. Er sagte: «Am besten vergisst du, was du gesehen hast. Sprich auch mit niemandem darüber, denn es ist zu gefährlich. Und es hilft nichts. Sie sind stärker als alles, was gegen sie steht. Sie ha-

1941: Die Fensterscheiben des «Nieuw Israëlietisch Weekblad» sind zerstört.

ben das ganze Europa besiegt. Niemand, Lientje, kann sie aufhalten.»

Lien Grader sass stumm da, ihr Onkel sackte nach seinen angestrengten Sätzen zusammen. Gleich nach dem Frühstück brach sie auf. Pieter van Bloom schaute ihr nach, knochig, gebeugt, wie jeden Tag. Sie hatte ihm nicht widersprochen. Würde sie vernünftig sein? Manchmal hatte die Nichte so etwas Plötzliches, Unwiderrufliches an sich, dann liess sie sich von nichts und niemandem beirren. Schon zweimal hatte sie in dieser Stimmung von einem Augenblick auf den anderen ihren Arbeitsplatz verlassen: einmal, als de Gruyter, ihr erster Chef, ihren Lohn kürzen wollte, dann, als für den Juden Bijencourt, ihren zweiten Chef, ein deutscher Verwalter eingesetzt wurde. Beide Male war sie sofort gegangen und nie wieder zurückgekehrt; beide Male hatte der Vater mit ihr vergeblich geschimpft; beide Male fand sie glücklicherweise schnell eine neue Stelle: jetzt die auf dem Gemeindeamt bei Mijnheer Stukenhals, der sie sofort nahm, als sie den Grund ihres Weglaufens angab.
Van Bloom sah Lien jetzt nicht mehr. Er blickte an sich herunter: Er würde nichts ausrichten können. Das Geschwür in seinem Bauch wuchs und wuchs, überall war er vollkommen abgemagert, nur da, an dieser Stelle schwoll sein Körper an. Es war kein Leben in diesem Wachsen.
Er nahm die Zeitung und legte sie gleich wieder weg. Die deutschen Truppen standen vor Moskau.
Er las den Reisebericht eines venezianischen Kaufmanns, den es nach China verschlagen hatte. Sein Leben lang hatte er solche Berichte verschlungen. Dann schlief er ein. Die Fensterläden des Hauses blieben verschlossen.

Auf dem Weg ins Büro bemerkte Lien Grader, wie sie das morgendliche Menschengewimmel, das immer dichter wurde, mit neuen Augen betrachtete. Deutlicher als jemals zuvor sah sie im Trubel des allgemeinen Arbeitsbeginns die deutschen Soldaten, die doch seit über einem Jahr zum Strassenbild gehörten. Sie sah sie in grauen Röcken und Hosen, manche in Schwarz mit runenverziertem Spiegelbesatz, mit Blechschildern vor der Brust, einige verkatert, übernächtigt, zusammengefallen, andere stumm, widerwillig, verkniffen, wieder andere lachend und selbstsicher, als seien sie in

diesem Amsterdamer Judenviertel zu Hause.
Lien dachte an den fadendünnen Gesang der Säuglinge, die Andacht in den Mienen der Juden, an die Entschlossenheit und Geübtheit der Deutschen. Auch an die warnenden Worte des Onkels dachte sie. Sie würde von nun an tagtäglich, das wusste sie, den Spuren der furchtbaren Macht begegnen ...

In den folgenden Monaten veränderte Lien Grader ihr Leben. Die meisten Menschen um sie herum bemerkten es nicht. Weiter ging Lien auf das Gemeindeamt, weiter heftete sie Ablagen in Ordner, versorgte Pieter van Bloom, ohne ein einziges Mal auf ihr Gespräch zurückzukommen. Er aber sah mit Sorge, was mit der Nichte geschah.
Sie hatte sich an Mijnheer Stukenhals, den Amtsleiter, gewendet, vorsichtig und zielstrebig. Ein Satz von ihm aus dem Vorstellungsgespräch, eine Andeutung, war ihr im Gedächtnis geblieben. Nach jenem Morgen glaubte sie fest, dass Stukenhals gegen die Deutschen stände. Stukenhals, Mitglied einer illegalen Gruppe, begriff sofort, was seine Aushilfskraft wollte und worauf sie zurückkam. Er zögerte, liess sie eine Zeitlang warten, prüfte sie, vertraute ihr schliesslich. Er gab ihr die verbotene Zeitung «Freie Niederlande». Lien Grader, die nie viel gelesen hatte, verstand manchen Gedanken und manchen Begriff in den Artikeln nicht. Sie arbeitete flüsternd, mit Mühe daran. Das Anliegen aber, das Ziel: aus jedem Wort, jedem Satz der Zeitung konnte sie es erkennen. Lien Grader teilte es, verstand und begriff so Schritt für Schritt neue, grosse Zusammenhänge. Der Terror war mit Zielen verbunden, mit Geschäften, mit dem Wunsch, die Welt zu beherrschen und auszubeuten; er war keine sinnlose Teufelei. Stukenhals weihte Lien in die Regeln der Konspiration ein. Sie begann, praktisch zu arbeiten, steckte nachts Flugblätter in fremde Briefkästen.
In dieser Zeit starb Pieter van Bloom. Lientje konnte nicht in Ruhe und Würde von ihm, den sie geliebt hatte, Abschied nehmen. Sie wurde auf eine deutsche Dienststelle befohlen, zur Verteilung von Lebensmittelkarten. Auf Geheiss von Stukenhals stahl sie etliche dieser Karten. Abends, in der Sperrzeit nach acht, wenn niemand auf die Strasse durfte ausser den Deutschen und den Besitzern von Sondergenehmigungen, zog Lien Grader eine Uniform an, die Tracht einer Krankenschwester,

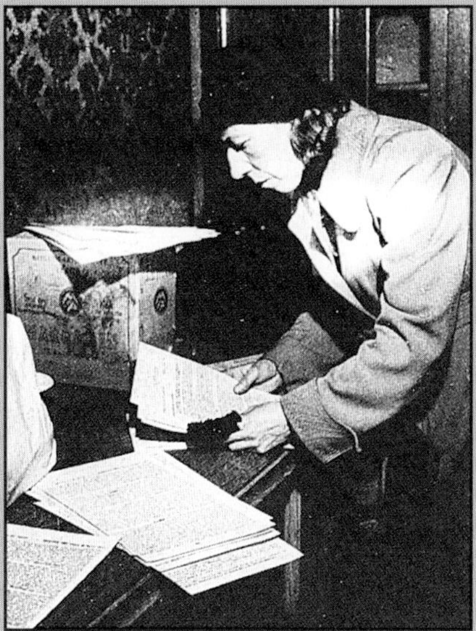

Im Laufe der Jahre 1942 und 1943 organisiert sich der Widerstand. Dazu gehört auch die Herstellung und Verteilung illegaler Zeitungen, in denen ausländische Radioberichte abgedruckt werden.

und ging mit einer gefälschten Ausgangserlaubnis los. Sie trug die Karten an Orte, wo Gefährdete – darunter auch Juden – versteckt waren und damit versorgt werden konnten.
Lien Grader sah wenig von den Ergebnissen ihrer Arbeit. Sie stellte sich manchmal vor, wie jemand ein Flugblatt las und etwas begriff, wie ein anderer heisshungrig in einer Dachkammer ass. Sie war sich gewiss, dass überall, in ganz Europa, Zettel verteilt und Karten gestohlen wurden, dass an einem grossen Netz gesponnen wurde, in dem der Feind eines Tages gefangen werden sollte, auch wenn er heute übermächtig und durch nichts zu erschüttern war …

Die Deutschen verhafteten sie knapp ein Jahr nach Beginn ihrer illegalen Tätigkeit. Ein SS-Mann war tot aus einer Gracht gefischt worden, da hatten sie ihre Anstrengungen gegen die Widerstandsgruppen verdoppelt. Ein Spitzel verriet Lien Grader und Mijnheer Stukenhals, ihren Chef. Sie wurde verhört, dabei schwer geschlagen, sagte aber nichts. Sie dachte oft an den Tod und dass sie jung war, sie dachte auch oft an den Onkel. Wenn es besonders schlimm wurde, dachte sie an die Menschenschlange im Morgengrauen.
Nach sechs Wochen kam der vogelhafte Gestapomann, der sie verhört hatte, in ihre Zelle: «Wir haben alles erfahren, du Miststück», sagte er. Dann trat er nach ihr und lachte: «Hier, dein Notizbuch, wir kennen den Code.»
Das war ihre schlimmste Sekunde, schlimmer als manche Tortur, die hinter ihr lag, die ihr bevorstand.
Als sie sich wieder gefasst hatte, sagte sie: «Ich war es allein. Stukenhals hat nichts damit zu tun. Ich habe die Unterlagen in seinem Zimmer versteckt. Ich habe die Karten gestohlen und weitergegeben.»
Die Sätze sprudelten aus ihr hervor. Merkwürdigerweise glaubten die Deutschen, was sie sagte. Sie liessen Stukenhals, der drei Kinder hatte, frei; er setzte seine Arbeit fort.
Lien Grader wurde erst in die Nähe von Fulda, dann nach Ravensbrück in das Lager für Frauen und Kinder verschleppt. Ravensbrück war die Hölle.
Drei Jahre lang vernichteten die Nazis Stück für Stück das Leben von Lien Grader.
Am Ende sollte sie mit 150 anderen Frauen verbrannt werden. Da war die SS schon in Panik. Die Amerikaner kamen, die 7. Armee unter General Patton, und retteten die Frauen, die halbtot vor Erschöpfung und Angst in einer Scheune lagen, Lien Grader darunter.

Zwanzig Jahre benötigte sie, um vom Lager einigermassen gesund zu werden. Die meiste Zeit verbrachte sie im Krankenhaus. Die Wirbel waren ineinander gestaucht von Schlägen, Tritten und Arbeit, sie mussten neu zusammengesetzt werden. Ihre Furcht vor Dunkelheit, Kälte, verschlossenen Türen verlor Lien Grader nie mehr.
Nach ihrer letzten Operation, Mitte der 60er Jahre, nahm sie eine ehrenamtliche Tätigkeit in einem Museum des niederländischen Widerstands auf.
Beinahe jeden Tag erzählt Lien Grader seitdem in knappen, einfachen Sätzen aus ihrer Geschichte, aus der Geschichte der anderen Häftlinge. Unzählige Menschen aus ganz Europa begegneten ihr.
Ich war einer von ihren Zuhörern, im März 1985, kurz vor dem 40. Jahrestag des Kriegsendes. Lien steckte mitten in den Vorbereitungen für eine Reise nach Ravensbrück, ihre zweite Reise dorthin, eine freiwillige Fahrt, den Lebenskreis zu schliessen, der an einem Morgen begann und mit dem sie sich einverstanden erklärte.

Dieter Bongartz

HAUSDURCHSUCHUNG IN ODESSA

Hans steckte in der Mannschaft, die einen Häuserblock zernierte*. Ein Mensch war bei der Verhaftung entflohen, er konnte aber nicht aus dem Block entkommen sein. Je gründlicher er gesucht wurde, je unauffindbarer er versteckt schien, desto Genaueres schien über ihn bekannt zu werden. Je länger man ihn suchen musste, desto mehr Gründe gab es, ihn zu suchen. Je unsichtbarer er blieb, desto deutlicher wurde er, als Anstifter und als Saboteur. Er konnte sich nicht in Luft aufgelöst haben, er war von Versteck zu Versteck geflüchtet. Die Drohungen waren fehlgeschlagen. Man sagte den Leuten im Häuserblock, dass sie alle dran glauben müssten, wenn der Gesuchte nicht bis zum Abend gestellt sei. Da unterbrachen alle in den Kellern und Ruinen jede Bewegung und jede Tätigkeit, sie verfielen in eine Art Starre, sie machten den Häschern klar, auf ihre Hilfe beim Suchen sei nicht zu rechnen. Sogar die Greise, sogar die fahrigsten Weiber, sogar die dümmsten Kinder unterliessen jede Bewegung, die man als Mithilfe verdächtigen konnte. Sie fürchteten nur, dass die Drohungen und das rasende Suchen um sie herum durch ein Triumphgeschrei unterbrochen werde.
Die Frist war um sieben Uhr abgelaufen. Um sechs Uhr kam die letzte Durchsuchung bis in den letzten Winkel. Die Wut des Leutnants, dem ein Misslingen wie Schande dünkte, spornte seine Mannschaft an, als sei für sie alle die Unfähigkeit, den Gesuchten zu finden, wie Schwäche und Schande. Man wühlte in jedem Loch, es regnete Schläge und Püffe und Kolbenstösse auf die bewachten schweigenden Menschen. Ein Teil der Mannschaft, die vorher den Block umzingelt hatte und abgelöst worden war, wurde mit zur Durchsuchung verwandt.
Hans kam in ein nur noch zweiwändiges, deckenloses, nicht mehr bewohnbares Zimmer, die Trümmer des Ofens versperrten die Luke, durch die man eindringen konnte, die Einwohner waren im Hof zusammengetrieben oder sonstwo verhaftet, die Toten waren ausgeräumt bis auf ein paar abgerissene Leichenteile, die mit dem übrigen zersplitterten Hausrat den durchgerissenen Raum ausfüllten.
Die Soldaten stocherten in dem Wust herum, sie rissen den Boden auf. Hans riss auf Befehl ein Rohr aus der Wand. Zwei Stiefel guckten aus der Rille, in der das Rohr gesteckt hatte. Wie sich der Mann auch zusammenzog, der in der Rille versteckt war, der Raum reichte nicht aus, um seine Knie noch höher zu ziehen, als Hans das Rohrstück herausriss. Hans sah, dass der Mann noch leben musste, obwohl er in diesem Versteck so gut wie keine Luft hatte. Der Feldwebel steckte wütend den Kopf durch die Tür, wie alle erhoffte er die Auffindung gerade in dem Quartier, das ihm unterstand, er trieb die Soldaten an, Hans deckte die Sicht ab, er schob das Rohrstück an die alte Stelle zurück. Er wusste nicht, ob der Versteckte Angst durchstand, er könnte ihn an den Beinen herausziehen. Er wusste nicht, ob der Mensch überhaupt gemerkt hatte, dass er entdeckt war. Hans hatte nicht mehr von ihm gesehen als die Stiefel, und auch die nur von den Absätzen bis zu den Knöcheln. Er wusste nicht, ob er alt oder jung war, er wusste so wenig von ihm, wie er von den Toten wusste, die seine Kugel getroffen hatte. Er suchte mit den anderen weiter nach dem Flüchtling, von dem er jetzt wusste, dass er nicht mehr zu finden war. Die Hausdurchsuchung wurde abgebrochen.

Anna Seghers

* zernieren: durch Truppen einschliessen, umzingeln

Anna Seghers: Geb. 1900 in Mainz, Emigration 1933–1947, danach lebte sie in der DDR bis zu ihrem Tod 1983. Schrieb vor allem Romane, Erzählungen und Essays.
Der abgedruckte Text ist ein Ausschnitt aus dem Roman *Die Toten bleiben jung.*
Der Zusammenhang: Im Sommer 1941 drang die deutsche Wehrmacht in die Sowjetunion ein, besetzte die Ukraine und Odessa. Hans muss in der soeben eroberten Stadt mithelfen, auf Partisanen Jagd zu machen.

EINER NACH DEM ANDERN STARB

Der sechste Tag im August 1945! Ein Datum, das tief in mein Herz eingraviert ist, weil die grausame Bombe in einem einzigen Augenblick einen so schrecklichen Tribut an kostbaren Menschenleben forderte. Jedesmal, wenn ich an den Tag denke, wird mir kalt. Ich bin eine von den vielen, die ihre unersetzbaren Eltern, Brüder und Schwestern, Verwandten und Freunde verloren hat. Sie alle starben, einer nach dem andern. Das Schicksal meines grossen Bruders, der beim Arbeitsdienst eingesetzt war, ist immer noch ungeklärt. Mein anderer Bruder erlitt schwere Verbrennungen am ganzen Körper und starb am nächsten Tag in der Grundschule von Koi, 2,5 Kilometer vom Explosionszentrum entfernt. Wir liessen seinen Leichnam in der Schule, und meine Eltern, meine Schwestern und ich zogen aufs Land. Aber es gab dort keine guten Ärzte, darum kehrte Mutter nach Hiroshima zurück. Am Tag darauf schickte mein Onkel uns eine Nachricht, dass es ihr plötzlich schlechter gehe, und bat uns, in die Stadt zurückzukommen. Am nächsten Morgen nahmen wir zu dritt den ersten Zug in die Stadt. Überall hing widerlicher Geruch in der Luft, und das, was wir sahen, war entsetzlich. Weit und breit war alles so völlig verwüstet, wie man es sich schlimmer nicht vorstellen kann: Von dem, was Hiroshima gewesen war, war nichts mehr übriggeblieben. Irgendwie gelangten wir nach Hause und erfuhren, dass Mutter kurz zuvor gestorben war. Ich weinte und weinte. Wir verbrannten ihren Leichnam im trockenen Flussbett. Hier und da verbrannten auch andere Leute Leichen. Am gleichen Abend trafen wir mit den sterblichen Überresten meiner Mutter wieder im Haus meines Onkels auf dem Land ein, und dort starb meine grosse Schwester. Obwohl ich zu jung war und nicht wusste, was ich tun sollte, tat ich, was ich konnte, um meinem Vater und meiner kleinen Schwester zu helfen. Aber trotz meiner Pflege starb meine kleine Schwester einen Tag nach dem Trauergottesdienst für meine erste Schwester. Vater nahm an der Trauerfeier für meine grosse Schwester teil, aber als meine kleine Schwester starb, war er schon so schwach, dass er nicht mehr hingehen konnte. Der buddhistische Mönch, der die Feiern bei den Beerdigungen

Strahlenopfer in Hiroshima, 6. August 1945 14.00 Uhr Ortszeit

meiner beiden Schwestern abhielt, muss auch das Gift eingeatmet haben, denn die Begräbnisfeier für meinen Vater übernahm er nicht.
Vater muss sehr traurig und einsam gewesen sein, als er seine Söhne und Töchter nacheinander sterben sah, aber jedesmal, wenn ich fragte: «Wie fühlst du dich heute?», sagte er: «Heute morgen fühle ich mich etwas besser, mein Liebes.» Er wollte nicht, dass ich mir Sorgen machte, aber er wurde immer schwächer. Am Morgen des 10. September entschlief er, und der Gedanke, mich allein zurückzulassen, belastete ihn bis zuletzt. Vor seinem Tode sagte er oft: «Hoffentlich sterbe ich nicht. Jetzt, da wir unser Haus und unseren Besitz in den Flammen verloren haben, möchte ich hier auf dem Land bleiben und Bauer sein und mit dir ein ruhiges Leben führen.»

Am 15. August kapitulierte Japan schliesslich. Im und um den Bahnhof gab es viele Bettler. Die Stadt war voller Diebe und Räuber, und es wurde immer schlimmer.
Und woher ist dies alles gekommen? Durch den Krieg! Ohne

den verdammten Krieg wären nicht so viele Menschen so unglücklich gemacht worden. Ohne Krieg kann man überall auf der Welt heiter und friedlich leben. Die neue Verfassung* lehnt den Krieg ab. Obwohl es jetzt keinen Krieg mit anderen Ländern gibt, kämpfen in Japan Japaner gegen Japaner, als ob sie nicht wüssten, dass die Menschen alle gleich sind. So wird Japan nie Frieden haben. Ich glaube, wenn wir ein friedliches Land aufbauen wollen, sollten wir mehr Rücksicht aufeinander nehmen.

Takako Okimoto, Schülerin der 8. Klasse, damals 2. Klasse

* In Artikel 9 der japanischen Verfassung vom 3. November 1946 heisst es: «Das japanische Volk wünscht aufrichtig einen internationalen Frieden, bei dem Gerechtigkeit und Ordnung die Grundlage bilden, und verzichtet auf ewig auf den Krieg als Mittel der Staatsgewalt und auf Drohung mit Waffengewalt und auf die Verwendung von Waffengewalt als Mittel zur Beilegung von internationalen Auseinandersetzungen. Um den Zweck des obigen Abschnitts zu erreichen, werden keine Land-, See- und Luftstreitkräfte oder sonstiges Kriegspotential unterhalten. Das Recht auf Kriegführung durch den Staat wird nicht anerkannt.»

Atombombe auf Hiroshima, Haruka Ogasawara, 14 Jahre, Japan
Haruka überlebte, obwohl sie nur einen Kilometer vom Epizentrum entfernt stand. Die Zeichnung dieses Mädchens ist ausführlich beschriftet: «Die Verwundeten flohen. Einige schleiften ihre Haut hinter sich her. Das Blut spritzte aus dem Kopf. Die Kleider fielen in Fetzen, die Haare schienen kahl geschoren zu sein ...»

VERFOLGT, GEFOLTERT UND GETÖTET

Über 80 Prozent der Opfer militärischer Aktionen sind heute Kinder

Für den zehnjährigen Abdullah war seine Flucht von Afghanistan nach Pakistan «ein langer, langer Weg in der Dunkelheit. Dann kamen wir an den Kabul-River, den wir überqueren mussten. Das Boot war aus Tierhäuten, die über Stöcke gespannt waren. Ich lag auf dem Boden des Bootes und konnte die Tiere riechen. Und ich habe mein Herz klopfen gehört, so laut wie niemals zuvor.»

Auf einem andern Kontinent musste die zwölfjährige Ann Paula flüchten. Nachdem Rebellen ihren Heimatort Mutarara mit Bazookas beschossen hatten, flüchtete sie von Moçambique nach Malawi.

Sie weiss noch, dass «alle geschrien haben, auch ich. Ich wollte nur noch rennen und rennen, einfach weg. Nachts kann ich nicht schlafen, weil ich immer an die Frau denken muss, der das Blut aus dem verbrannten Körper lief.»

Zwischen die Fronten geriet auch Patricio Nthupuela. In der Nähe von Maputo fuhr der Bus, mit dem er flüchtete, auf eine Mine. «Bei der Explosion habe ich meine beiden Arme verloren. Jetzt lerne ich mit dem Mund schreiben.»

Der Spiegel einer desolaten Erwachsenenwelt

Kinder sind die Hauptopfer «moderner» Kriegführung. Mehr als 80 Prozent der direkten und indirekten Opfer militärischer Aktionen sind nach einem Unicef-Report Kinder und auch Frauen. Die ausserordentliche Brutalität, mit der heute Kriege und Bürgerkriege geführt werden, macht auch vor den Kindern nicht halt: In Guatemala greift sich das Militär die 15jährige Iris Reyes Urizár. In der Kaserne San Andrés Sajcabajá wird sie bei den Verhören vergewaltigt. Ihr «Verbrechen»: Sie ist die Nichte des prominenten Menschenrechtlers Amílcar Méndez Urizár.

Die Schicksale dieser Kinder spiegeln den Zustand einer desolaten Erwachsenenwelt wider. Die Anzahl bewaffneter Konflikte ist zwar weltweit zurückgegangen, doch in ihrer Brutalität stellen die heutigen Bürgerkriege und sozialen Konflikte alles Dagewesene in den Schatten. Die schutzbedürftigsten Glieder unserer Gesellschaft werden in vielen Staaten mit Duldung oder manchmal gar auf Geheiss offizieller Stellen skrupellos verfolgt, gefoltert oder getötet, weil sie einer Minderheit angehören. (…)

Klaus Keil

Friedensspiele

Die Kinder im Hof
spielten Krieg,
sie spielten ihren Krieg
laut und schrill.

Vom Fenster aus
rief ich ihnen zu:
Spielt doch mal Frieden!
Ich hoffte, sie würden
dann weniger Lärm machen.

Die Kinder unten
im Hof waren begeistert:
Lasst uns Frieden spielen!
brüllten sie wie
aus einem Munde.

Und überlegten,
was zu tun wäre,
rätselten und stritten
sich schon wieder,
und dann rief

ein Dreikäsehoch
herauf zu meinem Fenster:
Onkel, wie spielt man Frieden?

Peter Schütt

Fantasie von übermorgen

Und als der nächste Krieg begann,
da sagten die Frauen: Nein!
und schlossen Bruder, Sohn und Mann
fest in der Wohnung ein.

Dann zogen sie, in jedem Land,
wohl vor des Hauptmanns Haus
und hielten Stöcke in der Hand
und holten die Kerls heraus.

Sie legten jeden übers Knie,
der diesen Krieg befahl:
die Herren der Bank und Industrie,
den Minister und General.

Da brach so mancher Stock entzwei.
Und manches Grossmaul schwieg.
In allen Ländern gab's Geschrei,
und nirgends gab es Krieg.

Die Frauen gingen dann wieder nach Haus,
zum Bruder und Sohn und Mann,
und sagten ihnen, der Krieg sei aus!
Die Männer starrten zum Fenster hinaus
und sahn die Frauen nicht an ...

Erich Kästner

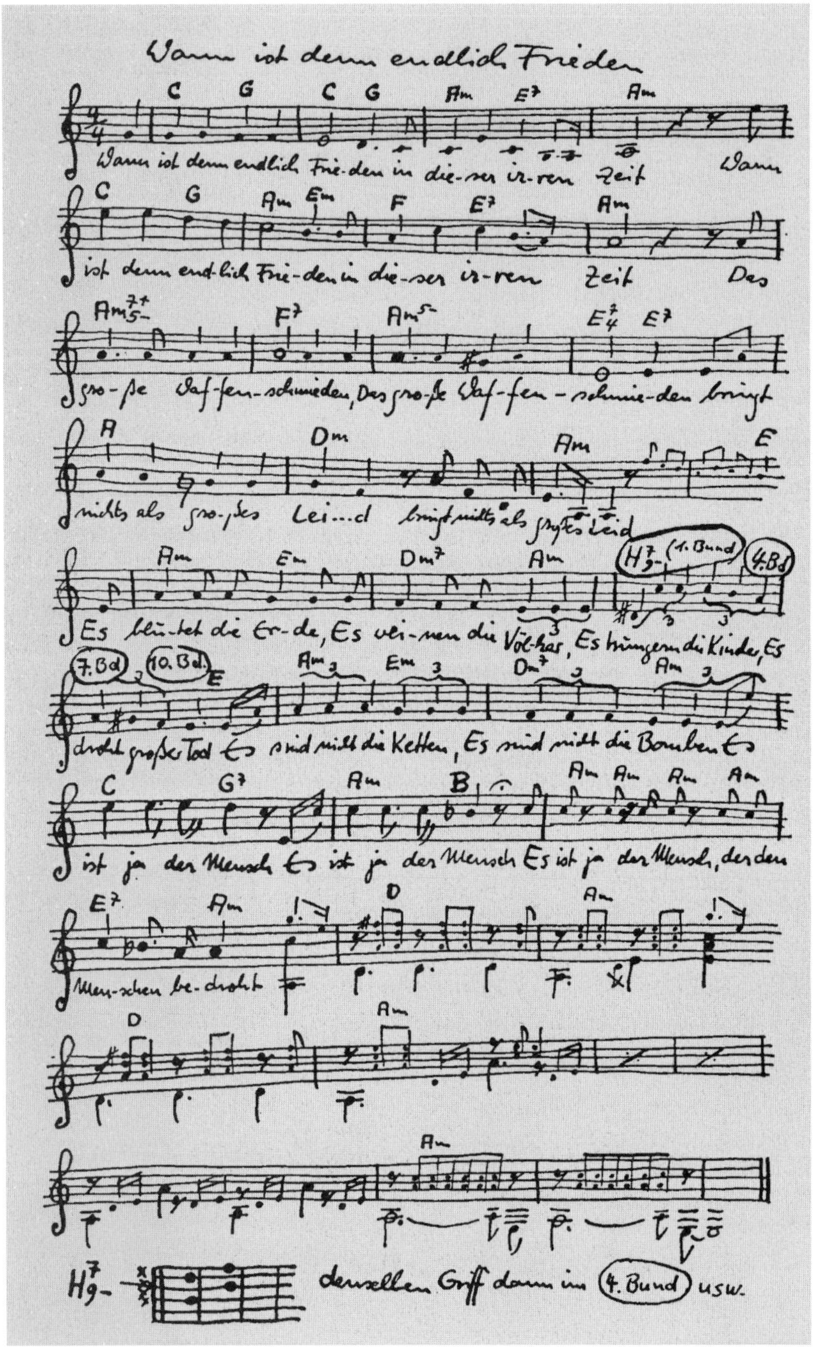

Wann ist denn endlich Frieden

Wann ist denn endlich Frieden
In dieser irren Zeit
Das grosse Waffenschmieden
Bringt nichts als grosses Leid

ES blutet die Erde
ES weinen die Völker
ES hungern die Kinder
ES droht grosser Tod
ES sind nicht die Ketten
ES sind nicht die Bomben
Es
ist ja der Mensch
der den Menschen bedroht

Die Welt ist so zerrissen
Und ist im Grund so klein
Wir werden sterben müssen
Dann kann wohl Friede sein

ES blutet die Erde
ES weinen die Völker
ES hungern die Kinder
ES droht grosser Tod
ES sind nicht die Ketten
ES sind nicht die Bomben
Es
ist ja der Mensch
der den Menschen bedroht

Wolf Biermann

Spruch

Ich bin der Sieg
mein Vater war der Krieg
der Friede ist mein lieber Sohn
der gleicht meinem Vater schon

Erich Fried

Sommerabend

Kinder spielen,
Menschen giessen Tomaten
und Rettiche
von irgendwoher klingt
leise Musik.
Aus dem Wald ertönt
das gleichmässige Rattern
der Maschinengewehre
niemand stört
sich daran.

Birgit Scheuerle

Im Schlaf

Er traf einen Baum.
Er baute darunter sein Haus.
Er schnitt aus dem Baum
einen Stock heraus.
Der Stock wurde seine Lanze.
Die Lanze wurde sein Gewehr.
Das Gewehr wurde seine Kanone.
Die Kanone wurde seine Bombe.
Die Bombe traf sein Haus und riss
den Baum an den Wurzeln aus.
Er stand dabei und staunte,
aber auf wachte er nicht.

Ernst Jandl

Über einige Davongekommene

Als der Mensch
Unter den Trümmern
Seines
Bombardierten Hauses
Hervorgezogen wurde,
Schüttelte er sich
Und sagte:
Nie wieder.

Jedenfalls nicht gleich.

Günter Kunert

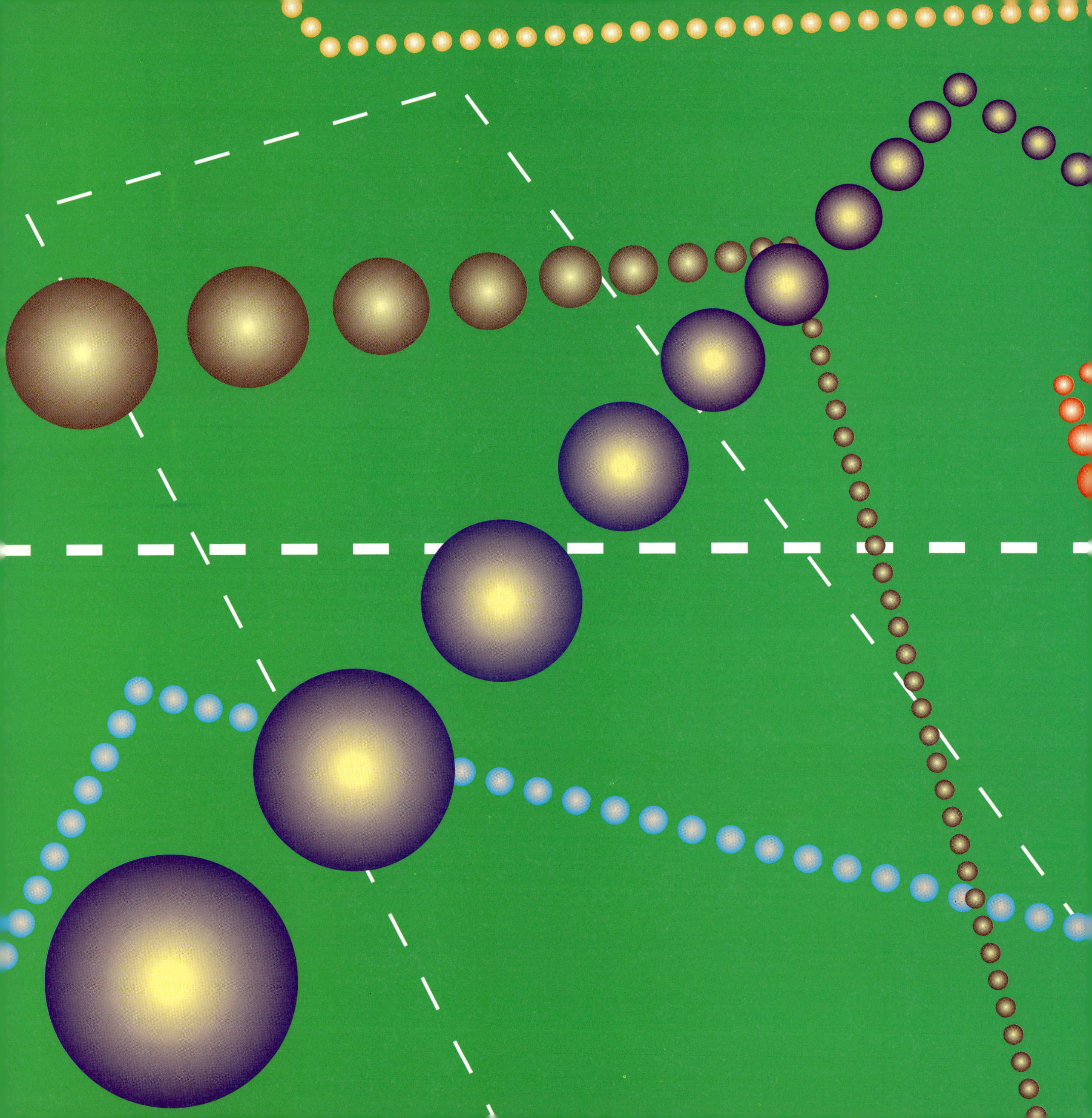

13. KAPITEL
WENDE-PUNKTE

DAS BRIEFCHEN

Irgendwie bist du anders geworden in letzter Zeit, sagte Gabi. Anna lachte, und obwohl sie eigentlich wusste, was Gabi meinte, fragte sie: Wie anders? Ich weiss nicht, sagte Gabi, aber alle im Büro finden das. Anna lachte wieder, aber sie sagte nichts mehr. Sie hatte sich nämlich verliebt, und das Komische daran war, dass sie noch nicht einmal wusste, wie er hiess. Seit etwa drei Wochen, immer wenn sie nach Büroschluss mit Gabi nach Hause ging, kam er ihr auf dem Platz entgegen. Erst war es nur ein Blick und dann ein Lächeln gewesen und vor ein paar Tagen auch das erste leise: Hallo. Anna war froh, dass Gabi den Mann offenbar nie bemerkt hatte. Gabi war sowieso eher unsensibel und redete zuviel, fand Anna. Sie selbst musste jedenfalls dauernd an ihn denken. Gestern war er fast stehengeblieben und Anna wusste, heute würde er sie ansprechen. Sie sah sehr oft in den Spiegel, bis sie endlich mit Gabi gehen konnte. Als er ihr auf dem Platz entgegenkam und dann wirklich auch stehenblieb, war sie glücklich. Er machte eine kleine Verbeugung, griff in die Tasche und zog ein Briefchen heraus. Anna lächelte. Dann sah sie, dass er Gabi das Briefchen reichte.

Pea Fröhlich

AUCH TOLERANZ HAT GRENZEN

«Wo ist sie?» fragte ich ahnungsvoll meine Frau, als ich vom Büro nach Hause kam.
«Wieder draussen», seufzte meine Frau, «spazieren gehen, frische Luft schnappen – du kennst ja ihre Ausreden schon ...»
«Ach», ärgerte ich mich, «konntest du nicht aufpassen?»
«Soll ich sie festbinden?» fragte meine Frau. Man rede schon drüber in der Nachbarschaft.
«Die Meyers sagten mir erst vorhin, dass sie sie gestern abend unten am Fluss gesehen hätten. Händchen haltend, wie niedlich, sagten sie. Ich hab' mich richtig geschämt!»
Ich schüttelte den Kopf.
«Was soll man da machen?»
«Was soll man machen, was soll man machen?» erregte sich meine Frau. «Sie hätte vor Jahren noch Hausarrest bekommen!»
«Das ist aber doch heute etwas anderes», gab ich zu bedenken, «es ist alles viel, viel freier heute, viel ...»

Sie sei sich nicht einmal sicher, unterbrach meine Frau gereizt, ob es überhaupt immer derselbe sei! «Und wenn man mit ihr darüber sprechen möchte, fragt sie nur, ob sie ihn denn einmal mitbringen solle.»
«Um Himmels willen», schüttelte ich den Kopf. Wir seien zwar ausgesprochen tolerant, aber alles hätte seine Grenzen!
«Vielleicht wäre es sogar das Beste ...», überlegte meine Frau.
«Bist du von Sinnen?» fuhr ich sie an. «In dem Alter?! Nein, der kommt mir nicht ins Haus!»
Sie frage sich nur, meinte meine Frau, ob wir das auf Dauer würden verhindern können. «Sie muss eben drinnen bleiben! Dieses Herumtreiben dulde ich nicht länger!»
Ich schlug ein neues, ernstes Gespräch mit ihr vor. «Vielleicht sollten wir auch mit dem Heim drohen.»
Meine Frau schüttelte den Kopf. «Sollten wir nicht erst mit der Fürsorge sprechen? Uns beraten lassen, was wir in einem derartigen Fall ...»
«Peinlich», nickte ich.
«Dann lass dir sonst was einfallen!» forderte meine Frau.
«Ich?» fragte ich. «Mir?»
«Natürlich!» gab meine Frau sich entschlossen. «Schliesslich ist es ja deine Mutter, oder ...?!»

Harald Romeikat

DAS FENSTER-THEATER

Die Frau lehnte am Fenster und sah hinüber. Der Wind trieb in leichten Stössen vom Fluss herauf und brachte nichts Neues. Die Frau hatte den starren Blick neugieriger Leute, die unersättlich sind. Es hatte ihr noch niemand den Gefallen getan, vor ihrem Haus niedergefahren zu werden. Ausserdem wohnte sie im vorletzten Stock, die Strasse lag zu tief unten. Der Lärm rauschte nur mehr leicht herauf. Alles lag zu tief unten. Als sie sich eben vom Fenster abwenden wollte, bemerkte sie, dass der Alte gegenüber Licht angedreht hatte. Da es noch ganz hell war, blieb dieses Licht für sich und machte den merkwürdigen Eindruck, den aufflammende Strassenlaternen unter der Sonne machen. Als hätte einer an seinen Fenstern die Kerzen angesteckt, noch ehe die Prozession die Kirche verlassen hat. Die Frau blieb am Fenster. Der Alte öffnete und nickte herüber. Meint er mich? dachte die Frau. Die Wohnung über ihr stand leer, und unterhalb lag eine Werkstatt, die um diese Zeit schon geschlossen war. Sie bewegte leicht den Kopf. Der Alte nickte wieder. Er griff sich an die Stirne, entdeckte, dass er keinen Hut aufhatte, und verschwand im Innern des Zimmers. Gleich darauf kam er in Hut und Mantel wieder. Er zog den Hut und lächelte. Dann nahm er ein weisses Tuch aus der Tasche und begann zu winken. Erst leicht und dann immer eif-

Ilse Aichinger: österreichische Schriftstellerin, 1921 in Wien geboren; schrieb Erzählungen, Dialoge und Hörspiele.

riger. Er hing über die Brüstung, dass man Angst bekam, er würde vornüberfallen. Die Frau trat einen Schritt zurück, aber das schien ihn nur zu bestärken. Er liess das Tuch fallen, löste seinen Schal vom Hals – einen grossen bunten Schal – und liess ihn aus dem Fenster wehen. Dazu lächelte er. Und als sie noch einen weiteren Schritt zurücktrat, warf er den Hut mit einer heftigen Bewegung ab und wand den Schal wie einen Turban um seinen Kopf. Dann kreuzte er die Arme über der Brust und verneigte sich. Sooft er aufsah, kniff er das linke Auge zu, als herrsche zwischen ihnen ein geheimes Einverständnis. Das bereitete ihr so lange Vergnügen, bis sie plötzlich nur mehr seine Beine in dünnen, geflickten Samthosen in die Luft ragen sah. Er stand auf dem Kopf. Als sein Gesicht gerötet, erhitzt und freundlich wieder auftauchte, hatte sie schon die Polizei verständigt.

Und während er, in ein Leintuch gehüllt, abwechselnd an beiden Fenstern erschien, unterschied sie schon drei Gassen weiter über dem Geklingel der Strassenbahnen und dem gedämpften Lärm der Stadt das Hupen des Überfallautos. Denn ihre Erklärung hatte nicht sehr klar und ihre Stimme erregt geklungen. Der alte Mann lachte jetzt, so dass sich sein Gesicht in tiefe Falten legte, streifte dann mit einer vagen Gebärde darüber, wurde ernst, schien das Lachen eine Sekunde lang in der hohlen Hand zu halten und warf es dann hinüber. Erst als der Wagen schon um die Ecke bog, gelang es der Frau, sich von seinem Anblick loszureissen.

Sie kam atemlos unten an. Eine Menschenmenge hatte sich um den Polizeiwagen gesammelt. Die Polizisten waren abgesprungen, und die Menge kam hinter ihnen und der Frau her. Sobald man die Leute zu verscheuchen suchte, erklärten sie einstimmig, in diesem Hause zu wohnen. Einige davon kamen bis zum letzten Stock mit. Von den Stufen beobachteten sie, wie die Männer, nachdem ihr Klopfen vergeblich blieb und die Glocke allem Anschein nach nicht funktionierte, die Tür aufbrachen. Sie arbeiteten schnell und mit einer Sicherheit, von der jeder Einbrecher lernen konnte. Auch in dem Vorraum, dessen Fenster auf den Hof sahen, zögerten sie nicht eine Sekunde. Zwei von ihnen zogen die Stiefel aus und schlichen um die Ecke. Es war inwischen finster geworden. Sie stiessen an einen Kleiderständer, gewahrten den Lichtschein am Ende des schmalen Ganges und gingen ihm nach. Die Frau schlich hinter ihnen her.

Als die Tür aufflog, stand der alte Mann, mit dem Rücken zu ihnen gewandt, noch immer am Fenster. Er hielt ein grosses weisses Kissen auf dem Kopf, das er immer wieder abnahm, als bedeutete er jemandem, dass er schlafen wolle. Den Teppich, den er vom Boden genommen hatte, trug er um die Schultern. Da er schwerhörig war, wandte er sich auch nicht um, als die Männer schon knapp hinter ihm standen und die Frau über ihn hinweg in ihr eigenes finsteres Fenster sah.

Die Werkstatt unterhalb war, wie sie angenommen hatte, geschlossen. Aber in die Wohnung oberhalb musste eine neue Partei eingezogen sein. An eines der erleuchteten Fenster war ein Gitterbett geschoben, in dem aufrecht ein kleiner Knabe stand. Auch er trug sein Kissen auf dem Kopf und die Bettdecke um die Schultern. Er sprang und winkte herüber und krähte vor Jubel. Er lachte, strich mit der Hand über das Gesicht, wurde ernst und schien das Lachen eine Sekunde lang in der hohlen Hand zu halten. Dann warf er es mit aller Kraft den Wachleuten ins Gesicht.

Ilse Aichinger

Wo ist der bärtige Mann ?

Wo ist der Hund ?

Wo ist der Fischer ?

Was siehst du?

DER JUNGE

Der Junge liegt auf seinem Bett und träumt. Er schläft nicht, nein, er träumt nur. Die Tür ist geschlossen, die schweren Vorhänge der Fenster sind zugezogen. Gedämpfte Laute dringen ins Zimmer. Ein Hund bellt. Ein Auto fährt vorbei. Vor dem Haus Gemurmel. Der Junge liegt mit geschlossenen Augen auf seinem Bett, hört die Geräusche und hört seinen Atem. Er erinnert sich.

Sonntags hatte er meist Fussball gespielt; er war ein ganz passabler Libero gewesen. Das fand auch sein Trainer. Nach den Spielen hatte die Mannschaft oft gefeiert und feixend von der Zukunft in der Bundesliga geredet. Na ja, denkt der Junge. Andere Dinge fallen ihm ein. Die vielen Ausflüge, die Radtouren mit seinen Freunden, die Nachmittage am See, die Abende in der Stadt. Der Junge war oft ausgegangen. Irgendwann hatte er dabei auch das Mädchen getroffen. Der Junge freut sich, als er an sie denkt. Das Mädchen hatte Sommersprossen und ein helles Lachen. Das hat er immer besonders gern gehabt.

Dem Jungen fällt wieder alles ein. Wie er mit seinem besten Freund durch den Wald gestreunt ist. Wie sie heimlich ihr erstes Bier getrunken haben. Wie sie sich gemeinsam über ihre Lehrer ärgerten. Die Feten im Partykeller fallen ihm ein, der Sommerurlaub in Italien, sein erstes Mofa und das Dire-Straits-Konzert, der erste Platz im 100-Meter-Lauf beim Schulsportfest, die Kinovorstellung, in der er zappelig vor Aufregung dem Mädchen den Arm um die Schultern gelegt hat. Der Junge träumt von all diesen Stunden, diesen vielen lustigen, glücklichen Stunden, der unbeschwerten Fröhlichkeit dieser Zeit. Lange Zeit träumt er so und lächelt dabei ein bisschen.

Dann geht die Tür auf. Die schweren Vorhänge werden auseinandergezogen, die Fenster geöffnet. «Essen», sagt ein junger Mann freundlich. Er tritt ans Bett und greift dem Jungen unter Arme und Oberschenkel. Er hebt ihn aus dem Bett. «Hunger?» fragt der Mann, ohne eine Antwort zu erwarten. Dann schiebt er den Jungen aus dem Zimmer. Als sie über die Türschwelle fahren, quietschen die Gummireifen des Rollstuhls leise. Der Junge träumt nun nicht mehr. Jetzt weint er.

Bert Losse

SAISONBEGINN

Die Arbeiter kamen mit ihrem Schild und einem hölzernen Pfosten, auf den es genagelt werden sollte, zu dem Eingang der Ortschaft, die hoch in den Bergen an der letzten Passkehre lag. Es war ein heisser Spätfrühlingstag, die Schneegrenze hatte sich schon hinauf zu den Gletscherwänden gezogen. Überall standen die Wiesen wieder in Saft und Kraft; die Wucherblume verschwendete sich, der Löwenzahn strotzte und blähte sein Haupt über den milchigen Stengeln; Trollblumen, welche wie eingefettet mit gelber Sahne waren, platzten vor Glück, und in strahlenden Tümpeln kleinblütiger Enziane spiegelte sich ein Himmel von unwahrscheinlichem Blau. Auch die Häuser und Gasthöfe waren wie neu: ihre Fensterläden frisch angestrichen, die Schindeldächer gut ausgebessert, die Scherenzäune ergänzt. Ein Atemzug noch: dann würden die Fremden, die Sommergäste, kommen – die Lehrerinnen, die mutigen Sachsen, die Kinderreichen, die Alpinisten, aber vor allem die Autobesitzer in ihren grossen Wagen

Elisabeth Langgässer (1899 – 1950): deutsche Schriftstellerin, schrieb vor allem Gedichte und Erzählungen.

... Ford und Mercedes, Fiat und Opel, blitzend von Chrom und Glas. Das Geld würde anrollen. Alles war darauf vorbereitet. Ein Schild kam zum andern, die Haarnadelkurve zu dem Totenkopf, Kilometerschilder und Schilder für Fussgänger: Zwei Minuten zum Café Alpenrose. An der Stelle, wo die Männer den Pfosten in die Erde einrammen wollten, stand ein Holzkreuz, über dem Kopf des Christus war auch ein Schild angebracht. Seine Inschrift war bis heute die gleiche, wie sie Pilatus entworfen hatte: J. N. R. J. – die Enttäuschung darüber, dass es im Grunde hätte heissen sollen: er behauptet nur, dieser König zu sein, hatte im Laufe der Jahrhunderte an Heftigkeit eingebüsst. Die beiden Männer, welche den Pfosten, das Schild und die grosse Schaufel, um den Pfosten in die Erde zu graben, auf ihren Schultern trugen, setzten alles unter dem Wegekreuz ab; der dritte stellte den Werkzeugkasten, Hammer, Zange und Nägel daneben und spuckte ermunternd aus.
Nun beratschlagten die drei Männer, an welcher Stelle die Inschrift des Schildes am besten zur Geltung käme; sie sollte für alle, welche das Dorf auf dem breiten Passweg betraten, besser: befuhren, als Blickfang dienen und nicht zu verfehlen sein. Man kam also überein, das Schild kurz vor dem Wegekreuz anzubringen, gewissermassen als Gruss, den die Ortschaft jedem Fremden entgegenschickte. Leider stellte sich aber heraus, dass der Pfosten dann in den Pflasterbelag einer Tankstelle hätte gesetzt werden müssen – eine Sache, die sich von selbst verbot, da die Wagen, besonders die grösseren, dann am Wenden behindert wären. Die Männer schleppten also den Pfosten noch ein Stück weiter hinaus bis zu der Gemeindewiese und wollten schon mit der Arbeit beginnen, als ihnen auffiel, dass diese Stelle bereits zu weit von dem Ortsschild entfernt war, das den Namen angab und die Gemeinde, zu welcher der Flecken gehörte. Wenn also das Dorf den Vorzug dieses Schildes und seiner Inschrift für sich beanspruchen wollte, musste das Schild wieder näherrücken – am besten gerade dem Kreuz gegenüber, so dass Wagen und Fussgänger zwischen beiden hätten passieren müssen.
Dieser Vorschlag, von dem Mann mit den Nägeln und dem Hammer gemacht, fand Beifall. Die beiden anderen luden von neuem den Pfosten auf ihre Schultern und schleppten ihn vor das Kreuz. Nun sollte also das Schild mit der Inschrift zu dem Wegekreuz senkrecht stehen; doch es zeigte sich, dass die uralte Buche, welche gerade hier ihre Äste mit riesiger Spanne nach beiden Seiten wie eine Mantel-

madonna ihren Umfang entfaltete, die Inschrift im Sommer verdeckt und ihr Schattenspiel deren Bedeutung verwischt, aber mindestens abgeschwächt hätte. Es blieb daher nur noch die andere Seite neben dem Herrenkreuz, und da die erste, die in das Pflaster der Tankstelle überging, gewissermassen den Platz des Schächers zur Linken bezeichnet hätte, wurde jetzt der Platz zur Rechten gewählt und endgültig beibehalten. Zwei Männer hoben die Erde aus, der dritte nagelte rasch das Schild mit wuchtigen Schlägen auf; dann stellten sie den Pfosten gemeinsam in die Grube und rammten ihn rings von allen Seiten mit grösseren Feldsteinen an.

Ihre Tätigkeit blieb nicht unbeachtet. Schulkinder machten sich gegenseitig die Ehre streitig, dabei zu helfen, den Hammer, die Nägel hinzureichen und passende Steine zu suchen; auch einige Frauen blieben stehen, um die Inschrift genau zu studieren. Zwei Nonnen, welche die Blumenvase zu Füssen des Kreuzes aufs neue füllten, blickten einander unsicher an, bevor sie weitergingen. Bei den Männern, die von der Holzarbeit oder vom Acker kamen, war die Wirkung verschieden: einige lachten, andere schüttelten nur den Kopf, ohne etwas zu sagen; die Mehrzahl blieb davon unberührt und gab weder Beifall noch Ablehnung kund, sondern war gleichgültig, wie sich die Sache auch immer entwickeln würde. Im ganzen genommen konnten die Männer mit der Wirkung zufrieden sein. Der Pfosten, kerzengerade, trug das Schild mit der weithin sichtbaren Inschrift, die Nachmittagssonne glitt wie ein Finger über die zollgrossen Buchstaben hin und fuhr jeden einzelnen langsam nach wie den Richtspruch auf einer Tafel … Auch der sterbende Christus, dessen blasses, blutüberströmtes Haupt im Tod nach der rechten Seite geneigt war, schien sich mit letzter Kraft zu bemühen, die Inschrift aufzunehmen: man merkte, sie ging ihn gleichfalls an, welcher bisher von den Leuten als einer der Ihren betrachtet und wohl gelitten war. Unerbittlich und dauerhaft wie sein Leiden, würde sie ihm nun für lange Zeit schwarz auf weiss gegenüberstehen.

Als die Männer den Kreuzigungsort verliessen und ihr Handwerkszeug wieder zusammenpackten, blickten alle drei noch einmal befriedigt zu dem Schild mit der Inschrift auf. Sie lautete: «In diesem Kurort sind Juden unerwünscht.»

Elisabeth Langgässer

GESCHICHTE EINER STUNDE

Alle wussten, dass Mrs. Mallard herzleidend war. Man bemühte sich deshalb, ihr die Nachricht vom Tod ihres Gatten so schonend wie möglich beizubringen. Ihre Schwester Josephine sagte es ihr schliesslich mit Halbsätzen, verschleierten, gerade dadurch offenen Anspielungen. Ein Freund ihres Mannes, Richards, war auch gekommen und setzte sich zu ihr. Er war in der Redaktion der Zeitung gewesen, als die Nachricht von der Eisenbahnkatastrophe eintraf, und Brently Mallards Name stand an der Spitze der Liste der Opfer. Er hatte nur noch ein zweites bestätigendes Telegramm abgewartet und war dann zu Mrs. Mallard geeilt, um zu verhindern, dass ein unvorsichtigerer, weniger einfühlsamer Freund die traurige Nachricht überbrächte.

Sie nahm die Geschichte nicht auf wie so viele Frauen, die gelähmt ausserstande sind, ihre volle Bedeutung zu begreifen. Sie weinte sofort, in den Armen ihrer Schwester, mit plötzlicher wilder Hingabe. Als der erste Sturm von Schmerz verebbt war, ging sie allein auf ihr Zimmer. Sie wollte niemanden mitkommen lassen.

Vor dem offenen Fenster stand ein bequemer grosser Lehnstuhl, in den sie sank, niedergezwungen von einer Erschöpfung, die ihren Körper ergriff und bis in ihre Seele zu dringen schien.

Draussen konnte sie die Baumwipfel vor ihrem Haus sehen, die vor neuem Frühlingsleben erzitterten. Der zarte Geruch von Regen lag in der Luft. Unten auf der Strasse rief ein Händler seine Waren aus. Die Fetzen eines Liedes erreichten sie schwach von fern, und unzählige Spatzen zwitscherten auf den Dachrinnen.

Hie und da zeigten sich jetzt Flecken von blauem Himmel zwischen den Wolken, die sich im Westen, wohin sie aus ihrem Fenster schaute, gesammelt und aufeinandergetürmt hatten.

Den Kopf in die Kissen zurückgeworfen, lehnte sie reglos, wenn nicht ab und zu ein Schluchzen sie schüttelte; wie ein Kind, das sich in den Schlaf geweint hat, im Traum weiterschluchzt.

Sie war jung, hatte ein klares ruhiges Gesicht, dessen Linien Gefühlsbeherrschung andeuteten, ja, eine gewisse Stärke. Doch jetzt war ein dumpfes Starren in ihren Augen, die auf einen weit entfernten Punkt, einen der Flecken von Blau geheftet waren. Es war kein nachdenklicher Blick, sondern einer, der eher das Fehlen von bewusstem Nachdenken verriet.

Etwas kam auf sie zu, und sie wartete ihm entgegen, voll Angst. Was war es? Sie wusste es nicht; es war zu flüchtig und unbestimmt. Doch sie fühlte es, wie es vom Himmel kriechend sich näherte, sie durch Geräusche, Düfte, die Farben, die die Luft

erfüllten, hindurch erreichte. Ihre Brust hob und senkte sich aufgeregt. Sie fing an zu erkennen, was von ihr Besitz zu ergreifen herannahte. Mit Willenskraft suchte sie es zurückzuschlagen – doch ihr Wille erwies sich als ebenso schwach, wie es ihre weissen schlanken Hände gewesen wären.
Als sie sich ergab, entschlüpfte ihren halbgeöffneten Lippen ein Wispern. Immer wieder formten sie die Worte: «Frei, frei, frei!» Das leere Starren und der darauffolgende erschrockene Blick gingen aus ihren Augen. Sie wurden hell und klar. Ihr Puls schlug schnell, und das zirkulierende Blut wärmte und entspannte jede Faser ihres Körpers. Sie hielt sich nicht mit der Frage auf, ob das, was sie empfand, übergrosse Freude sei oder etwas anderes. Ihre klar gesteigerte Wahrnehmung erlaubte ihr, dies jetzt als unwichtig abzutun.
Sie wusste, sie würde wieder weinen, wenn sie die lieben zärtlichen Hände im Tode gefaltet sähe; das Gesicht, das sie nie anders als liebevoll angesehen hatte, starr und grau und tot. Doch jenseits dieses bitteren Augenblicks sah sie eine lange Reihe von Jahren, die uneingeschränkt ihr gehören würden. Und sie breitete die Arme aus, sie zu begrüssen.
In den kommenden Jahren würde sie niemanden ihr Leben für sie leben lassen; sie würde für sich selbst leben. Kein machtvoller Wille würde den ihren beugen, mit jener blinden Hartnäckigkeit, mit der Männer und Frauen glauben, sie hätten das Recht, ihren persönlichen Willen einem Mitmenschen aufzuzwingen. Gute und böse Absicht schien solches Verhalten gleichermassen zum Verbrechen zu machen – so schien es ihr, in diesem kurzen Augenblick von Einsicht.
Und doch hatte sie ihn geliebt – manchmal. Oft eher nicht. Was machte das aus! Was könnte Liebe, jenes ungelöste Geheimnis, noch bedeuten angesichts dieses Selbstbewusstseins, das sie plötzlich als den stärksten Antrieb ihres Seins erkannte.
«Frei! Körper und Seele – frei!» flüsterte sie immer wieder.
Josephine kniete vor der verschlossenen Tür, ihre Lippen am Schlüsselloch, um Einlass bittend. «Luise, öffne die Tür! Ich bitte dich, mach die Tür auf – du machst dich nur krank. Was tust du denn, Luise? Um Gottes willen, mach auf.»
«Lass mich. Ich werde nicht krank.» Nein, sie sog ein wahres Lebenselixier durch das offene Fenster ein.
Ihre Phantasie überschlug sich vor Schwelgen in der Zeit, die sie vor sich hatte. Frühlingstage und Sommertage und alle Arten von Tagen, die ihr allein gehören würden. Schnell betete sie um ein langes Leben. Noch gestern hatte sie der Gedanke an ein langes Leben schaudern lassen.
Nach einer ganzen Weile stand sie auf und öffnete ihrer drängenden Schwester die Tür. Ein fiebriger Triumph lag in ihren Augen, und unbewusst trat sie auf mit der Haltung einer Siegesgöttin. Sie legte ihren Arm um die Hüfte ihrer Schwester, und gemeinsam gingen sie die Treppe hinunter. Richards stand unten und erwartete sie.
Jemand öffnete mit einem Schlüssel die Haustür. Brently Mallard trat ein, etwas mitgenommen von der Reise, wie gewohnt mit Tasche und Schirm. Vom Unfallort war er weit entfernt gewesen; er hatte auch nicht erfahren, was vorgefallen war. Überrascht hörte er Josephines grellen Schrei, sah er, wie Richards ihn mit einer schnellen Handbewegung vor seiner Frau zu verstecken suchte.
Doch Richards hatte zu spät reagiert.
Die Ärzte kamen und sagten, sie sei an Herzversagen gestorben – vor Glück, das tötet.

Kate Chopin

14. KAPITEL
NICHT MIT MIR

Meine Zukunft

Ein Schulabschluss
ein paar wilde Jahre
ein Haufen Idealismus
ein Beruf
eine Hochzeit
eine Wohnung
ein paar Jahre weiterarbeiten
eine Wohnzimmergarnitur
ein Kind
eine wunderschöne komfortable Einbauküche
noch'n Kind
ein Mittelklassewagen
ein Bausparvertrag
ein Farbfernseher
noch'n Kind
ein eigenes Haus
eine Lebensversicherung
eine Rentenversicherung
eine Zusatz-Krankenversicherung
ein Zweitwagen mit Vollkaskoversicherung
und so weiter ...
und so weiter ...
Hoffentlich bin ich stark genug,
meiner Zukunft zu entgehen!

Nina Achminow

An ein Mädchen

Sie erwarten
dass du verzichtest:
zuerst auf das spiel
mit den brüdern
dann darauf
zu lernen
was dir gefällt
später
auf den beruf
als junge mutter
aufs ausgehn
vergnügtsein
auf urlaub
auf eigene wünsche
auf einsamkeit
glück
zuletzt auf dich selbst

Wehr dich
und lebe!
Verzichte darauf
zu verzichten!

Elfriede Haslehner

Züchtungserfolg

nach dem versuch
mich zurechtzustutzen
blühe ich
wie verrückt

Astrid Tümpel

WARNUNG

kleiner mann hab acht
was man mit dir macht

lass dein hirn nicht rosten
denn du kennst den schlich
geht es um die kosten
braucht man sicher dich

darum sei nicht dümmer
als man grad noch muss
zahlen muss man immer
meist zahlst du zum schluss

sei es mit dem leben
sei es nur mit geld
zahlen muss man eben
denn so ist die welt

kleiner mann hab acht
was man mit dir macht

Kurt Marti

Kleine Frage

Glaubst du
du bist noch
zu klein
um grosse
Fragen zu stellen?

Dann kriegen
die Grossen
dich klein
noch bevor du
gross genug bist

Erich Fried

Warnung

Komm aus der Höhe herab
steig mal von deinem Ross

sieh einfach zu und staune

wie ich den Kopf hebe
die Schultern, die Arme
davonfliege in klarer Luft
ohne mich umzusehen nach dir.

Ursula Krechel

Schweizer Gesang

Canto por las luchas de mi pueblo. José Armijo

Mein Volk leidet nicht
unter Gewehren und Generälen.
Mein Volk hungert nicht.
Ich könnte keine Lieder singen
für den Kampf um ein Vaterland,
José Armijo, Maria da Paz, Gioconda Belli, wie ihr*.
Wir haben keinen Kampf
um die Freiheit eines Landes,
der uns zusammenschweissen würde.
Das Brot gibt es täglich,
die Arbeit mehr oder weniger.
Wir leiden nicht Not
am Äussersten.
Mein Volk ist viel ärmer:

Es leidet an sich.

Isabelle Schaub

*José Armijo: salvadorianischer Freiheitssänger;
Maria da Paz: brasilianische Freiheitssängerin;
Gioconda Belli: Lyrikerin aus Nicaragua.

SEIT TAGEN FÜHLTE ICH MICH NICHT MEHR WOHL IN MEINER HAUT

Ein Windstoss stülpt meine Kapuze nach hinten. Der Boden gibt etwas nach unter meinen Tritten. Ich höre ein Geräusch von nassen Wurzeln und Quellen unter meinen Stiefeln. Man müsste auch jenen Nachmittag, als ich beinah fünfzehn war, wegwischen. Ich kam ganz gekräuselt vom Friseur. Ich, die das immer hasste. Ich trug mein Sonntagskleid und Strümpfe. Ich wartete darauf, abgeholt zu werden, um Lilianes Hochzeit beizuwohnen. Ich war offiziell von der Familie dazu abgeordnet worden. Das musste würdig geschehen. Ich sollte eine schöne Chopin-Arabeske spielen. Aber seit Tagen fühlte ich mich nicht mehr wohl in meiner Haut. Eine grosse Bestürzung, eine unbestimmte physische Revolte war in mir. Und dann litt ich unter meinen Locken an jenem Nachmittag. Beim Gedanken an alles, was ich zu bestehen hatte – die sonntäglich zurechtgemachten, fröhlichen Leute, das Lampenfieber vor meinem Klavierspiel, das Glück aus Pappe und Eiszucker all dieser Leute, den entwürdigenden Lärm ihres Gelächters, das vorsichtige Gelegenheitslächeln und die Konversation der Vettern –, überkam mich das Gefühl, ich werde verrückt. Ich wälzte mich auf meinem Bett, war wütend auf meine Strümpfe, meine Haare, mein Kleid, ich schlug so heftig darauf ein, dass ich zum Zeitpunkt, als es an der Türe klingelte, mit zerfetzten Strümpfen, zerknittertem Kleid und struppigen Haaren dastand, ratloser denn je. Meine Mutter schlug mich vor Bestürzung, auch aus Zorn, aber vor allem aus Angst, glaube ich. Sie begriff nicht. Sie hatte alles vorbereitet. Ihr Markenzeichen. Aber da zerstörte ich alles. Und sie begriff nicht warum.

Anne-Lise Grobéty

WAS ICH FÜHLE

Manchmal ist da so ein Gefühl, ein Gefühl, das mir so fremd und doch so bekannt ist. Dann muss ich ganz viel Luft holen, und ich fühle mich plötzlich so stark, dass ich glaube, nichts wäre mir mehr zu schwer. Und ich möchte etwas ganz Besonderes tun, die ganze Welt befreien oder mich gegen die Ungerechtigkeit auflehnen. Aber dann, dann werde ich plötzlich ganz müde und traurig, und ich möchte alles hinter mir lassen. Und ich merke, dass ich allein bin, dass ich niemanden befreien kann und auch nicht den Mut habe, mich gegen die Ungerechtigkeit aufzulehnen. Und ich weine, warte auf jemanden, der mich versteht, der tröstend seinen Arm um mich legt, und habe gleichzeitig Angst, jemand könnte erkennen, dass ich in Wirklichkeit gar nicht stark bin.

Renate Anders (15 Jahre)

SARA

Was da eigentlich genau passiert ist, weiss ich nicht mehr. Mutter sagt, das mache nichts, ich sei ja so lange bewusstlos gewesen. Aber an einige Sachen kann ich mich trotzdem gut erinnern. Da ist das hilflose, flehende Gesicht von Sara, mit dem eigentlich alles begann. Sara stand an der Ecke des Hauses, umlagert von Jungen, die lachten und sie mit Steinen und Beeren bewarfen. Dabei kann Sara nichts dafür, dass sie Ausländerin ist und nur einen Arm hat.
Sie ist doch Spitze! Und nun war sie zurückgedrängt worden und wurde von den Jungen geärgert. Als ich das sah, bekam ich eine Wut. Ich rannte zwischen die Übeltäter, vergass, dass sie in der Überzahl waren, und schlug zu. Einfach so, nach links und rechts. Mein einziges Ziel war, Sara zu schützen, die sich nicht wehren konnte, weil sie im Vietnamkrieg einen Arm verloren hatte.
Plötzlich fasst mich jemand hart im Genick und schleudert mich zu Boden. Die drei anderen Jungen fangen an, auf mich einzuschlagen. Das macht mich erst recht wütend, und ich kratze wie eine Katze. Währenddessen hat Sara versucht, sich davonzumachen. Erfolglos. Ich habe nun jedoch einen Gegner weniger. Ich schlage wie eine Wilde um mich und kann mich immer wieder entwinden. Was dann passiert, weiss ich kaum noch. Irgendwie verliere ich jedenfalls das Gleichgewicht und falle rückwärts auf die Strasse. Quietschen, Schreie, Schmerz, aus! ...
Gestern bin ich aufgewacht, alles tat mir weh. Zwei Tage war ich bewusstlos gewesen. Wegen Sara! Warum ärgern die Jungen sie eigentlich so oft?
Immer wieder sehe ich, wie Menschen ausgestossen werden, nur weil sie anders sind – anders aussehen, anders sprechen.
Ich verstehe das nicht. Alle reden sie von Frieden und von Toleranz. Warum tun sie das, wenn sie nicht einmal ihre Mitmenschen akzeptieren – die Gastarbeiter, die Behinderten?!?!

Katrin Thier (13 Jahre)

POSTKARTE AN JUNGE MENSCHEN

Gebt nicht nach, wie wir getan haben,
Folgt den Verlockungen nicht, denkt nach, verweigert,
Verweigert, lehnt ab.
Denkt nach, eh ihr Ja sagt,
Glaubt nicht sofort, glaubt auch dem Einleuchtenden nicht,
Glauben schläfert ein, und ihr sollt wach sein.
Fangt mit einem weissen Blatt an, schreibt selber die ersten Worte,
Lasst euch nichts vorschreiben.
Hört gut zu, hört lange zu, aufmerksam,
Glaubt der Vernunft nicht, der wir uns unterwarfen.
Fangt mit der stummen Revolte des Nachdenkens an, prüft
Und verwerft.
Bildet langsam das Ja eures eigenen Lebens.
Lebt nicht wie wir.
Lebt ohne Furcht.

Walter Bauer

AM LETZTEN TAG

Der Regen klatschte gegen die Fensterscheibe. Sie kuschelte sich noch einmal in die Federn. Der Stapel Tagesbote lag schon vorm Hoftor. Zum letztenmal. Morgen konnte es regnen oder schneien oder hageln oder die Sonne scheinen. Vor acht würde sie nicht aufstehen, nie mehr. Ein Lächeln setzte sich bei dem Gedanken in ihrem Gesicht fest; es sollte den ganzen Tag bleiben. Sie lud die Zeitungen auf den Handkarren. Um vier Uhr morgens gehörte ihr die Strasse allein. Das Geld wird fehlen, gewiss, aber sie war schon dreiundsiebzig. Die Beine wurden manchmal fast steif, als streikten sie gegen die viele Lauferei. Der Atem war kurz geworden. Die nächsten Jahre musste sie mit ihrer schmalen Rente auskommen. Die eisenbeschlagenen Räder des Wagens rollten knirschend über den nassen Asphalt. Die kleine Stadt schlummerte noch, träumte vielleicht, eine grosse Stadt zu werden oder ein kleines Dorf. Auf einer Mauer sass eine durchnässte Katze. «Na, Stromerin», sagte die Alte. Sie war in ein Plastikcape gehüllt, wollene Handschuhe schützten die Finger. Seit über zwanzig Jahren trug sie den Tagesboten aus. Sie kannte ihre Kundschaft, wusste Geschichten und Anekdoten, Heiteres und Trauriges, Leben und Tod. Sie tratschte nicht.

Der Regen stürzte sich auf sie, als sei er wütend, weil sie zum letztenmal die Zeitungen austrug. Trotz des Sauwetters zog sie den Karren mit einer gewissen Andacht hinter sich her. Vor jeder Zeitungsbox, jedem Briefkasten verharrte sie ein paar Sekunden, als sei sie sich nicht sicher, ob in dem Haus wirklich ein Abonnent wohnte. Sie zögerte nicht ohne Grund. Schon seit einer Woche. Nächtelang hielt sie mit ihrem verstorbenen Mann Zwiesprache. Tu es, Anni, sagte Hermann Büschel. Ja, der Hermann hätte es sicher getan, für sowas ging er sogar ins Zuchthaus, damals siebenunddreissig. Sie hielt sich raus. Es war Männersache.

Es schlug fünf. Der Morgen dämmerte regengrau und unausgeschlafen. Ab und zu klingelte ein Wecker. Autos wurden aus Garagen gefahren. Bleiche Gesichter huschten an ihr vorbei und nickten ihr dumpf zu. Ahnungslos. Eine alte Frau in solche Umstände zu bringen. Der Berti hat aber auch Ideen. Berti war der Enkel ihrer Schwester. Er nannte sie Oma Anni. Das gefiel ihr. «Die Leute kriegen es

mit der Zeitung auf den Frühstückstisch», sagte Berti. «Ein Hammer!»
«Aber korrekt ist es nicht», sagte sie.
Der Wagen war leer. Sie freute sich auf heissen Kaffee und auf zwei oder drei Schmalzbrote.
Sie hatte es gewagt. Sie zitterte nicht, als am anderen Tag der Vertriebschef in ihrer Küche stand. Sie schnitt Karotten in die Suppe.
«Wenn wegen ihrer Tollheit Abbestellungen eingehen», fauchte der Mann, «müssen Sie uns Schadenersatz bezahlen.»
Für einen Augenblick zirkulierte das Blut etwas schneller in ihren Adern. Dann dachte sie, wo nichts ist, ist nichts zu holen. Sie lächelte nachsichtig. Der Vertriebschef schlug die Tür hinter sich zu.
Während sie die Suppe durchrührte, war ihr, als würde Hermann Büschel zu ihr sprechen. Bravo, mein Mädchen, sagte er. Recht so. Ich hätte die Flugblätter auch in die Zeitungen gelegt, gegen die Raketen und den ganzen Rüstungswahnsinn …
Sie nahm den Topf vom Herd. Ob die Neue weiss, dass der Apotheker Schulz seine Zeitung über das Tor geworfen haben will? Dann streute sie noch eine Prise Salz in die Suppe.

Herbert Friedmann

DER APPARAT

Diktaphon: Aktennotiz: Am 12. 12. rief Herr Petermüller aus der Goethestrasse an und teilte mit, dass die Bewohner aus dem Nachbarhaus ein Mädchen beobachtet hätten, das mit einer Stange an den Briefkästen herumwuchtete. Wahrscheinlich war es ein jugoslawisches Mädchen, das im –
(Das Telefon klingelt.)
Frau Müller: Stegmann-Hausverwaltungen-Müller-guten-Tag? Nein, der hat Besprechung. – Morgen zwischen 8 und 12 Uhr. – Ja. – Auf Wiederhören.
Diktaphon: – jugoslawisches Mädchen, das im 3. Geschoss des Hochhauses Nr. 11 wohnt. Möglicherweise wisse Frau Deppe aus dem Nachbarhaus Genaueres.
(Die Maschine druckt mit Getöse den Text aus.)
Diktaphon: Aktennotiz: Am 16. 12. ruft Frau Gans –
(Das Telefon klingelt schon wieder. Frau Müller hebt ab und hängt gleich wieder ein.)
Diktaphon: – ruft Frau Gans an und teilt mit, die unter ihr wohnende Eigentümerin, Frau Stille, halte in ihrer Wohnung zwei Hunde. Diese bellten teilweise nach 22 Uhr noch. Frau Gans bat uns darum, Frau Stille vor Weihnachten nicht mehr anzuschreiben, damit diese noch ein ungetrübtes Fest erleben könne. Danach sollen aber sofort Massnahmen ergriffen werden.
(Die Maschine rattert; die Notiz läuft durch.)
Müller: Mist – verdammter!!
(Man hört sie fluchend den Deckel der Maschine aufklappen, daran herumwerkeln und den Deckel wieder zuklappen.)
Diktaphon: Brief an Dr. Liebknecht: Sehr geehrter Herr Doktor und so weiter. Von einem Eigentümer Komma der neben Ihrer Wohnung Im Sturz 2 wohnt Komma wurde uns mitgeteilt Komma dass mit Eszett der Balkon Ihres Mieters total verdreckt sei Punkt Absatz. Eine Beeinträchtigung –
(Das Telefon klingelt. Frau Müller macht kurzen Prozess wie beim letzten Mal, nur knallt der Hörer eine Spur lauter auf die Gabel.)
Diktaphon: – Beeinträchtigung der Gemeinschaft kann man momentan ohne weiteres nicht erkennen Punkt Trotzdem teilen wir Ihnen dies mit Komma da es für Sie sicherlich von Interesse –
Müller: Herrgottnochmal!!
(Ein Riesenknall folgt, die Tür geht auf, der Herr Chef kommt.)

CHEF: Frau Müller, was war das eben für ein Knall?
MÜLLER: Das war der Deckel des Schreibcomputers. Ich habe ihn zugeknallt.
CHEF: Sind Sie verrückt geworden?! Das Gerät hat über 8000 Mark gekostet!
MÜLLER: Es funktioniert aber nicht! Das Farbband wickelt sich um das Typenrad, und davon brechen beim Ausdrucken die Buchstabenspeichen ab.
CHEF: Dann rufen Sie die Servicefirma an. So können Sie doch nicht mit einem so teuren Gerät umgehen! Ruiniert mir hier meine Maschine!! Gehen Sie denn zu Hause mit Ihrer Spülmaschine genauso um?
MÜLLER: Ich spüle mit der Hand. Das hat damit überhaupt nichts zu tun, sondern eher mit meinem Verhältnis zu Maschinen im allgemeinen. Mein Verhältnis zu Apparaten ist eben ein Besitzverhältnis und kein persönliches. Je mehr sie mich kosten, desto vorsichtiger gehe ich damit um. Dieser hier hat mich keinen Pfennig gekostet …
CHEF: Nun höre sich das einer an! Meinen Sie im Ernst, ich lasse mir hier von einer kleinen Angestellten in aller Unschuld meinen teuren Apparat demolieren?!
MÜLLER: Das ist wahrscheinlich genau das Problem. Der Apparat gehört zwar Ihnen, aber Sie können nichts damit anfangen, weil Sie nicht wissen, wie er funktioniert. Ich dagegen weiss das, aber mir gehört der Apparat nicht, und deswegen gehe ich unvorsichtig damit um. *Wenn* der Apparat mir gehören *würde,* würde ich ihn sinnvoller einsetzen.
CHEF: Frau Müller, ich gebe Ihnen einen guten Rat: Nehmen Sie sich in acht. Sie sind nicht einmalig auf der Welt und bei der derzeitigen Arbeitslosenquote *leicht* zu ersetzen.
MÜLLER: So. Sie meinen, der Apparat muss geschützt werden und ist unersetzlich, während ich austauschbar bin. Vielleicht bin ich das, aber bevor Sie mir das beweisen, hören Sie mir noch einen Augenblick zu: Es ist nicht erstrebenswert, den ganzen Tag auf einen Bildschirm zu starren, bis die Augen brennen, von den Rückenschmerzen ganz zu schweigen, weil ich hier auf dem billigsten Stuhl im ganzen Büro sitze, während Sie und der Kollege Weissdorn sich auf 800-Mark-Stühlen räkeln. Und ich wette, Sie wissen nicht, wie spröde man vom Abhören dieser stupiden Bänder wird. Es interessiert mich nämlich nicht, welcher Mieter wann auf seinem Balkon unrechtmässig gegrillt hat und dass im Haus 16A seit drei Tagen zwei Mülltüten im Aufzug rauf- und runterfahren! Haben Sie sich übrigens schon mal gefragt, wieso die nicht einfach jemand wegräumt? Wieso statt dessen der Hausmeister geholt werden musste, der höchstpersönlich den Müll durchwühlt hat, um festzustellen, wer der

Missetäter war? Und statt den Denunzianten zurechtzuweisen, wie es jeder Schullehrer gemacht hätte, weil Petzen eine Sauerei ist, wird die Familie Klein, der nichts besseres einfiel, als die Schuld an dem Desaster auf ihren Sohn zu schieben, angewiesen, ihrem Sohn «aufs schärfste» zu verbieten, Mülltüten in den Fahrstuhl zu stellen. Ich kann mir nicht helfen, ich finde das armselig. Denken Sie, ich hätte keinen Kopf und würde mir zu all diesem Schwachsinn nichts denken? Es interessiert mich noch viel weniger, dass alle Mieter das gleiche Klingelschildchen haben müssen und das Fräulein Rosenkraut aus dem 16. Stock ihre selbstgemalten Bilder im Flur abhängen muss, weil das den Gesamteindruck stört! Ich habe einfach keine Lust mehr, derartige Briefe zu schreiben. Briefe, die die Würde der Menschen verletzen und schlichtweg unmenschlich sind, weil Sie mit Ihren Vorschriften lauter gleichgrosse Würfelchen aus den Leuten machen wollen, damit sie besser ins Gesamtbild Ihrer Betonklötze passen. Ich finde es zum Kotzen –

CHEF: Frau *Müller!!!*

MÜLLER: *Zum Kotzen,* dass Sie die Eltern von Kindern bedrohen, nur weil die Kinder versucht haben, auf den Neonfluren zu spielen, und dass Sie sich keinen Moment fragen, wo die Kinder eigentlich spielen sollen. Diese Briefe und diese Maschine, die durch Ihre Briefe noch viel blöder wird, als sie ohnehin schon ist – das ist *Ihr* Lebensinhalt, nicht meiner. Sie dürfen das auf gar keinen Fall verwechseln. Wissen Sie, ich denke, dass Ihre teure Maschine hier durch das, was auf ihr geschrieben wird, viel mehr geschändet wird als durch mein Deckelzuknallen ab und zu.

CHEF: Frau Müller, es reicht, das Mass ist voll. Schreiben Sie: An Frau Müller, sehr geehrte und so weiter. Hiermit sprechen wir Gedankenstrich fristgerecht 6 Wochen vor Quartalsende Gedankenstrich zum 1. Februar die Kündigung aus Punkt Mit freundlicher Empfehlung Absatz Stegmann Hausverwaltungen GmbH und Co. KG Ende des Bandes.

(Die Maschine rattert den Text heraus.)

MASCHINE: An Herrn Stähgmann

CHEF: Wieso? Was soll das? Frau Müller –

MASCHINE: Sähr geährter und so weiteräh. Hiermitz gäbe ich, Ihr Apparatt, Ihnen einäh Frististist von 5 Sekundenen, sich Ihren Äntschlutzpfz zu überröcheln, andernfalltzssss ich explodirrrren wärde kräcks. Mit freundelicheräh Ämpfählunk CHRC GmbH undäh Korx

(Es knallt.)

Hanna Weimer

DAS ROSA SEIDENKLEID

Die Kabine war eng und stickig, die Vorhänge schlossen nicht richtig, und davor warteten schon andere mit Bergen von Kleidern über dem Arm und blinzelten ungeduldig zu mir herein. Ich merkte, wie mir der Schweiss ausbrach, ich konnte es nicht verhindern, ich fragte mich, was ich hier machte. Natürlich wusste ich, was ich machte. Ich verbrachte diesen wunderschönen Samstagnachmittag damit, mir neue Kleider zu kaufen … Ich fragte mich nur, was ich mir dabei gedacht hatte.
Ich begann mich auszuziehen. Die Kabine war sofort von säuerlichem Schweissgeruch erfüllt. Pure Angst.
So eng die Kabine auch war, man hatte nicht auf den Einbau eines Spiegels verzichtet. Es war ein billiger Spiegel, der irgendwie verzerrend wirkte, ähnlich wie im Spiegelkabinett, ich kam mir jedenfalls einiges gedrungener vor als sonst. Mit dem Licht war wohl auch irgend etwas nicht in Ordnung, oder wie kam es, dass mein Gesicht plötzlich so fleckig war und meine Kleider so schäbig wirkten? Die Hose zu kurz, ich zog sie aus und warf sie auf den Boden, die Bluse zerknittert, weg damit, die Schuhe ausgebeult, die Unterhose löchrig … Ich schaute noch einmal genau hin, tatsächlich, ich hatte eine alte Unterhose angezogen, ausgeleiert und mottenzerfressen. Wie konnte ich nur! Was, wenn ich beim Verlassen des Ladens überfahren wurde? Was sollte der Notarzt, wenn nicht gar der Leichenbeschauer von mir denken?
Ich nahm das Kleid vom Bügel, ein Trägerkleid aus dünner, rosa Seide. Mein Gefühl sagte mir, dass dieses Kleid nicht für mich gemacht war. Nichts in diesem Laden war für mich gemacht. Ausserdem hatten sie nur kleine Grössen vorrätig. Und da war niemand, den ich hätte fragen können, wenn ich mich denn getraut hätte. Die einzige Verkäuferin hatte sich dekorativ auf dem Kassentisch gleich bei der Türe drapiert, wo sie gleichzeitig telefonierte und sich die Nägel lackierte. Manchmal hob sie den Kopf, um die potentiellen Kundinnen zu mustern, wandte sich dann aber meist gleich wieder ab. Wahrscheinlich war es ihre einzige Aufgabe, zu grosse, zu unförmige und zu ungeschickte Kundinnen abzuschrecken, die nur lästig fallen und dann doch nichts kaufen. Sie war wie geschaffen für diese Aufgabe: ein ganz junges Mädchen mit einem Wasserfall lockiger Haare und einem lächerlichen Körperchen, an dem zwei, drei Fetzen der Hausmarke klebten. Barbie lebt! Mich wunderte nur, dass sich überhaupt jemand in dem Laden befand. Der Blick, den sie mir zugeworfen hatte, hätte mich normalerweise rückwärts auf die Strasse katapultiert, aber ich probierte nun schon seit Stunden Kleider an und war nicht mehr ganz ich selbst.
Dieses eine noch, dachte ich. Und wider besseres Wissen zog ich das Kleid über den Kopf. Es glitt mit einer gewissen Zärtlichkeit über meine Schultern, und die Träger hatten genau die richtige Länge. Das war aber auch schon alles.
Der restliche Stoff rollte sich in der Taille zusammen. Ich zog daran … zog … zog … die dünne Seide krachte gefährlich in den Nähten. Ich biss mir auf die Unterlippe, irgendwie musste das Kleid doch über den Hintern zu kriegen sein, so gross war er auch wieder nicht.
Noch vor weniger als einer Stunde hatte ich in einem anderen Laden versucht, ein Paar Jeans zu kaufen. Das konnte doch nicht allzu schwierig sein, sollte man denken. Ein Freund von mir kauft sich jeweils drei Paar

gleichzeitig und ohne anzuprobieren. Aber er ist natürlich ein Mann.
Ich frage mich, ob es irgendwo auf der Welt eine Frau gibt, die ganz selbstverständlich in eine Jeans passt. Muss es wohl geben, denn für irgendwen sind die Dinger ja gemacht, obwohl ich schon länger den Verdacht habe, dass bei der Herstellung an das langbeinige Geschöpf aus dem Werbespot gedacht wird. Jedenfalls habe ich noch nie eine getroffen. Dabei gibt es heutzutage spezielle Jeans für Frauen, Stretch und Girls-fit und Loose-fit und Pre-shrink und wie sie alle heissen. Keine passte. Nachdem ich ungefähr vierzehn Modelle in allen Grössen und Formen probiert hatte, hatte die Verkäuferin genug. Sie riss mir die letzte Hose förmlich aus der Hand, schüttelte ihre Ohrgehänge und schnappte: Mit SO EINER Figur musst du eben Männerhosen tragen! Unerklärlich tief getroffen und mit leeren Händen hatte ich den Laden verlassen. Bei der Erinnerung daran gaben meine Knie nach, nur ein paar Zentimeter, aber das reichte. Was geschehen musste, geschah, die Rückennaht platzte auf, und zwar in ihrer ganzen Länge.
War es nicht seltsam, dass ausgerechnet meine scheinbar fehlenden weiblichen Kurven diesen Stoff gesprengt hatten? Ich wickelte den Fetzen ab, das ging nun ganz leicht, strich den Stoff glatt und faltete ihn so, dass man den Riss nicht sehen konnte. Wenn ich Glück hatte, gelang es mir, das Kleid zurückzuhängen, ohne dass jemand etwas merkte. Ich schlüpfte in meine alten Kleider und trat aus der Kabine. Sofort drängte sich ein junges Mädchen mit vier oder fünf Fähnchen unter dem Arm hinter mir herein. Ihre Mutter wartete draussen. Das Mädchen war jung und etwas pummelig.
Viel Glück, dachte ich.
Beinahe gleichzeitig wurde der Vorhang der Kabine nebenan zurückgeschlagen, und eine grosse, dunkelhaarige Frau trat heraus in einem ... rosa Seidenkleid. Ich starrte sie fassungslos an. Sie lächelte etwas unsicher. Findest du es nicht etwas zu weit? murmelte sie und zupfte an dem Stoff, der tatsächlich etwas lose um ihre Hüften spielte. Ich holte tief, tief Luft. Eine andere Grösse, versuchte ich mir einzureden, die Schnepfe hat ein L erwischt, aber ich wusste doch, dass das nicht stimmen konnte, dass es in dem ganzen verdammten Laden nichts so Obszönes gab wie ein Kleidungsstück Grösse L. Doch die andere richtete sich auf, schaute in den Spiegel und wurde sich erst jetzt bewusst, dass die beiden niedlichen halbmondförmigen Körbchen, die für einen imaginären freischwebenden Busen gedacht waren, unausgefüllt baumelten, während der dünne Stoff ihre eigenen Brüste zwanzig Zentimeter tiefer flach an den Körper presste.
Unsere Blicke trafen sich im Spiegel. Die andere versuchte, mit den Händen ihre Brüste aus den Untiefen des Kleides zu fischen und in den Körbchen zu verstauen, aber das war ein völlig sinnloses Unterfangen, das hätte ich ihr gleich sagen können.
Dann ging alles ganz schnell.
Das junge Mädchen kam tränenüberströmt aus seiner Kabine, warf die Kleider auf den Boden und schrie: Ich bin zu dick!! Ich bin zu dick!!
Aber nein, Kleines, du bist nicht zu dick, versuchte die Mutter zu trösten. Doch das Mädchen hörte ihr gar nicht zu. Angewidert starrte es in den Spiegel, griff sich mit den Händen brutal ins Fleisch, kniff, zerrte, kratzte. Und was ist das? Und das? Und das? kreischte sie. Rote Striemen bildeten sich auf ihrer Haut.
Es war Zeit, einzugreifen.
Es liegt an den Kleidern, sagte die Dunkle, schau bloss mich an.

Milena Moser: 1963 in Zürich geboren, Lehre als Buchhändlerin; schreibt Kurzgeschichten und Romane. Werke: *Gebrochene Herzen oder Mein erster bis elfter Mord; Die Putzfraueninsel; Das Schlampenbuch; Blondinenträume.* Milena Moser lebt mit ihrem Sohn in Zürich.

L
PUMA

Das Mädchen zog die Nase hoch und schaute trotzig, nur halbwegs überzeugt. Ich faltete den zerrissenen Fetzen auseinander und hielt ihn in die Höhe.
Bei mir sind es die Hüften, sagte ich, obwohl mir immer noch nicht klar war, ob ich nun zuviel oder zuwenig davon hatte.
Die Dinger können gar nicht passen, niemandem. Keine normale Frau kann …
Weiter, weiter, bettelte die Mutter, bringt es ihr bei. Scheiss drauf, sagte die Dunkelhaarige plötzlich, griff mit beiden Händen in den Ausschnitt ihres rosa Seidenkleides, riss die Mittelnaht auf und liess ihre Brüste an die Luft. Das Mädchen begriff jetzt auch, trampelte auf den Kleidern herum, die sie auf den Boden geschmissen hatte, erst etwas verbissen, dann immer vergnügter. Und die Mutter, die sich seit zehn Jahren mit vernünftiger und dehnbarer Kleidung begnügen musste, riss ein Paar luftige Shorts vom Bügel und schnippelte mit der Nagelschere genüsslich im Schritt herum. Überhaupt hatte sie in ihrer Handtasche allerlei nützliche Dinge wie Scheren, Nagelfeilen, Klarsichtlack und Büroklammern. Es dauerte nicht lange, und der Laden war reif für eine Renovation, und sämtliche Kleider taugten bestenfalls noch für die Textilsammlung.
Erschöpft jauchzte die Mutter auf, die Dunkle wischte sich den Schweiss von der Oberlippe und erklärte, sie brauche dringend etwas zu trinken. Sie zog ihre eigenen Kleider wieder an, und dann verliessen wir den Laden, nicht ohne im Gehen noch ein paar Dekorationen herunterzureissen. Neben dem Eingang sass immer noch die Verkäuferin, die von allem nichts gemerkt hatte, ihre zierlichen Beinchen gegen den Kassentisch gestemmt, lackierte sie nun ihre Zehennägel in einem auffallenden Lila. Sie würdigte uns keines Blickes. Im Gehen stülpte ich ihr eine Tüte mit dem leuchtenden Schriftzug des Ladens über den Kopf. Stand ihr wirklich gut.

Milena Moser

FANFANDROTTI UND SEIN SCHATTEN

Fanfandrotti war der reichste Mann in der ganzen Stadt. Er war durch den Müll reich geworden und wurde deshalb der Müllkönig genannt. Man nannte ihn aber auch König der Winkelzüge, die ja genau wie der Müll eine Ware sind, mit der man manche blanke und klingende Münze verdienen kann. Fanfandrotti war es gelungen, von der Gemeindeverwaltung seiner Stadt viele Millionen für die Sauberhaltung der Strassen und Plätze zu bekommen, aber er steckte fast alles Geld in seine eigene Tasche, und die Stadt war deshalb ungemein verschmutzt, ausser am Corso, wo er selbst wohnte und täglich seinen Spaziergang machte.

Niemand wagte es, sich über den Schmutz auf den Strassen und Plätzen zu beklagen, denn es hiess, Fanfandrotti habe mächtige Gönner in Rom. Wer das wohl ist, der ihn unterstützt, sagten die Leute, jedenfalls müssen es hohe Tiere sein, wenn er die ganzen Millionen einstecken kann, ohne etwas dafür zu tun. Fanfandrotti wusste, dass er viele Feinde hatte, und wenn er spazieren ging, mussten zwei bewaffnete Leibwächter vor ihm und zwei bewaffnete Leibwächter hinter ihm hergehen, um ihn zu beschützen.

Nun gab es da einen Arbeitslosen, der auf eine Anstellung als Strassenkehrer in Fanfandrottis Unternehmen hoffte. Man hatte ihn jedoch abgewiesen, weil er sich nicht in dessen Partei einschreiben wollte. Zu Hause bei diesem Arbeitslosen gab es sehr wenig zu essen – jeden Tag weniger –, und sein Zorn wuchs mit dem Hunger. Deshalb entschloss er sich eines Tages, Fanfandrotti während seines Spaziergangs auf dem Corso entgegenzutreten und ihm eine Ohrfeige zu geben, aber alle rieten ihm davon ab, weil die beiden Leibwächter, die vor ihm hergingen, ihn bestimmt umbringen würden. Da beschloss der Arbeitslose, sich Fanfandrotti von hinten zu nähern und ihm einen Tritt in den Hintern zu geben, aber auch diesmal rieten ihm alle ab, da ihn in diesem Fall die beiden hinterhergehenden Leibwächter umbringen würden.

Eines Tages, als Fanfandrotti eingerahmt von seinen Leibwächtern auf dem Corso spazierenging, kam Filipetto, der Sohn des Arbeitslosen, des Wegs. Filipetto war ein ganz mageres kleines Bürschchen und genau wie sein Vater unentwegt zornig vor lauter Hunger. Das Bürschchen näherte sich unauffällig Fanfandrottis Schatten und begann, ihm Tritte zu versetzen und mit beiden Füssen darauf herumzu-

trampeln. Die Leute ringsherum lachten, Fanfandrotti schämte sich, und die Leibwächter wussten nicht, was sie tun sollten, denn sie konnten ja nicht auf ein kleines Bürschchen schiessen, nur weil es auf dem Schatten ihres Brotherrn herumtrampelte.
Filipetto fasste Mut und näherte sich dem Kopf des Schattens – also dem Schatten von Fanfandrottis Kopf – und spuckte darauf. Die Leute freuten sich immer mehr, und das Bürschchen fuhr fort, ihn zu treten und anzuspucken. Fanfandrotti versuchte, durch schnelle Bewegungen und ruckartige Schritte dem Treten und Spucken des Bürschchens auszuweichen, aber das reizte die Leute nur noch mehr zum Lachen. Endlich erreichte er sein Haustor und ging eilig hinein. Seit jenem Tag hat Fanfandrotti noch ein paarmal versucht, auf dem Corso spazierenzugehen, aber Filipetto war immer zur Stelle, um auf seinem Schatten herumzutrampeln und ihn anzuspucken, und die Leute waren zur Stelle, um zu lachen. Schliesslich musste Fanfandrotti sich damit abfinden, bei schönem Wetter zu Hause zu bleiben und nur auszugehen, wenn der Himmel mit Wolken bedeckt war oder wenn es regnete.

Luigi Malerba

VANDALEN

Peter hatte sein Fahrrad schon in den Ständer geschoben, als er den Entschluss fasste, doch zur Siedlung zu fahren. Er kehrte um. Erst auf der langen, geraden Strasse nach Norden erfasste er, dass ihn ein Lehrer verwundert angesehen, ihm etwas nachgerufen hatte. Lastzüge zischten an ihm vorbei, einen Augenblick lang glaubte er, von dem Sog mitgerissen zu werden.
Er wusste im Grunde nicht, warum er hinfahren wollte, wollte auch gar nicht, fuhr nur.
Am Bahnübergang musste er warten, genau wie früher, die Schotterstrasse war noch immer nicht asphaltiert. Die Rillen waren tiefer eingedrückt, wellig gemustert von den Ketten der Baufahrzeuge, manche angefüllt mit lehmigem Wasser. Hinter den Birken heulte ein Motor auf. Peter fuhr schneller, Dreck spritzte hoch.
Die Schotterstrasse machte eine Linkskurve, völlig ohne erkennbaren Grund, das Land war ringsum flach, ringsum nichts als Gestrüpp und trockenes Gras. Erst hinter den Birken begann die Siedlung. Neben der Strasse türmte sich ein Schuttberg. Plötzlich liess ein Sonnenstrahl eine blaue Kachel in dem Schutt aufleuchten.
Ein Windstoss sprang Peter an, er parierte ihn fast so automatisch wie früher, als er noch hier bei den Grosseltern gewohnt hatte. Hinter den Birken ragten weisse Kamine hoch. Dort standen schon die ersten Häuser des Wohnparks. Luxusbungalows in gediegener Ausführung, wie es auf den Tafeln hiess.
Peter sprang vom Rad, lehnte es an den Telegrafenmast, ging den Weg zwischen den Hecken vor. Die Hecken waren sauber gestutzt und zurechtgeschnitten wie immer.
Im Garten der Frau Ascher blühte der grosse Busch mit den kleinen, hellroten Rosen. Auch jetzt noch, Ende September, sah man kaum Grün, nur leuchtendes Rot. Diesen Strauch hatte sie nicht ausgraben können. Der Rest des Gartens war eine Kraterlandschaft. Die alte Frau hatte alle Stauden und Sträucher ausgegraben und im Rucksack zu ihrem Bruder hinausgefahren, der auf dem Dorf wohnte. Sie hatte

geschimpft über den Rheumatismus, der ihr das Graben und Tragen zur Qual machte, über die schlechten Zugverbindungen, über die hohen Fahrpreise, über den Bruder, der nicht bereit gewesen war, die Erde abzuholen, die sie in sechsunddreissig Jahren verbessert hatte mit Torf und Kompost und echtem Stallmist.
«Die Erde ist nicht Pacht», hatte sie gesagt, «was ich gepachtet habe, das war der reine Schotter, alles, was da Erde ist, das habe ich gemacht.» Damals hatte Peter gelacht, die Vorstellung war so komisch gewesen, dass die kleine alte Frau Erde gemacht haben wollte. Fünfhundert Quadratmeter – wieviele Kubikmeter? Bei einer angenommenen Humusschicht von dreissig Zentimetern …
Er hatte Frau Ascher nie leiden können, hatte sich vor ihr gefürchtet. Wenn er mit den anderen Kindern aus der Siedlung auf der Wiese Ball spielte und der Ball in Frau Aschers Garten flog, drohte sie mit dem Stock. «Sie verteidigt ihre Blumen», hatte Grossvater gesagt, «ihre Blumen sind ihre Kinder, das musst du verstehen.» Er hatte es nicht verstanden, damals.
Im Juni noch, als die Nachbarn zu Grossvaters Geburtstag im Garten sassen, hatte Frau Ascher gesagt, sie fände es lächerlich, dass sich die Leute in der Siedlung Sorgen machten. «Die Regierung lässt es nicht zu, dass man uns die Häuser wegnimmt. Das wäre doch auch die reine Verschwendung, gute Häuser abreissen, um neue hinzustellen, und man weiss doch, wie die heute bauen, nach einem Jahr schon lauter Sprünge in der Wand und kein Fenster mehr dicht … Schliesslich haben wir die Häuser selbst gebaut, die gehören uns, und jeder kann sehen, was wir aus dieser Schutthalde gemacht haben in fast vierzig Jahren. Und überhaupt schützt uns das Grundgesetz, da bin ich ganz sicher, sonst hätte ich doch nicht erst gestern die neue Clematis gepflanzt, eine spätblühende dunkelblaue zwischen die beiden frühen hellblauen. War übrigens sündteuer, eine Containerpflanze.»
Warum lief das ab in seinem Hirn wie ein Tonband? Hatte er der alten Frau so genau zugehört?
Jetzt lag Frau Ascher im Krankenhaus. Die Grossmutter hatte sie besucht, war hinterher in der Küche gesessen, hatte immer wieder den Kopf geschüttelt. «Die haben sie auf dem Gewissen. Der alten Frau den Garten wegzunehmen …»
Peter zögerte bei jedem Schritt. Was suche ich denn hier? Ich sollte zurückfahren. Zur zweiten Stunde käme ich noch zurecht. Es wird Ärger geben.
Der Schutthaufen links, das war das Haus der Meyers gewesen, das grösste Haus in der Siedlung, mit verglaster Veranda. Vier Jahre lang war Peter mit Ulrich Meyer in die Schule gegangen, hatte ihn jeden Morgen abgeholt, war sein Banknachbar gewesen, hatte mit ihm Kaulquappen aus dem Teich gefischt und Dämme angelegt. Jetzt hatte er ihn seit mindestens zwei Jahren nicht mehr gesehen, hatte kaum mehr an ihn gedacht seit dem Tag, an dem er Ulrich mit seinen Schulkollegen aus dem Gymnasium traf und Ulrich zu seinen Freunden sagte: «Ich bin mit ihm in die Grundschule gegangen.» Das hatte wie eine Rechtfertigung geklungen.
Der Nussbaum stand noch da, auf dem sie ihr Baumhaus gebaut hatten. Die Fenster der Häuser an der rechten Strassenseite starrten vor Dreck.
Karmanns Haustür war offen. Mit Karmanns hatte der Grossvater einen ständigen Kampf ausgefochten. Ihr Hund war immer wieder in seinen Garten gelaufen, hatte in den Beeten gescharrt und Blumenzwiebeln ausgegraben und seine Haufen in den Rasen gesetzt.

Die Telefonzelle an der Ecke. Von hier aus hatte er Eva angerufen, fast jeden Abend, mehr als ein halbes Jahr lang. Von hier aus hatten er und Ulrich als Neun- oder Zehnjährige auf Annoncen in der Zeitung angerufen, mit verstellter Stimme. Ein «rassiges Jamaica-Girl» hatte ihnen sogar ihre Adresse gesagt. Sie hatten sich halbtot gelacht, aber Ulrichs Lachen hatte seltsam geklungen, hoch und meckernd.
Rings um die Zelle lagen Blätter aus dem Telefonbuch, zerknüllt. Wie lange war es her, seit er die Siedlung zu hassen begonnen hatte, die sauber geharkte, gesprengte, schnurgerade, unkrautfreie Enge, die ständige Kontrolle?
Er hatte sich eingeengt gefühlt durch die Blicke, durch diese besondere Art 'du' zu sagen, mehr noch durch diese besondere Art, 'Sie' zu sagen in der Erwartung, dass es entrüstet abgelehnt würde. «Aber Sie dürfen doch nicht 'Sie' zu mir sagen.» Hier war er Grossvaters Enkel, der kleine Peter, dem man die Hose zugeknöpft, dem man ein Butterbrot gegeben, dem man die Nase geputzt, den man aus dem Baum geholt, den man beim Äpfelklauen, Hühnerstallöffnen, Feueranzünden im Wald erwischt hatte. Er war froh gewesen, als die Eltern beschlossen, er sei nun alt genug, um bei ihnen in der Stadt zu wohnen, nachmittags allein zu sein. In einer neuen Umgebung, hatte er gedacht, würde er er selbst sein können, nicht ständig kontrolliert von hundert Augen hinter immerzu blank geputzten Fenstern.
Jetzt plötzlich meinte er, er wäre hier zu Hause gewesen, er hatte es nur nicht gewusst.
Seinem Vater musste es ähnlich ergangen sein. Einmal hatte er bitter gesagt: «Die Ziegel da, die waren mein Fahrrad und meine Eisenbahn und meine Ski. Immer, wenn ich mir etwas gewünscht habe, hiess es: Das geht jetzt nicht. Du kriegst doch das Haus. – Eine Ladung Ziegel zum Geburtstag.» Das Haus hatte seinem Vater den Vater gestohlen und die Mutter, es hatte ihm die Ferien gestohlen. «Ziegelschupfen, das waren meine Ferien. Und Wassertragen.» Aber irgendwann musste sich auch für ihn etwas verändert haben, denn in den letzten zwei Jahren hatte er dem Grossvater viel im Garten geholfen, hatte die alte Dachrinne durch eine aus Kupfer ersetzt, hatte mit dem Grossvater Pläne besprochen für ein Glashaus. Grossvater hatte von einem Glashaus geträumt, weil die Tomaten und Paprika nie so recht reif wurden. Scheisstomaten. Scheisspaprika. Scheissglashaus. Zwei Schritte noch, dann stand er vor der Silbertanne, Grossmutters Geschenk an den Grossvater zu ihrem 25. Hochzeitstag. Gelbe Blätter vom Birnbaum hingen an ihren Nadeln, wie Weihnachtsschmuck.
Das Haus war noch da. Zwei Fenster links von der Tür, eines rechts. Die Fenster blinkten. Grossmutter musste sie geputzt haben, bevor sie ausgezogen waren. Aus Gewohnheit oder als letzten stummen Protest?
Der Komposthaufen war mit Zweigen zugedeckt, als würde er noch gebraucht werden. Dort, wo früher Peters Sandkiste gewesen war, blühten Zinnien. Die müsste man pflücken. Die durften nicht niedergewalzt werden. Peter öffnete das Gartentor. In diesem Augenblick dröhnte es hinter ihm.
Der Bagger bog um die Ecke, gelb, riesig, mit drohend erhobener Schaufel.
Peter sprang zur Seite, lief zum Nussbaum, lehnte sich an den Stamm.
Der Bagger kam näher, bremste, der Motor heulte auf, dann fuhr der Bagger direkt auf das Haus zu.
Krachen, Splittern, das Haus sank ächzend in sich zusammen. Eine Staubwolke stieg auf. Peter hustete krampfhaft, rang

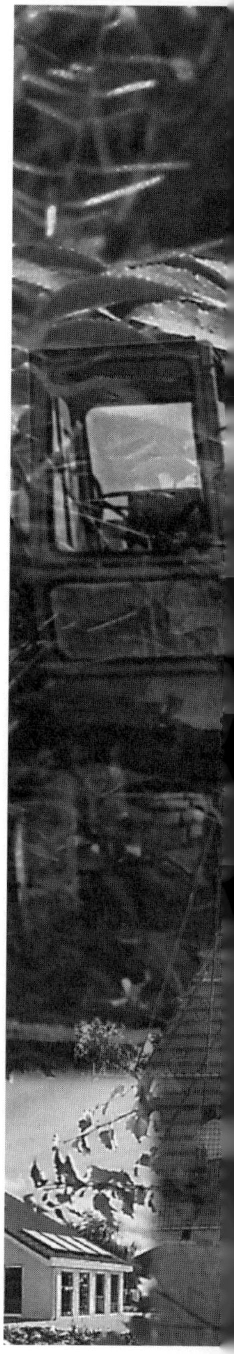

nach Luft, rieb sich die Augen, was das Brennen nur noch schlimmer machte.
«Mörder!» schrie er. «Mörder!»
Als er wieder klar sehen konnte, lag da ein Trümmerhaufen, obenauf Dachsparren wie Mikadostäbe, wild durcheinander geworfen.
Der Bagger fuhr rückwärts.
Im Führerhaus ein Mann im Overall, breitschultrig wie der Vater. Der Mann stieg aus, zündete eine Zigarette an, kickte einen Ziegelstein zur Seite.
Peter würgte an seiner Wut auf den Baggerführer.
Der Staub legte sich auf den Rasen, auf die Büsche, auf die Zinnien. Peter hatte den Mund voll Staub, spürte Staub im Gesicht.
Der Schutthaufen sah aus, als stiege Rauch auf. Peter ging hin, stocherte darin herum. Plötzlich spürte er einen scharfen Schmerz.
Er staunte seine Hand an.
Sie blutete.
Wieder heulte der Motor auf.
Der Baggerführer schrie etwas herüber, unverständlich über dem Lärm.
Noch einmal dieses Krachen, dieses Stöhnen, dieses Zittern, das man in den Fussohlen spürte, das sich fortpflanzte bis in die Kopfhaut.
Peter hob einen Ziegelstein auf, der vor seinen Füssen lag, fuhr über die Flächen, von denen eine rauh war von Mörtelresten.
Der Sonnenschirm, auf den Frau Ascher so stolz gewesen war, stand noch da, leuchtend rot aussen und innen geblümt. Der Schirm wackelte, als der Bagger daran vorbeifuhr, knickte plötzlich um. Der Baggerführer stieg aus, bückte sich nach dem Schirm, warf ihn mit Schwung auf den Haufen, der Frau Aschers Haus gewesen war. Peter ballte die Fäuste.
Vorne auf der Strasse ging ein alter Mann, gebückt, schleppend.
Peter erschrak, lief zu seinem Rad, fuhr los, den Ziegelstein immer noch in der Hand.
Der Mann stolperte, hielt sich einen Augenblick lang an einer Zaunsäule fest.
Peter holte ihn ein. Es war nicht der Grossvater. Es war Herr Karmann. Der war gar nicht alt.
Der war jünger als der Vater. Der ging nur so. Peter fuhr an ihm vorbei. Herr Karmann hatte ihn nicht gesehen. Der sah gar nichts. Der war ausschliesslich damit beschäftigt, einen Fuss vor den anderen zu setzen.
Peter erreichte das Baubüro in einem der neuen Bungalows.
Musterhaus, Besichtigung täglich zwischen acht und achtzehn Uhr und nach Vereinbarung.
Ein grosser Wagen fuhr aus der Garage. Peter musste absitzen.
Er starrte dem Wagen nach, drehte sich um.
Der Ziegelstein krachte durch das Blumenfenster.
Peter wunderte sich, wie langsam die Sprünge über die Scheibe zuckten.
Er stieg auf sein Rad, fuhr zurück zu dem Schutthaufen, der vom Haus seiner Grosseltern übrig geblieben war, und suchte einen neuen, unbeschädigten Ziegelstein.
Eine Hand legte sich auf seine Schulter, der Baggerführer sprach ihn an.
Peter riss sich los, rannte davon.
Der Baggerführer holte ihn ein und hielt ihn fest, bis die Polizei kam.
Peter gestand sofort, dass er es gewesen war, der das Fenster des Baubüros eingeschlagen hatte, eine Spezialanfertigung, wärmedämmend und entspiegelt.
Es wurde Anzeige erhoben wegen boshafter Sachbeschädigung.
Der Staatsanwalt schüttelte den Kopf, als Peter auf Befragen angab, er hätte den zweiten Ziegelstein als Andenken geholt.
Auch der Richter hielt es für erwiesen, dass Peter eine weitere boshafte Sachbeschädigung geplant hatte.
Die Strafe wurde auf Bewährung ausgesetzt.

Renate Welsh

Renate Welsh: Geboren 1937 in Wien; studierte Sprachen und arbeitete als Übersetzerin; veröffentlicht seit 1970 Kinder- und Jugendbücher, die mehrfach ausgezeichnet wurden.

15. Kapitel
In sieben Geschichten um die Welt

TONYS GESCHICHTE

Leslie M. Silko wurde 1948 geboren. Sie vereint in sich puebloindianische, mexikanische und weisse Abstammung und wuchs im Laguna-Pueblo im US-Bundesstaat New Mexiko auf, der als eines der Hauptabbaugebiete von Uran in den USA traurige Berühmtheit erlangte.

Es war Sommer. Heiss wölbte sich der Himmel über dem Land, und die Sommerregen blieben aus. Die Schafe wurden dürr, und selbst das Unkraut verbrannte und starb. Leon war aus der Armee entlassen. Er stand drüben bei den Leuten, die am Tag des Heiligen Lorenz Chili und Melonen verkaufen.

«Hey Tony, komm rüber!» Quer über den Platz rief er mich an und brachte mich dadurch in grosse Verlegenheit. Aber dann entdeckte ich die Weinflasche, verpackt in einer braunen Papiertüte.

«Wie geht's, Kumpel?»

Er drückte meine Hand in der Art, wie nur Weisse es tun, und lächelte:

«Gut, wieder zu Hause zu sein. Morgen soll ich am Tanz teilnehmen, sie haben mich gefragt. Es ist nur ein Maistanz, aber ich fürchte, ich hab vergessen, was ich tun muss.»

«Du wirst dich schon erinnern. Sobald du die Trommeln hörst, ist alles wieder da.»

Ich war sehr glücklich, dass Leon nun wieder zum Pueblo gehören würde.

Tief im Westen stand die Sonne schemenhaft verschwommen im Dunst. Die Prozession, die den Heiligen Lorenz zu seiner Nische in der Kirche zurücktrug, zog an uns vorüber.

«Willst du was essen?», fragte ich. Leon lachte nur und tätschelte seine Flasche.

«Nein danke, iss du nur allein. Hier, nimm den Dollar und kauf dir da drüben einen Hamburger.» Er deutete auf einen Stand hinter dem Riesenrad, wo Süssigkeiten und Popcorn verkauft wurden.

Ich sah den Bullen dort zum erstenmal. Er bahnte sich einen Weg durch die Leute, die um den Hamburger-Stand und das Zelt herumstanden, in dem Bingo* gespielt wurde. Er kam direkt auf uns zu. Ich dachte sofort an Leons Wein und beobachtete den Bullen, weil ich wissen wollte, ob er es auf uns abgesehen hatte. Aber ich konnte seine Augen nicht sehen; er hatte sie hinter den dunklen, verspiegelten Gläsern seiner Sonnenbrille versteckt.

Ohne jede Vorwarnung schlug er Leon seine Faust ins Gesicht. Leon brach im Staub zusammen, und seine Tüte zerschellte in einer Pfütze aus Wein und Scherben. Leon rührte sich nicht. Blut sickerte ihm aus Mund und Nase. Ich hörte eine Sirene. Immer mehr Leute drängten sich um uns zusammen und hinderten mich daran, zu Leon zu kommen. Stammespolizisten hatten sich über ihn gebeugt. Sie fragten den Bullen (der für die Staatspolizei** arbeitete), was eigentlich passiert war. Aber der gab keine Antwort. Er starrte nur auf das blutige Muster, das sich neben Leons Mund im Staub abzeichnete. Der Staub sog das Blut auf, noch bevor es im Boden versickern konnte.

Es war sehr trocken in diesem Sommer. Der Bulle blieb, bis sie Leon in den Polizeiwagen gepackt hatten.

Der Mond stand hoch am Himmel, als wir endlich bei dem Krankenhaus in Albuquerque ankamen. Lange mussten wir vor der Notaufnahme warten, Leon zwischen uns aufgestützt. Siow und Gaisthea fragten

* Bingo: ein Glücksspiel.

** Staatspolizei des Bundesstaats, im Gegensatz zu der «tribal police», der Stammespolizei der Reservate.

immer wieder:
«Was ist passiert? Was hat Leon nur zu dem Bullen gesagt?»
Ich erzählte ihnen, wir wären nur so rumgestanden, hätten gerade einen Hamburger kaufen wollen. Den Bullen hätten wir beide nie zuvor gesehen.
Leon musste am Mund genäht werden und bekam eine Spritze. Sie sagten, er hätte Glück gehabt; statt ein paar ausgebrochener Zähne hätte er sich auch den Kiefer brechen können.
In der Nähe meines Hauses setzten sie mich ab. Der Mond stand schon im Westen und warf lange Schatten über die Häuser. Um mich herum herrschte tiefe Stille. Ich spürte das Verlangen wegzulaufen, fort von dem Gefühl, das ich hinter mir im Dunkel erahnte. Ich dachte an die Geschichten von den Zauberern. Immerfort gingen sie mir im Kopf herum.
In dieser Nacht hatte ich einen Traum. Der Bulle zeigte mit einem langen Knochen auf mich – sowas benutzen sie nämlich, Menschenknochen –, und wo er stand, zuckten silbrig-weisse Blitze im Mondlicht. Er hatte kein menschliches Gesicht, nur kleine runde, weiss umränderte Augen auf einer schwarzen Maske, wie sie bei Zeremonien benutzt werden.
Nach ein paar Tagen ging es Leon besser, aber er war sehr verbittert. Er konnte über nichts anderes reden als über den Bullen. Andauernd sagte er: «Wenn der sich nochmal blicken lässt, bringe ich ihn um.»
Ich versuchte dann ihm klarzumachen, dass man solche Sachen am besten schnell vergisst:
«Es ist nun mal geschehen. Du kannst ohnehin nichts ändern.»
Ich fragte mich, weshalb eigentlich alle, die bei der Armee gewesen waren, ständig Ärger machten im Reservat. Leon brachte seinen Fall sogar vor den Ältestenrat des Pueblo. Sie diskutierten darüber und kamen zu dem Schluss, dass Leon nicht hätte trinken dürfen. Der Dolmetscher verlas einen Passus aus dem Rechtskodex des Pueblo, der sich mit dem Besitz von Rauschmitteln im Reservat befasste. Da standen wir auf und gingen fort.
Leon fragte mich, ob ich Lust hätte, mit ihm nach Grants zu fahren. Er sollte dort eine Rolle Stacheldraht für seinen Onkel besorgen. Unterwegs hielten wir in Cerritos, um zu tanken. Ich ging in den Laden, weil ich etwas zu trinken kaufen wollte.
Er war dort.
Noch in der Tür blieb ich stehen und machte auf dem Absatz kehrt, bevor er mich entdeckt hatte. Aber wenn er wirklich war, wofür ich ihn hielt, hatte er es gar nicht nötig, uns zu sehen. Dann wusste er auch so, wo wir waren. Leon wartete schon auf mich. Er hatte den Motor bereits angelassen, als wüsste er im voraus, was ich sagen würde: «Lass uns abhauen, der Bulle ist da drin.» Leon gab Gas und der Pickup schwenkte auf den Highway zurück. Er sah in den Rückspiegel. «Ich sehe ihn nicht.»
«Hat sich versteckt», meinte ich.
Leon schüttelte den Kopf:
«Das kann er nicht noch einmal machen. Wir sind nicht schlechter als sie.» Irgendwie redeten alle so, die beim Militär gewesen waren.
Der Himmel war heiss und leer. Am Strassenrand stand halbhohes, von der Sonne verbranntes Unkraut. Im Tal glühte die Hitze über welken Maisfeldern. Selbst die Berge, die sich hinter den pastellfarbenen Tafelbergen (Mesas) aus Sandstein erhoben, waren in staubig-blauen Dunst gehüllt. Mir fielen fast die Augen zu. Daher konzentrierte ich meine ganze Aufmerksamkeit auf diese Berge, saugte die Hitze in mich auf. Und plötzlich wusste ich, weshalb in diesem Sommer die grosse Dürre gekommen war. Leon rüttelte mich an der Schulter: «Er ist hinter uns! Der Bulle verfolgt uns!»

Ich drehte mich um und sah das rotierende Blinklicht auf dem Autodach hinter uns. Ich erkannte die dunklen Umrisse eines Mannes. Doch wo das Gesicht hätte sein müssen, waren nur dunkle, verspiegelte Gläser einer Sonnenbrille.
«Halt an, Leon, er will, dass wir anhalten.» Leon fuhr an den Strassenrand und hielt. «Was zum Teufel will er von uns?» Leons Hände zitterten.
Plötzlich stand der Bulle neben uns und gab Leon Zeichen, das Wagenfenster herunterzudrehen. Dann steckte er seinen Kopf herein. Er kaute auf einem Kaugummi, und der Geruch von Pfefferminz breitete sich aus.
«Steigt aus, alle beide!»
Ich stand neben Leon in dem trockenen Gestrüpp und gelbverbrannten Gras, das den Asphalt durchstossen hatte und leise im Wind raschelte. Der Bulle studierte Leons Führerschein. Ich versuchte, ihm nicht in die Augen zu sehen. Deshalb starrte ich auf sein Holster, das von der Uniformjacke halb verdeckt war. Aber unwillkürlich wanderte mein Blick weiter nach oben, höher und höher. Meine Beine zitterten. Ich versuchte krampfhaft, meine Augen von den seinen abzuwenden. Aber es gelang mir nicht. Wie damals, als ich ein kleiner Junge war und meine Eltern mich immer davor warnten, in die Augen der maskierten Tänzer zu sehen, konnte ich meinen Blick nicht unter Kontrolle bringen.
«Wie heisst du?»
Seine schrille Stimme lenkte mich vom Inhalt seiner Worte ab. Ich erinnere mich, dass Leon sagte: «Er versteht nicht besonders gut Englisch.»
Schliesslich brachte ich aber doch meinen Namen heraus, Antonio Sousea, und versuchte weiter angestrengt, nicht tiefer hinter diese silbrig-schwarzen Brillengläser zu dringen. Sie spiegelten mein eigenes Gesicht wider. Meine eigenen Augen starrten mich an.
Eine Weile beobachtete er uns schweigend. Dann lachte der Bulle plötzlich auf und kaute betont langsam auf seinem Kaugummi.
«Wo wollt ihr hin?»
«Nach Grants.»
Leon sprach ein gutes Englisch.
«Können wir jetzt weiter?»
Leon spielte mit seinem Schlüsselbund herum, liess ihn um seinen Zeigefinger tanzen. Ich fühlte die Hitze überall um mich herum. In Wellen stieg sie vom Asphalt auf und schlug uns vermischt mit Benzingeruch entgegen, wenn ein Auto vorbeifuhr.

«Ich kann so kluge Kerlchen wie dich nicht ausstehen, Indianer. Wegen euch bin ich hier. Wegen euch Indianern haben sie mich hierher versetzt. Sie dachten, hier würden nicht so viele von euch rumlaufen, aber ich finde euch überall.»
Er spuckte seinen Kaugummi in das Gestrüpp direkt bei meinen Füssen. Dann ging er zu seinem Streifenwagen zurück. Staub und Kies flogen zu beiden Seiten auf, als er Gas gab.
Wir stiegen wieder in den Pickup. Ich konnte meinen Schweiss im Mund schmecken. Ich sagte zu Leon, dass wir genausogut zurückfahren könnten, weil er weiter vorn wieder auf uns warten würde.
«Das darf er gar nicht. Wir haben das Recht, auf dieser Strasse zu sein.»
Ich konnte nicht begreifen, dass Leon immer wieder über irgendwelche «Rechte» redete. Die waren diesem Bullen doch vollkommen egal. Genau das aber schien Leon nicht zu kapieren. Vermutlich hatte er die Geschichten schon vergessen, die der alte Teofilo immer erzählt hatte.
Ich fühlte mich erst wieder sicher, als wir von der Strasse abbogen und ich den Pueblo und mein Haus vor mir sah. Es war Mittag, und alle Leute sassen beim Essen. Das Dorf schien menschenleer. Selbst die Hunde hatten sich vor der Hitze verkrochen. Die Haustür war offen, aber es umgab mich tiefe Stille. Ich hatte plötzlich Angst, dass ihnen allen irgend etwas passiert wäre. Aber als ich eintrat, schlug mir das übliche Geschrei der Kinder entgegen, die nach kalter Limonade verlangten, und ich hörte meine Mutter «Nein» sagen. Es war der gleiche Lärm wie immer. Grossvater meinte, dass unser Ausflug nach Grants ja ziemlich kurz gewesen sei. Ich murmelte nur irgendwas und erzählte nichts. Ich wollte ihnen keine Sorgen machen.
«Leon ist nur auf Ärger aus. Ich wünschte, du würdest nicht dauernd mit ihm zusammensein.»
Mein Vater wollte keine Schwierigkeiten haben, aber ich wusste, dass dieser Bulle eine grosse Gefahr war. Schon über ihn zu sprechen würde das Unglück herbeiholen. Und so schwieg ich.
Am Nachmittag sprach Leon mit dem Gouverneur des Pueblo*, der ihm versprach, Briefe an das Bureau of Indian Affairs (BIA) und an den Chef der Staatspolizei zu schreiben. Leon schien damit zufrieden. Ich holte eine Pfeilspitze aus meiner Tasche, die an einem Band befestigt war.
«Wofür ist das?» Ich hielt ihm die Pfeilspitze hin.
«Hier, nimm das. Häng es dir um den Hals. So wie ich, siehst du? Nur so zur Sicherheit, zum Schutz.»
«Du glaubst doch nicht im Ernst an sowas, oder?» Er deutete auf sein Gewehr, das an der Wand lehnte.
«Ich nehme besser das mit, wenn ich im Wagen unterwegs bin.»
Er gab mir die Pfeilspitze zurück.
«Hier, trag du zwei.»

Leons Onkel fragte mich, ob ich Lust hätte, eine Weile im Schäferlager mitzuhelfen. Die Lämmer waren schon gross. Ich würde nicht viel zu tun haben. Daher sagte ich zu.
Früh fuhren wir los. Die Sonne war gerade aufgegangen und stand rot am Himmel. Der Highway war leer. Ich sass neben Leon und dachte darüber nach, wie es wohl gewesen war, bevor es Strassen gegeben hatte oder gar Pferde. Leon bog vom Highway auf den Weg ab, der zum Schäferlager führte. Er schlängelte sich an den Tafelbergen empor bis in eine Höhe, wo nur noch Kiefern wuchsen.
Leon sah in den Rückspiegel.
«Er ist hinter uns.»
Mein Körper begann zu zittern. Ich war mir nicht sicher, ob ich auch nur einen Ton würde herausbringen können. – «Es gibt

* Gouverneur des Pueblo: eine Art Bürgermeister.

keinen Ort, wo wir uns verstecken könnten. Er wird uns überallhin folgen.»
Leon sah mich an, als verstünde er nicht, was ich gesagt hatte. Ich sah an ihm vorbei. Der Polizeiwagen hatte sich jetzt neben uns gesetzt. Kiefernzweige schlugen und kratzten an unserem Wagen, als er versuchte, uns von der Strasse zu drängen.
Leon fuhr schon mit zwei Rädern im Dreck neben der Fahrbahn. Immer wieder streifte er Bäume. Leon sah nie zur Seite. So bemerkte er nicht, wie sich alles, was geschah, auf den dunklen Spiegelgläsern der Sonnenbrille wiederholte.
Wir waren jetzt in einer engen Schlucht – ausgebleichter Sandstein zu beiden Seiten –, die auf eine Quelle zulief, an der Weiden, Gras und kleine blaue Blumen wuchsen.
«Wir müssen ihn töten, Leon. Und wir müssen seine Leiche verbrennen, um ganz sicher zu gehen.»
Leon hörte mir offenbar gar nicht zu. Ich wünschte mir nichts sehnlicher herbei als den alten Teofilo. Er hätte die richtigen Lieder gesungen, wenn wir es machten.
Leon hielt an und stieg aus. Er hatte noch immer nicht verstanden. Der Bulle stand vor unserem Pickup und sah Leon an.
«Du hast einen Fehler gemacht, Indianer. Ich werde dir die Seele aus dem Leib prügeln.» Langsam erhob er seinen Schlagstock.
«Es macht Spass, Indianer damit zu verprügeln.»
Den Schlagstock hoch erhoben, ging er auf Leon zu.
Wie der Knochen in meinem Traum, der auf mich gedeutet hatte. Ein Menschenknochen, braun angemalt, damit er wie Holz aussah. Sowas machten sie, um zu verbergen, was es wirklich war. Sie schnitzen einen Löffel aus dem Knochen und graben in der Nähe deines Hauses herum, bis du, das Opfer, in ihre Reichweite kommst.
Der Schuss klang wie aus weiter Ferne. Ich konnte mich nicht erinnern, überhaupt gezielt zu haben. Reglos lag er auf dem Boden, der Knochen neben ihm. Das trockene Gestrüpp und das verbrannte Gras waren mit seinem klebrigen, hellroten Blut bespritzt. Er lag auf dem Rükken. Zwischen seinen Beinen und an seiner linken Seite sog der Sand das dunkle schwere Blut auf. Es hatte lange nicht geregnet. Selbst das Unkraut war verdorrt.
«Tony! Du hast ihn getötet! Du hast einen Staatsbullen getötet!»
«Hilf mir. Wir müssen den Wagen in Brand setzen.»
Leon benahm sich ziemlich komisch. Er starrte mich an, als ob er am liebsten weggelaufen wäre.
Der Kopf pendelte hin und her. Der linke Arm und die Beine zogen Spuren in den Sand. Das Gesicht aber veränderte sich nicht. Die Brille mit den dunklen Spiegelgläsern war nicht herabgefallen. Die Sonnenreflexe auf den Brillengläsern blendeten mich, bis ich den Körper endlich auf den Vordersitz gehievt hatte.
Der Benzintank explodierte. Rasch züngelten die Flammen an der Unterseite des Wagens entlang. Die brennenden Reifen füllten die Luft mit schwarzem Rauch, der in Spiralen in den Himmel stieg. «Himmel nochmal, Tony, was ist mit dir los?! Das ist ein Bulle der Staatspolizei, den du da getötet hast!»
Leon war bleich und zitterte.
Ich wischte die Hände an meiner Jeans ab.
«Keine Sorge, Leon. Jetzt ist alles in Ordnung. Er ist tot. Manchmal nehmen sie sonderbare Gestalten an.»
Das Gestrüpp neben dem Wagen fing Feuer. Kleine Hitzewellen flimmerten zum Himmel empor. Tief im Westen zogen sich die ersten Gewitterwolken zusammen.

Leslie M. Silko

DER GRÖSSTE DICHTER DER WELT

Drei Bettler klopften jeden Tag an die gastfreundlichen Häuser in der Miguel Street. Um zehn herum kam ein Inder in seinem Dhoti und weissem Jackett, und wir schüttelten ihm eine Büchse Reis in den Sack, den er auf seinem Rücken trug. Um zwölf kam eine alte Frau, die Pfeife rauchte, und kriegte einen Cent. Um zwei kam ein Blinder, der von einem Jungen geführt wurde, und bat um seinen Penny. Manchmal hatten wir auch einen Landstreicher. Eines Tages kam ein Mann und sagte, dass er hungrig sei. Wir gaben ihm eine Mahlzeit. Er bat um eine Zigarette und wollte nicht gehen, bis wir sie ihm angezündet hatten. Dieser Mann kam nie wieder.

Der seltsamste Besucher kam an einem Nachmittag um vier Uhr. Ich war aus der Schule zurückgekommen und hatte mich schon für zu Hause umgezogen. Der Mann sagte zu mir: «Darf ich in euren Hof kommen?»

Es war ein kleiner Mann, und er war sauber gekleidet. Er trug einen Hut, ein weisses Hemd und schwarze Hosen.

Ich fragte: «Was wollen Sie?»

Er sagte: «Ich möchte eure Bienen beobachten.»

Wir hatten vier kleine Gru-Gru-Palmen, die voll von uneingeladenen Bienen waren.

Ich rannte die Treppe hinauf und rief: «Mama, draussen ist ein Mann. Er sagt, er will die Bienen beobachten.»

Meine Mutter kam heraus, sah sich den Mann an und fragte unfreundlich: «Was wollen Sie?»

Der Mann sagte: «Ich möchte Ihre Bienen beobachten.»

Sein Englisch war so gut, dass es unnatürlich klang, und ich konnte sehen, dass meine Mutter beunruhigt war.

Sie sagte zu mir: «Bleib hier und beobachte ihn, während er die Bienen beobachtet.»

Der Mann sagte: «Ich danke Ihnen, Madam. Sie haben heute eine gute Tat getan.»

Er sprach sehr langsam und sehr korrekt, als würde ihn jedes Wort einen Penny kosten.

Wir beobachteten die Bienen, dieser Mann und ich. Bestimmt eine Stunde lang hockten wir vor den Palmen.

Der Mann sagte: «Ich liebe es, die Bienen zu beobachten, Sonny. Du auch?»

Ich sagte: «Dazu habe ich keine Zeit.»

Er schüttelte traurig den Kopf und sagte: «Das ist es, was ich tue. Ich beobachte. Ich kann tagelang die Ameisen beobachten. Hast du jemals Ameisen beobachtet? Und Skorpione und Tausendfüssler und Congorees, hast du die jemals beobachtet?»
Ich schüttelte den Kopf.
Ich sagte: «Und was machen Sie, Mister?»
Er stand auf und sagte: «Ich bin ein Dichter.»
Ich sagte: «Ein guter Dichter?»
Er sagte: «Der grösste Dichter der Welt.»
«Wie heissen Sie, Mister?»
«B. Wordsworth.»
«B. für Bill?»
«Black. Black Wordsworth. White Wordsworth war mein Bruder. Wir haben *ein* Herz. Ich kann eine kleine Blume wie die Ackerwinde beobachten und weinen.»
Ich sagte: «Und warum weinen Sie?»
«Warum, Sonny? Warum? Das wirst du wissen, wenn du älter bist. Du bist auch ein Dichter, weisst du. Und wenn du ein Dichter bist, kannst du über jedes Ding weinen.»
Ich konnte nicht lachen.
Er sagte: «Liebst du deine Mutter?»
«Wenn sie mich nicht schlägt.»
Er zog ein bedrucktes Blatt aus seiner Gesässtasche und sagte: «Auf diesem Papier steht das grösste Gedicht über Mütter, und ich werde es dir zu einem besonders günstigen Preis verkaufen. Für vier Cent.»
Ich lief ins Haus und sagte: «Mama, willst du ein Gedicht kaufen für vier Cent?»
Meine Mutter sagte: «Sag dem verfluchten Kerl, dass er seinen Hintern aus meinem Hof heben soll, hörst du!»
Ich sagte zu Wordsworth: «Meine Mutter sagt, sie hat keine vier Cent.»
B. Wordsworth sagte: «Das ist die Tragödie der Dichter.»
Und er steckte das Blatt wieder ein. Es schien ihm nichts auszumachen.
Ich sagte: «Komische Sache, herumzulaufen und Gedichte zu verkaufen. Nur Calypso-Sänger machen sowas. Kaufen viele Leute?»
Er sagte: «Keiner hat bis jetzt ein einziges Stück gekauft.»
«Aber warum machen Sie dann weiter damit?»
Er sagte: «Auf diese Weise beobachte ich viele Dinge, und immer hoffe ich, einen Dichter zu treffen.»
Ich sagte: «Glauben Sie wirklich, dass ich ein Dichter bin?»
«Du bist so gut wie ich», sagte er.
Und als B. Wordsworth ging, betete ich, dass ich ihn wiedersehen würde.
Ungefähr eine Woche später, als ich am Nachmittag von der Schule zurückkam, traf ich ihn an der Ecke der Miguel Street.
Er sagte: «Ich habe lange auf dich gewartet.»
Ich sagte: «Haben Sie schon ein Gedicht verkauft?»
Er schüttelte den Kopf.
Er sagte: «In meinem Hof habe ich den besten Mangobaum von Port-of-Spain. Und jetzt sind die Mangos reif und rot und sehr süss und saftig. Ich habe hier auf dich gewartet, um dir das zu sagen und um dich einzuladen, dass du mitkommst und einige von meinen Mangos isst.»
Er wohnte in der Alberto Street in einer Hütte mit einem einzigen Raum, die mitten auf dem Grundstück stand. Der Hof sah ganz grün aus. Da war der grosse Mangobaum. Und da war ein Kokosnussbaum und ein Pflaumenbaum. Der Garten sah verwildert aus, als ob er gar nicht in der Stadt läge. Man konnte die grossen Betonhäuser in der Strasse nicht mehr sehen.
Er hatte recht. Die Mangos waren süss und saftig. Ich ass ungefähr sechs, und der gelbe Mangosaft lief mir an den Armen herab bis zu den Ellbogen und rann aus meinem Mund auf mein Kinn, und mein Hemd bekam Flecken.
Meine Mutter sagte, als ich nach

Hause kam: «Wo warst du? Du glaubst wohl, du bist jetzt ein Mann und kannst überall rumrennen. Los, schneid mir ne Rute ab.»
Sie schlug mich ziemlich schlimm, und ich rannte aus dem Haus und schwor, dass ich nie zurückkommen würde. Ich ging zu B. Wordsworths Haus. Ich war so wütend, dass ich Nasenbluten bekam.
B. Wordsworth sagte: «Hör auf zu heulen, dann machen wir einen Spaziergang.»
Ich hörte auf zu heulen, aber mein Atem ging heftig. Wir machten uns auf den Weg. Wir gingen die St. Clair Avenue hinab zur Savannah und dann zum Rennplatz.
B. Wordsworth sagte: «Jetzt wollen wir uns ins Gras legen und in den Himmel gucken. Und dann will ich, dass du darüber nachdenkst, wie weit die Sterne von uns entfernt sind.»
Ich tat, was er sagte, und ich begriff, was er meinte. Ich fühlte, dass ich nichts war, und trotzdem hatte ich mich nie in meinem Leben so gross und so wunderbar gefühlt. Ich vergass all meinen Ärger und alle meine Tränen und all die Schläge.
Als ich sagte, es ginge mir besser, fing er an, mir die Namen der Sterne zu nennen, und ich merkte mir besonders das Sternbild von Orion dem Jäger, obwohl ich eigentlich nicht weiss, warum. Den Orion kann ich noch heute finden, aber die anderen habe ich vergessen.
Dann leuchtete uns eine Taschenlampe ins Gesicht, und wir sahen einen Polizisten. Wir standen aus dem Gras auf.
Der Polizist sagte: «Was tut ihr hier?»
B. Wordsworth sagte: «Diese Frage stelle ich mir seit vierzig Jahren.»
Wir wurden Freunde, B. Wordsworth und ich. Er sagte: «Du darfst nie jemandem von mir und dem Mangobaum und dem Kokosnussbaum und dem Pflaumenbaum erzählen. Du musst das wie ein Geheimnis bewahren. Wenn du jemandem davon erzählst, werde ich es wissen, weil ich ein Dichter bin.»
Ich gab ihm mein Wort, und ich habe es gehalten.
Ich liebte sein kleines Zimmer. Es hatte nicht mehr Möbel als Georges Vorderzimmer, aber es sah sauberer und gesünder aus. Aber es wirkte auch einsam.
Eines Tages fragte ich ihn: «Mister Wordsworth, warum lassen Sie all diese Büsche in Ihrem Hof stehen? Machen sie das Haus nicht feucht?»
Er sagte: «Hör zu, ich will dir eine Geschichte erzählen. Es waren einmal ein Junge und ein Mädchen, die trafen einander und verliebten sich. Sie liebten einander so sehr, dass sie heirateten. Sie waren beide Dichter. Er liebte die Wörter, sie liebte das Gras und die Blumen und die Bäume. Sie lebten glücklich in einem einzigen Zimmer. Und dann eines Tages sagte die Dichterin zu dem Dichter: "Wir werden bald noch einen Dichter in der Familie haben." Aber dieser Dichter wurde nie geboren, weil das Mädchen starb, und der kleine Dichter starb mit ihr in ihrem Leib. Und der Mann des Mädchens war sehr traurig, und er sagte, er würde nie etwas anrühren im Garten des Mädchens. Und so blieb der Garten und wuchs hoch und wild.»
Ich sah B. Wordsworth an, und während er mir diese Geschichte erzählte, schien er älter zu werden. Ich verstand seine Geschichte.
Wir machten lange Spaziergänge miteinander. Wir gingen zum Botanischen Garten und zu den Felsengärten. Wir kletterten auf den Chancellor Hill am späten Nachmittag und sahen, wie die Dunkelheit sich auf Port-of-Spain senkte, und sahen, wie in der Stadt und auf den Schiffen im Hafen die Lichter angingen.

Er tat alles, als täte er es zum erstenmal in seinem Leben. Er tat

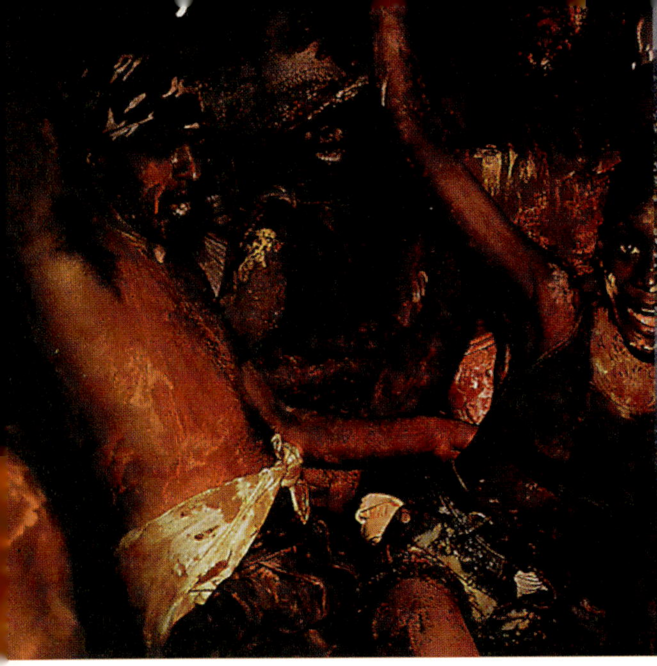

alles, als wäre es eine religiöse Handlung.
Manchmal sagte er zu mir: «Na, möchtest du ein Eis haben?»
Und wenn ich ja sagte, wurde er sehr ernst und sagte: «Nun, welchem Café wollen wir die Ehre geben?» Als wäre es eine äusserst wichtige Sache. Er dachte lange darüber nach und sagte schliesslich: «Ich glaube, ich werde mit diesem Geschäft da in Verhandlungen treten.»
Die Welt wurde ein höchst aufregender Ort.

Eines Tages, als ich in seinem Hof war, sagte er zu mir: «Ich habe ein grosses Geheimnis, in das ich dich jetzt einweihen werde.»
Ich sagte: «Ein richtiges Geheimnis?»
«Im Augenblick, ja.»
Ich sah ihn an, und er sah mich an. Er sagte: «Das muss zwischen dir und mir bleiben, denk daran. Ich schreibe ein Gedicht.»
«Oh.» Ich war enttäuscht.
Er sagte: «Aber es ist ein besonderes Gedicht. Es ist das grösste Gedicht der Welt.»
Ich pfiff.
Er sagte: «Ich habe jetzt schon mehr als fünf Jahre daran gearbeitet. Ich werde es in ungefähr 22 Jahren von jetzt an beenden, das heisst, wenn ich mich beim Schreiben an das gegenwärtige Pensum halte.»
«Schreiben Sie denn viel?»
Er sagte: «Nicht mehr. Ich schreibe gerade eine Zeile im Monat. Aber ich achte darauf, dass es eine gute Zeile ist.»
Ich fragte: «Was war die gute Zeile vom letzten Monat?»
Er blickte zum Himmel auf und sagte: *«Die Vergangenheit ist tief.»*
Ich sagte: «Es ist eine wunderschöne Zeile.»
B. Wordsworth sagte: «Ich hoffe, die Erfahrungen eines ganzen Monats in diese einzige Zeile zu fassen. Auf diese Weise werde ich in 22 Jahren ein Gedicht geschrieben haben, das zur ganzen Menschheit spricht.»
Ich war vom Wunder erfüllt.

Wir setzten unsere Spaziergänge fort. Eines Tages gingen wir an der Kaimauer in Docksite entlang, und ich sagte: «Mister Wordsworth, wenn ich diese Nadel ins Wasser werfe, meinen Sie, dass sie schwimmt?»
Er sagte: «Die Welt ist seltsam. Wirf deine Nadel und lass uns sehen, was geschieht.»

Die Nadel sank.
Ich sagte: «Wie lautet die Zeile dieses Monats?»
Aber er sagte mir nie wieder eine Zeile. Er sagte nur: «Oh, es wird schon, weisst du. Es wird schon.»
Oder wir setzten uns auf die Kaimauer und beobachteten, wie die Schiffe in den Hafen einliefen.
Aber von dem grössten Gedicht der Welt hörte ich nichts mehr.

Ich merkte, wie er älter wurde.

«Wovon leben Sie eigentlich, Mister Wordsworth?» fragte ich ihn eines Tages.
Er sagte: «Du meinst, wie ich mein Geld verdiene?»
Als ich nickte, lachte er verschmitzt.
Er sagte: «Ich singe Calypsos in der Calypso-Saison.»
«Und das reicht Ihnen für den Rest des Jahres?»
«Es reicht aus.»
«Aber Sie werden der reichste Mann der Welt sein, wenn Sie das grösste Gedicht geschrieben haben?»
Er antwortete nicht.
Eines Tages, als ich zu ihm in sein kleines Haus kam, fand ich ihn in seinem kleinen Bett. Er sah so alt aus und so schwach, dass ich mich dabei ertappte, wie ich weinen wollte.
Er sagte: «Dem Gedicht geht es nicht gut.»
Er sah mich nicht an. Er sah durchs Fenster auf den Kokosnussbaum, und er sprach, als sei ich gar nicht da. Er sagte: «Als ich zwanzig war, fühlte ich die Kraft in mir.» Dann, direkt vor meinen Augen, konnte ich sehen, wie sein Gesicht immer älter und müder wurde. Er sagte: «Aber das ist lange, lange vorbei.»
Und dann spürte ich ihn, es war, als würde ich von meiner Mutter verprügelt. Ich konnte ihn klar auf seinem Gesicht sehen. Er war deutlich für jeden zu sehen. Der Tod auf seinem verfallenden Gesicht.
Er blickte mich an und sah meine Tränen und setzte sich auf.
Er sagte: «Komm.»
Ich ging und setzte mich auf seine Knie.
Er blickte in meine Augen und sagte: «Aha, du kannst ihn auch sehen. Ich wusste immer, dass du das Auge eines Dichters hast.»
Er blickte nicht einmal traurig, und das liess mich in lautes Weinen ausbrechen.
Er zog mich an seine dünne Brust und sagte: «Willst du, dass ich dir eine komische Geschichte erzähle?», und er lächelte mich aufmunternd an. Aber ich konnte nicht antworten.
Er sagte: «Wenn ich die Geschichte beendet habe – versprichst du mir das? –, möchte ich, dass du weggehst und nie zurückkommst, um mich zu sehen. Versprichst du das?»
Ich nickte.
Er sagte: «Gut. Hör zu. Diese Geschichte von dem Dichter und der Dichterin, die ich dir erzählt habe, erinnerst du dich daran? Das war nicht wahr. Das war etwas, das ich erfunden habe. All das Gerede über Dichtung und das grösste Gedicht der Welt, das war auch nicht wahr. Ist das nicht das tollste Ding, das du je gehört hast?»
Aber seine Stimme brach.
Ich verliess das Haus und rannte heim, weinend wie ein Dichter über alles, was ich sah.

Ein Jahr später ging ich die Alberto Street hinunter, aber von dem Haus des Dichters konnte ich keine Spur finden. Es war verschwunden, aber nicht nur das. Es war abgerissen worden, und ein grosses, zweistöckiges Gebäude stand an seinem Platz. Der Mangobaum und der Pflaumenbaum und der Kokosnussbaum, sie waren alle gefällt worden, und überall war nur Backstein und Beton.
Es war geradeso, als hätte es B. Wordsworth nie gegeben.

V. S. Naipaul

ES MUSS OHNE BETÄUBUNG SEIN

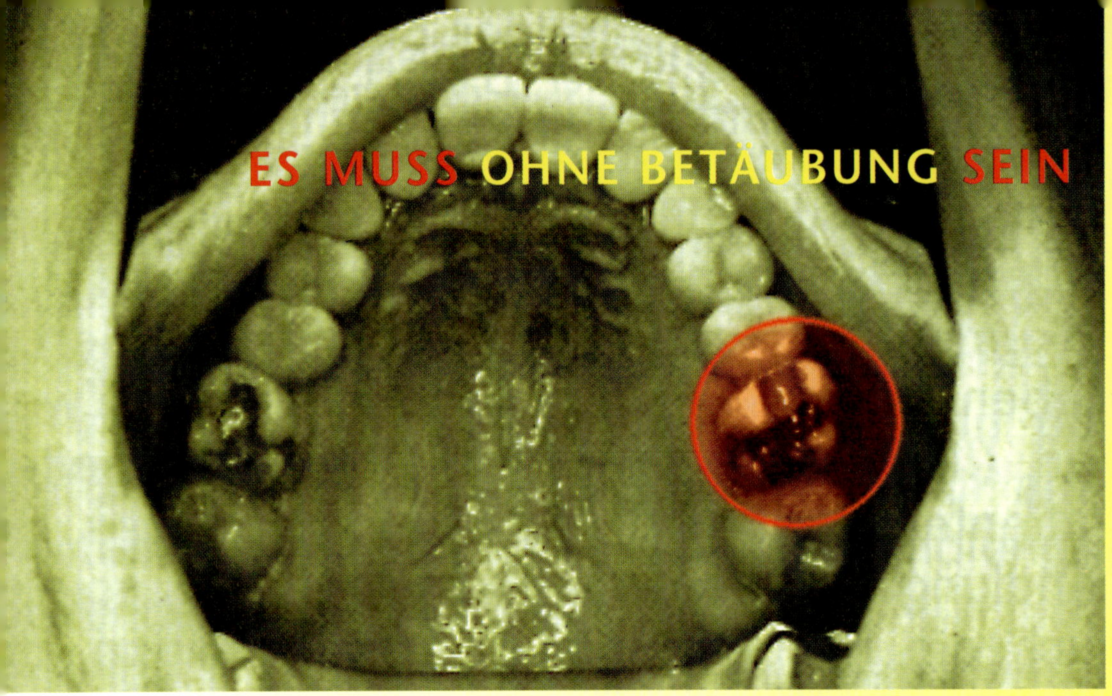

Der Montag erwachte lau und regnerisch. Don Aurelio Escobar, Zahnarzt ohne Diplom und Frühaufsteher, öffnete seine Praxis um sechs. Er holte aus dem Glasschrank eine noch im Gipsabguss liegende Prothese und legte auf den Tisch eine Handvoll Instrumente, die er wie bei einer Ausstellung der Grösse nach aneinanderreihte. Er trug ein kragenloses, am Hals mit einem vergoldeten Knopf geschlossenes Hemd, seine Hosen hielt ein Hosenträger. Er war hager, und wie der Blick von Schwerhörigen entsprach sein Blick selten der Situation. Als er alle Gegenstände auf dem Tisch angeordnet hatte, drehte er die Bohrmaschine zum Drehstuhl und setzte sich, um die Prothese zu polieren. Er schien nicht an das zu denken, was er tat, arbeitete jedoch beharrlich und bediente auch das Pedal der Bohrmaschine, wenn er diese nicht benützte.

Nach acht machte er eine Pause, um durchs Fenster zum Himmel aufzublicken, und sah zwei nachdenkliche Aasgeier, die sich auf dem Dachfirst des Nachbarhauses in der Sonne trockneten.

Er arbeitete weiter im Gedanken, dass es vor dem Mittagessen wieder regnen würde. Die rauhe Stimme seines elfjährigen Sohnes riss ihn aus seiner Versunkenheit.

«Papa.»

«Was?»

«Der Bürgermeister sagt, dass du ihm einen Backenzahn ziehen sollst.»

«Sag ihm, ich bin nicht da.»

Er polierte einen Goldzahn. Hielt ihn in Armesweite von sich weg und prüfte ihn mit halbgeschlossenen Augen. Im Wartezimmerchen schrie wieder sein Sohn.

«Er sagt, dass du da bist, weil er dich hört.»

Der Zahnarzt prüfte weiter den Zahn. Erst als er ihn auf den Tisch zu den fertigen Arbeiten legte, sagte er:

«Um so besser.»

Wieder liess er den Bohrer surren. Aus einer kleinen Pappschachtel, in der er die unfertigen Sachen verwahrte, holte er eine mehrkronige Brücke und begann das Gold zu polieren.

«Papa.»

«Was?»

Noch immer war sein Gesichtsausdruck unverändert.

«Er sagt, wenn du ihm nicht den Backenzahn ziehst, knallt er dich über den Haufen.»

Ohne sich zu beeilen, nahm er mit einer seelenruhigen Bewegung den Fuss vom Pedal, schob die Bohrmaschine vom Stuhl weg und zog die unterste Schublade des Tischs ganz auf. Dort lag der Revolver.

«Gut», sagte er. «Sag ihm, er soll mich über den Haufen knallen.»

Er liess den Stuhl kreisen, bis er der Tür gegenüberstand, und legte die Hand auf den Rand der

Schublade. Der Bürgermeister erschien im Türrahmen. Er hatte sich die linke Wange rasiert, die andere jedoch, die geschwollene, schmerzende, bedeckte ein fünf Tage alter Bart. Der Zahnarzt sah in seinen welken Augen viele verzweifelte Nächte. Er drückte die Schublade mit den Fingerspitzen zu und sagte sanft: «Setzen Sie sich.»
«Guten Morgen», sagte der Bürgermeister.
«Morgen», sagte der Zahnarzt.
Während die Instrumente ausgekocht wurden, lehnte der Bürgermeister seinen Schädel an die Kopfstütze des Stuhles und fühlte sich besser. Er atmete eisigen Geruch. Es war eine armselige Praxis: ein alter Holzstuhl, Bohrmaschine mit Pedal und ein Glasschrank mit Porzellandosen. Dem Stuhl gegenüber ein Fenster mit einem mannshohen Wandschirm. Als er fühlte, dass der Zahnarzt näher trat, klemmte der Bürgermeister die Hacken zusammen und sperrte den Mund auf.
Don Aurelio Escobar drehte ihm das Gesicht zum Licht. Nachdem er den schadhaften Backenzahn geprüft hatte, befühlte er mit behutsamem Fingerdruck den Kinnladen.
«Es muss ohne Betäubung sein», sagte er.
«Warum?»
«Weil Sie einen Abszess haben.»
Der Bürgermeister blickte ihm in die Augen.
«Gut», sagte er und versuchte zu lächeln. Der Zahnarzt lächelte nicht. Er stellte die Schale mit den ausgekochten Instrumenten auf den Arbeitstisch, und noch immer ohne sich zu beeilen, fischte er diese mit einer kalten Pinzette aus dem Wasser. Dann schob er den Spucknapf mit der Fussspitze näher und ging, um sich die Hände im Waschbecken zu waschen. Doch der Bürgermeister verlor ihn nicht aus den Augen.
Es war ein unterer Weisheitszahn. Der Zahnarzt spreizte die Beine und setzte die heisse Zange an den Backenzahn. Der Bürgermeister klammerte sich an die Armlehnen, presste seine ganze Kraft in die Füsse und fühlte eisige Leere in den Nieren, gab aber keinen Ton von sich. Der Zahnarzt bewegte lediglich das Handgelenk. Ohne Groll, eher mit bitterer Zärtlichkeit sagte er: «Damit zahlen Sie uns für zwanzig Tote, Leutnant.»
Der Bürgermeister spürte ein Knirschen der Knochen im Kinnbacken, und seine Augen füllten sich mit Tränen. Aber er gab keinen Ton von sich, bevor er den Backenzahn herauskommen fühlte. Dann sah er ihn durch seine Tränen hindurch. Er kam ihm so fremd vor in seinem Schmerz, dass er die Marter seiner fünf vergangenen Nächte nicht fassen konnte. Über den Spucknapf gebeugt, schwitzend, keuchend, knöpfte er sich den Waffenrock auf und tastete in der Hosentasche nach seinem Taschentuch. Der Zahnarzt reichte ihm einen sauberen Lappen.
«Trocknen Sie sich die Tränen ab», sagte er.
Der Bürgermeister tat es. Er zitterte. Während der Zahnarzt sich die Hände wusch, sah er die durchlöcherte Zimmerdecke und ein staubiges Spinnennetz mit Spinneneiern und toten Insekten. Der Zahnarzt kehrte, sich die Hände abtrocknend, zurück.
«Legen Sie sich hin», sagte er, «und spülen Sie mit Salzwasser.»
Der Bürgermeister stellte sich auf die Füsse, verabschiedete sich mit einem mürrischen militärischen Gruss und ging mit staksenden Beinen auf die Tür zu, ohne den Waffenrock wieder zuzuknöpfen.
«Schicken Sie mir die Rechnung», sagte er.
«An Sie oder an die Gemeinde?»
Der Bürgermeister drehte sich nicht um. Schloss die Tür hinter sich und sagte durch das Drahtnetz hindurch:
«Eines so lästig wie's andere.»
Gabriel García Márquez

DIE ENTDECKUNG

Nana Adaku II., der Omanhene* von Akwasin, feierte den zwanzigsten Jahrestag seiner Thronbesteigung. Die Hauptstadt Nkwabi wimmelte von der Menschenmenge, die aus den umliegenden Städten und Dörfern herbeigeströmt war.
Es war der Höhepunkt der Kakaoernte, das Geld floss nur so, und die Pflanzer gaben es mit vollen Händen aus. Freunde, die sich lange nicht gesehen hatten, erneuerten ihre Freundschaft, besuchten einander, beladen mit Geschenkflaschen voll Gin, Whisky oder Champagner, redeten vergnügt von vergangenen Zeiten und gingen wieder, nachdem sie den grössten Teil der mitgebrachten Getränke genossen hatten. Niemand machte sich Sorgen, alle waren zufrieden und glücklich. Nur wenige waren europäisch angezogen, die meisten trugen die Gewänder der Goldküste. Die Männer hatten *tokota*-Sandalen an den Füssen und reiche, vielfarbige Samt- und prachtvolle, handgewobene *kente*-Tücher* malerisch um den Körper gewunden. Die Frauen, mit goldenen, langen Ohrringen und goldenen Halsketten und Armbändern trugen mit viel Würde die farbenprächtige Eingeborenenkleidung.
Die Staatstrommeln erklangen in Freudenwirbeln. Es war vier Uhr nachmittags, und das Volk wanderte dem Staatspark zu, wo das *Odwira** abgehalten wurde. Im Park standen überall Hütten aus Palmblättern.
Der Omanhene erschien in einer Sänfte, eine goldene Krone auf dem Kopf, unter einem buntgemusterten Staats-Sonnenschirm. Sein *kente* war mit vielen kleinen Goldperlen bestickt. Eine Last goldener Halsketten wölbte sich auf seiner Brust. Er trug Goldarmbänder, die seine Vorderarme vom Handgelenk bis zum Ellbogen bedeckten. In der Hand hielt er einen reichgeschmückten Elefantenschwanz, mit dem er dem begeistert «Hoch» rufenden Volke zuwinkte. Vor ihm sass seine «Seele», ein zwölfjähriger Knabe, der das königliche Schwert in den Händen hielt.
Nach dem Omanhene kam der Adontehene, der nächstwichtige Mann des Landes. Auch er war prachtvoll anzusehen, in reichen roten und grünen Samtgewändern und einem Stirnband mit breiten Goldstreifen. Die andern Häuptlinge erschienen nach und nach, alle unter ihren Staats-Sonnenschirmen. Es war eine lange Prozession. Jedesmal, wenn eine Sänfte abgestellt wurde, brach das Volk in erneute Hochrufe aus, und die Trommeln wirbelten in Jubel und Freude. Der Omanhene liess sich zusammen mit den Älteren auf dem Podium nieder, zu seiner Rechten den höchsten Verwaltungsbeamten des Distriktes, Captain Hobbs. Sasa, der Hofnarr, sah in seinen schäbigen Hosen und mit seiner Affenhaarmütze lächerlich aus. Er machte Grimassen für den Omanhene, er grinste und zeigte seine Akrobatenkünste; aber der Omanhene durfte nicht lachen. Es verstiess gegen die guten Sitten, wenn das Staatsoberhaupt in der Öffentlichkeit lachte.
Der Staatspark stellte eine Szene von barbarischer Pracht dar. Die Häuptlinge und ihr Gefolge sassen auf Eingeborenenstühlen unter buntfarbigen Staats-Sonnenschirmen. Die goldbehängten «Sprecher» glitzerten in der Sonne. Die Frauen sahen wie tropische Schmetterlinge aus, entzückend in ihren vielfarbigen Seidengewändern, in *kente* und Samt. Ihr *Oduku*-Kopfschmuck, schwarz und glänzend, war reich mit goldenen Nadeln und Spangen geschmückt. Junge Männer gingen feierlich umher; ihre

Mabel Dove-Danquah: Ghanesische Erzählerin und Journalistin; erste Frau in einem afrikanischen Parlament.

*Omanhene: König eines Reichs der Akanvölker in Ghana.

*Kente-Tuch: auf schmalen Webstühlen gefertigte farbige Streifen werden zu einem Tuch zusammengenäht.

*Odwira: jährliches Fest zur Huldigung des Königs und zur rituellen Reinigung, welche die Lebenden und die Toten miteinander verbindet.

fliessenden Gewänder schleppten am Boden nach, ihre geflochtenen Stirnbänder aus Seide funkelten im Sonnenlicht.
Und die Trommeln wirbeln weiter …
Jetzt sammeln sich die Frauen, um den berühmten *Adowa*-Tanz vorzuführen. Reichgeschmückte Kalebassen geben den Rhythmus an. Die Frauen machen ein paar rasche Schritte und bewegen sich dann langsam und mit wiegenden Schultern seitwärts. Eine der Tänzerinnen wirkt in ihrem grün, blau und rot karierten *kente* besonders bezaubernd. Sie bewegt sich mit der einfachen, natürlichen Grazie eines Waldgeschöpfes. Der Staatschef ist erregt. Er wirft eine Handvoll Münzen unter die Tänzerinnen. Die Schöne lächelt, als die Münzen über sie hin und dann leise klirrend auf den Boden fallen. Die andern stürzen sich darauf. Sie aber tut, als sähe sie das Geld gar nicht, und tanzt weiter.
Der Omanhene wendet sich an seinen Vertrauenssprecher:
«Wer ist diese schöne Tänzerin?»
«Bedaure, ich kenne sie nicht.»
«Ich will sie zur Frau.»
Nana Adaku II. war fünfundfünfzig, und er hatte bereits vierzig Frauen, aber jede neuentdeckte Schönheit brachte ihn in Schwung ebenso wie einen Mann, der mit einer einzigen Gattin gesegnet – oder geschlagen – ist. Begehren flammte in seinen Adern auf. Er langweilte sich mit seinen vierzig Gattinnen. Sie kamen ihm so sehr durcheinander, dass er in letzter Zeit ständig ihre Namen verwechselte. Seine neueste und jüngste Frau hatte kürzlich bitterlich geweint, als er sie «Oda» nannte, denn Oda hiess eine seiner ältesten und hässlichsten Gattinnen.
«Diese Tänzerin ist vollkommen anders als die andern», dachte der Omanhene. «Sie wird eine Zierde meines Palastes sein.»
Und wieder wandte er sich an den Sprecher: «Ich bin bereit, hundert Pfund für sie zu bezahlen.»
«Vielleicht ist sie aber bereits verheiratet, Nana.»
«Dann zahle ich ihrem Manne, was er verlangt.»
Der Sprecher kannte seinen Omanhene; wenn dieser eine Frau wollte, kam er gewöhnlich auch ans Ziel.
«Hol fünfzig Pfund beim Schatzmeister, geh zu ihren Verwandten und gib ihnen das Geld, und wenn sie heute abend bei mir im Palast erscheint, bekommt sie die übrigen fünfzig Pfund. Gib unterdessen den Sprecherstab an Kojo weiter, und fange sofort mit den Nachforschungen an.»
Nana Adaku II. wartete nicht gern lange. Er war genau wie alle Männer der ganzen Welt. Wenn irgendein weiblicher Reiz sie kitzelt – die Form eines Beines, das Glänzen eines Auges, das Beben eines Nasenflügels, der Ton einer Stimme, werden sie sofort von wilder Aufregung erfasst. Bei vielen dauert diese Besessenheit bis ins hohe Alter an. Die Zyniker unter ihnen behandeln die Frauen mit ein wenig Schmeicheln und milder Toleranz und hüten sich, sich mit ihnen allzusehr oder gar lebenslänglich einzulassen.
Frauen dagegen gehen vernünftiger vor. Sie lassen sich von körperlichen Reizen der Männer nicht besonders beeinflussen. Wenn der Mann gutgefüllte Taschen und ein sicheres Einkommen hat, bedeutet die Ehe ihnen kein besonderes Risiko. Doch ein neuer Frauentyp sich mehr und mehr durchzusetzen, ein Typ mit hartem Kopf und männlichem Herzen, der im Manne sowohl den perfekten Liebhaber sucht als auch den guten Versorger. Wenn eine Frau den nicht findet, verzichtet sie auf das zweifelhafte Glück der Ehe.
Aber kehren wir zurück zum Nana Adaku II., den die ganze Staatsfeier zu langweilen begann und der froh war, um sechs Uhr

abends wieder seine Sänfte zu besteigen.
Die Staats-Sonnenschirme tanzten und wiegten sich, die Häuptlinge sassen wieder in ihren Sänften, die Menge brach in erneute laute Hochrufe aus, die Trommeln wirbelten ...
Bald fielen die abendlichen Schatten, und die Palmblatthütten standen leer und verlassen im Park.
Der Omanhene hatte sein Bad genommen und sich in ein goldgrünes Gewand gekleidet. Zwei Diener standen neben ihm, nachdem er sich auf einem samtenen, kleinen Diwan niedergelassen hatte, und fächelten ihm mit grossen Straussenfedern Kühlung zu. Auf dem Samtkissen neben ihm lag ein Briefumschlag mit fünfzig goldenen Sovereigns. Er kannte seinen Sprecher als einen Mann von Takt und diplomatischem Geschick, und er war überzeugt, dass in dieser Nacht eine neue Frau den Jahrestag seiner Thronbesteigung mit ihm feiern würde.
Er musste eingenickt sein. Als er erwachte, kniete die junge Frau zu seinen Füssen. Er zog sie zu sich auf den Diwan.
«Bist du gern gekommen?»
«Ich befolge Nanas Befehle gerne.»
«Ein gutes Mädchen. Wie ist dein Name?»
«Effua, mein Herr und Meister.»
«Ein schöner Name und eine schöne Frau. Hier sind fünfzig goldene Sovereigns, der Rest des Brautgeldes. Wir wollen heute nacht ganz unter uns Hochzeit feiern. Für die Formalitäten ist nachher immer noch Zeit.»
Nana Adaku II. ist nicht der erste Mann, der diese Technik anwendet. Zivilisierte, halbzivilisierte und primitive Männer der ganzen Erde haben ähnliches schon mit fast genau den gleichen Worten gesagt.
«Ich will das Geld meiner Mutter geben», sagte das vernünftige Mädchen. «Darf ich? Sie ist draussen im Gang.» Der Häuptling nickte zustimmend.
Effua kehrte zurück.
«Nana, meine Mutter und meine andern Verwandten möchten dir für die hundert Pfund danken.»
«Nicht nötig, mein schönes Kind.» Er begann, mit den Elfenbeinkugeln auf ihrem lieblichen Busen zu spielen.
«Sie sind der Meinung, du müs-

sest irgendwelche ungewöhnlichen Reize an mir entdeckt haben, um so viel Geld für mich auszugeben», bemerkte sie schüchtern lächelnd.
«Aber, meine Liebe! Du bist sehr reizvoll. Haben sie denn keine Augen im Kopf?»
«Ja – aber – Nana, ich verstehe wirklich nicht ...»
«Natürlich nicht, du bescheidenes Kind! Geh und sieh dich in dem grossen Spiegel dort drüben an.»
Das Mädchen ging listig lächelnd hinüber zum grossen Spiegel und betrachtete sich. Dann kam sie zurück, setzte sich neben ihn und legte den Kopf an seine Brust.
«Du bist wirklich ein bezauberndes Mädchen, Effua.» Er streichelte ihr glänzend schwarzes, kunstvoll geflochtenes Haar.
«Aber – Herr, ich war doch immer gleich, nicht wahr?»
«Ich nehme es an, denn ich habe dich erst heute gesehen.»
«Du hast mich erst heute gesehen?»
«Heute.»
«Hast du denn vergessen?»
«Was denn vergessen, mein liebes Kind?»
«Du hast bereits einmal fünfzig Pfund für mich bezahlt und mich vor zwei Jahren geheiratet.»

Mabel Dove-Danquah

DER ALLMÄCHTIGE

Endlich kam das Dorf in Sicht. Die Nacht senkte sich langsam vom hohen Himmel herab. Die Menschen kehrten hinter ihren Tieren nach Hause zurück und sanken fast um vor Erschöpfung. Die Steppe erstreckte sich, eingehüllt in den Sonnenuntergang, bis ins Unendliche. Abulcheir ging mit geschwollenen Füssen auf das Dorf zu. Seine Furcht war so stark, dass sich ihm das Herz zusammenkrampfte und kaum noch zu schlagen schien, und sein Schmerz war so heftig, dass er ihn kaum noch spürte. Die Zurückkehrenden erblickten ihn, da wurden ihre Augen weit vor Erstaunen, und die Münder blieben ihnen offen. Sie begannen miteinander zu flüstern und auf ihn zu zeigen. Seine Freunde senkten den Blick. Er aber setzte seinen Weg fort, als wäre er weit entfernt von ihnen, er schritt seinem Schicksal entgegen. Aller Augen folgten ihm, während er langsam davonging, bis von ihm nicht mehr verblieb, als was ein Traum im Gedächtnis zurücklässt. Sie schüttelten den Kopf und sagten: «Der Mann ist verloren! Es ist zu Ende mit Abulcheir!»
Abulcheirs Tragödie ereignete sich wie zufällig. Der Schlaf überwältigte ihn eines Nachts in der mit Weizen gefüllten Scheune im Gehöft seines allmächtigen Herrn. Er erwachte durch eine Bewegung, aber im ersten Moment hatte er das Gefühl, in der Dunkelheit zu versinken. Wo war er und wie spät war es? Für einen Augenblick verstand er überhaupt nichts. Dann brachte ihn der Duft des Getreides ins Bewusstsein zurück. Er wurde nun der Bewegung gewahr, die ihn geweckt hatte, und suchte sie in der Dunkelheit mit dem Blick zu erfassen.
Plötzlich hörte er eine Stimme flehend und angsterfüllt sagen: «Nein ... nein ... mein Herr!» Die Stimme kannte er. Sie gehörte Sannuba, der Tochter von Eilewa. Sie klang so erschrocken, als wollte ein Raubtier das Mädchen verschlingen. Abulcheir sprang auf, um durch irgend etwas seine Anständigkeit zu beweisen, aber eine rauhe, tiefe Stimme kam ihm zuvor und rief in fiebrigem Ton: «Schweig!» Wie festgenagelt blieb er an seinem Platz stehen, ihm schwanden die Kräfte. Die Stimme kannte er ebenfalls. Es war die Stimme seines Herrn Abd El-Galil, des Allmächtigen, der die oberste Gewalt war, das Gesetz, Leben und Tod. Er vergass Sannuba und dachte nur noch

daran, dass er eigentlich gar nicht hier sein dürfte, noch dazu in einer solch brenzligen Lage, in die ihn ein trügerischer Schlummer gebracht hatte, und überlegte, was er antworten sollte, wenn er zur Rede gestellt würde. Augenblicklich wurde ihm klar, dass die Schwierigkeit seine Schwierigkeit war, nicht die Sannubas allein, und dass die Schuld seine Schuld war, nicht die des Allmächtigen, der nicht gefragt wurde nach dem, was er tat. Er starrte weiter in die Dunkelheit, bis sich ihm ein riesiges schemenhaftes Etwas zeigte, das sich unruhig bewegte. Vielleicht war das der Allmächtige, der das Mädchen überwältigte, so wie eine Gabelweihe sich eines Kückens bemächtigt. Sie flehte ihn unter Tränen an, von ihr abzulassen, aber sein fiebrigheisses Schelten ohrfeigte sie so, wie ein Sturm die Blätter eines Baumes peitscht. Furcht, Abscheu und Verzweiflung erfüllten Abulcheir so sehr, dass er sich wünschte, Allah möge noch einmal Noahs Gebet erhören.

Vom Erdboden war ein unterdrücktes Geräusch zu hören, dem zu entnehmen war, dass sich jemandes Füsse nervös hin- und herbewegten und dass sich das Mädchen aus der fürchterlichen Falle nicht befreien konnte. Schmerzerfülltem Stöhnen folgte ein Rascheln, als ob irgendwo ein Feuer brenne. Es kam ihm so vor, als ob die Dunkelheit unter einem schweren Fusstritt aufheulte und als ob seine Adern anschwollen. Er sprang auf, um zu schreien, weil er glaubte, den Schmerz nicht mehr ertragen zu können, aber ein Schrei des Allmächtigen kam ihm zuvor, ein plötzlicher Schmerzensruf, der zunächst scharf war, dann rauh wurde, in ein Brüllen überging und mit einem entsetzlichen «Verbrecherin!» endete.

Abulcheir hörte einen heftigen Schlag, dem ein ohnmächtiges, verzweifeltes Stöhnen folgte, und den Fall eines Körpers, eines zarten, leichten Körpers. Der Allmächtige schnaubte voller Wut: «Verbrecherin, nimm das!»

Harte Füsse traten Hammerschlägen gleich auf die Aufstöhnende ein: «Nimm das, nimm das!»

Das Stöhnen wurde immer leiser und erstarb schliesslich zu einem flüsternden Seufzen. Der wahnsinnige Zorn aber steigerte sich ins Endlose: «Nimm das, nimm das!»

Abulcheir rief unwillkürlich: «O Gott!»

Die Stimme traf ihn wie ein Geschoss: «Wer ist da?»

Abulcheir lief zur Tür und zog sie an sich, sie gab nach, Mondlicht fiel herein, und Abulcheir stürzte hinaus. Da schrie der Allmächtige: «Ich habe dich erkannt, Abulcheir, bleib stehn!»

Abulcheir flog davon wie eine Gewehrkugel, getrieben von Abscheu, Furcht und Verzweiflung. Die Stimme rief hinter ihm her: «Abulcheir, Bursche, du Verbrecher, bleib stehn, du Verbrecher!»

Noch einmal rief der Herr. Füsse rannten auf ihn zu, Ohren lauschten, gleich würde das Dorf erwachen. Abulcheir lief ein ganzes Stück und liess nicht nach, bis er zur Hütte seines Freundes kam, der Wächter eines Wassermelonenfeldes auf dem Boden von El-Ammari war.

Er warf sich neben ihn hin und keuchte vor Anstrengung und Erschöpfung. Der andere empfing ihn begütigend und tröstend.

Er reichte ihm einen Krug Wasser, damit er trinke und sich das Gesicht benetze. Mitten in der Nacht hörte er sich die traurige Geschichte an. Schliesslich seufzte Abulcheir und fragte den anderen: «Soll ich auf der Polizeiwache reden?»

Der andere schüttelte vorsichtig den Kopf: «Sie werden dich umbringen, und sei es bei der Gerichtsverhandlung!»

Er fragte erstaunt: «Und was soll ich tun?»

«Versteck dich!»

«Ein ganzes Leben lang?»

Der Wächter hob wortlos den

Kopf zum Himmel. Da meinte Abulcheir: «Frau und Tochter sind im Dorf, dem Allmächtigen ausgeliefert, ohne einen Beistand!»
«Denk an dein eigenes Leben!»
Er seufzte tief bekümmert: «Wo bleibt da das Gesetz?»
Der Wächter lachte trocken: «Es schläft im Inneren einer Wassermelone.»
Am nächsten Tag brachte ihm der Wächter neue Nachricht: Im Dorf liefe um, Abulcheir habe das Mädchen vergewaltigt, es getötet und sei dann geflohen. Der Herr selbst habe das bezeugt, und alle glaubten ihm ohne Widerrede. Die Angehörigen des Opfers seien tief traurig, ebenso seine eigenen Angehörigen und die Nachbarn. Viele Männer drohten, Rache zu üben. Die Regierung stelle Ermittlungen an und höre die Aussagen des einzigen Zeugen. Die Schande bedrücke seine Frau und seine Tochter, und der Kummer lasse sie verstummen.
«Mein Verbrechen besteht darin, dass ich das Verbrechen eines anderen mit angesehen habe!»
«Warum bist du in der Scheune eingeschlafen?»
«Weiss der Himmel!»
Er blickte ihn bedauernd an und sagte: «Versteck dich!»
Bedienstete des Herrn kamen auch zum Wächter und suchten nach Abulcheir. Auch Männer aus der Familie des Opfers kamen. Abulcheir hörte von seinem Versteck aus die Stimmen derer, die eifrig nach ihm suchten, er sah ihre finsteren Gesichter und den Todesschwur in ihren Augen.
«Ich werde fliehen!»
«Ja, unser Gott sei mit dir!»
«Ich habe nicht einen Millim!»
Er entgegnete und wandte vor Scham den Blick ab: «Ich auch nicht!»
Abulcheir ging in der tiefsten Dunkelheit los ohne Ziel und ohne Beistand. Während seines ganzen Lebens war er nie über den Suk hinausgekommen. Er kannte nichts von der Welt.
Er vermied die nahe gelegenen Dörfer, weil er wusste, dass sie in der Reichweite des Allmächtigen lagen, aber jetzt war ja die Regierung selbst auf seiner Spur. Es gab nichts, womit er sich hätte entlasten können. Hier und jederzeit würde er die Zielscheibe einer Kugel sein, die abgefeuert wurde, um ihm den Garaus zu machen. Die Dunkelheit dieser Nacht würde nicht ewig andauern. Schnell würde sie vom Tageslicht vertrieben werden, und dann wäre er sichtbar für die Augen der anderen wie ein Skorpion, bei dem Knüppel und Sandalen stritten, wer ihn zuerst zerquetschen werde. Wer sorgte nun für seine Frau und seine Tochter? Wer kümmerte sich um sie in einer Umgebung, die von Hass und Rachedurst erfüllt war? Er ging weiter ohne ein bestimmtes Ziel.

Er fand, dass die Dinge um ihn herum sich vorsichtig zu erkennen gaben. Die Weidenbäume und die Palmen nahmen eine etwas deutlichere Gestalt an. Durch die verstreuten Felder zogen sich Fusswege. Das Wasser eines Kanals lächelte, und seine kleinen Wellen glitzerten. Staunend erwachte er aus seiner Benommenheit und wandte sich dem Horizont auf seiner Linken zu, weil blitzartig ein Gedanke in seinem abgehetzten Hirn auftauchte. Da sah er den Mond schnell über der Erde emporsteigen, so deutlich und gross wie nichts sonst. Mattes Licht strömte von ihm aus. Der Mond störte ihn über die Massen. Je schneller er ging, desto öfter drehte er sich um. Hundegebell durchbrach von verschiedenen Seiten die lastende Stille. Einmal erhob sich ein Geheul, da zitterte er vor Furcht. Wie weit von ihm entfernt war jetzt Kairo, die grosse Stadt, in deren Menschenmenge er aufgehen und wo er Zuflucht und Brot finden wollte! Wieviel Zeit brauchten seine geschwollenen Füsse, um eine Strecke zurückzulegen, für die der Schnellzug vier Stunden benötigte? Der Ruf eines Wächters traf ihn laut wie das Pfeifen einer Lokomotive. Ihm blieb vor Schreck fast das Herz stehen. Vielleicht würde er sich ihm in den Weg stellen und ihn fragen, wer er sei und wohin er wolle.

Er fürchtete sich, noch einen Schritt weiter zu gehen. Er wandte sich zu einer Sykomore und schmiegte sich so eng an ihre Wurzeln, als sei er ein Auswuchs an ihrer Rinde. Ihm würde sich auch im Tageslicht kein Wächter entgegenstellen. Aber wer sorgte für seine Frau und seine Tochter? Es wäre wohl möglich, dass er nach vieler Mühe Kairo erreichte, aber wer beschützte seine Frau, seine Tochter? Wie konnte das Leben noch angenehm sein für jemanden, der bis an sein Ende verfolgt wurde und dessen Herz sich verzehrte aus Kummer um seine Frau und seine Tochter?

Er starrte in den Himmel. Seine Gedanken jagten sich, die Stunden vergingen, bis ihn der Schlaf überwältigte.

Er wachte auf, weil er geträumt hatte, er sei vom Gipfel eines Berges herabgefallen. Er öffnete die Augen und stellte fest, dass harte Füsse um ihn herum einen Kreis geschlossen hatten. Bestürzt stand er auf und sah, dass die Männer ihm Blicke zuwarfen, die schmerzten wie spitze Steine, während ihre Pferde hinter ihnen standen und wieherten.

Er rief aus voller Kehle: «Der Prophet habe Erbarmen mit mir!»

Einer von ihnen versetzte ihm einen Schlag, der ihn zu Boden warf, und schrie ihn an: «Du bist auf der Flucht, du Hundesohn!»

Er rief noch einmal: «Der Prophet habe Erbarmen mit mir!»

Der Mann gab ihm einen Fusstritt in den Bauch und schrie: «Erst vergewaltigst du das Mädchen, und dann bringst du sie um!»

«Ich ...»

«Ich bin unschuldig!» hätte er beinah aufbegehrt, aber zu seinem Glück erinnerte er sich daran, dass er mit den Männern des Allmächtigen sprach, so beherrschte er sich. Er warf dem Mann einen stummen, unterwürfigen Blick zu. Der sagte: «Kehr zurück und gestehe!»

Er entgegnete, den Tränen nahe: «Man wird mich aufhängen!»

Der andere trat ihn noch einmal heftig und meinte: «Der Herr wird dich nicht dem Strick überlassen!»

«Man wird mich ins Gefängnis sperren!»

Der Mann trat ihn noch heftiger und stiess hervor: «Und deine Familie lebt in Sicherheit!»

Er stöhnte verzweifelt auf und sagte nichts mehr. Die anderen schimpften und trieben ihn zur Eile an. Er brachte im Flüsterton heraus: «Ich werde zurückkehren!»

Er kehrte um und legte den Weg zu Fuss zurück, während sie ihm von ferne folgten.
Schliesslich kam das Dorf in Sicht. Die Nacht senkte sich langsam vom hohen Himmel herab. Die Menschen kehrten hinter ihren Tieren nach Hause zurück und sanken fast um vor Erschöpfung. Die Steppe erstreckte sich, eingehüllt in den Sonnenuntergang, bis ins Unendliche. Abulcheir ging mit geschwollenen Füssen auf das Dorf zu. Seine Furcht war so stark, dass sich ihm das Herz zusammenkrampfte und kaum noch zu schlagen schien, und sein Schmerz war so heftig, dass er ihn kaum noch spürte. Die Zurückkehrenden erblickten ihn, da wurden ihre Augen weit vor Erstaunen, und die Münder blieben ihnen offen. Sie begannen miteinander zu flüstern und auf ihn zu zeigen. Seine Freunde senkten den Blick. Er aber setzte seinen Weg fort, als wäre er weit entfernt von ihnen, er schritt seinem Schicksal entgegen. Aller Blicke folgten ihm, während er langsam davonging, bis von ihm nicht mehr verblieb, als was ein Traum im Gedächtnis zurücklässt. Sie schüttelten den Kopf und sagten:
«Der Mann ist verloren!
Es ist zu Ende mit Abulcheir!»

Nagib Mahfus

EIN VORFALL IM HAUSHALT DES GHOBASHI

Zeinat erwachte von dem durchdringenden Krähen des roten Hahnes auf dem Dach, unter dem sie schlief. Das Ghobashi-Haus lag am Rand des Dorfes, und vor ihm breiteten sich die Felder bis zum Fluss und zur Eisenbahnlinie hin aus.
Der Schrei des roten Hahnes löste Antwortschreie von den Nachbardächern aus. Dann wurden sie durch die Stimme des Muezzin zum Schweigen gebracht, der vom hohen Minarett unter den Maulbeerbäumen aus rief: «Das Gebet ist besser als der Schlaf.»
Sie streckte ihren Arm nach den Kindern aus, die neben ihr schliefen, und zog das Ende des alten, aus Lumpen gewebten Kelims über ihre Körper, dann rüttelte sie an der Schulter ihrer ältesten Tochter.
«Es ist Morgen, ein weiterer Morgen des Herrn. Steh auf, Ni'ma – heute ist Markttag.»
Ni'ma wälzte sich auf den Rücken und streckte sich träge aus. Wie jemand, der von einem plötzlichen Windstoss aufgeweckt wird, starrte Zeinat den Körper an, der vor ihr ausgestreckt lag. Ni'ma setzte sich auf und zog ihre Galabia über die Schenkel und rieb sich die vom Schlaf noch schweren Augen in ihrem runden Gesicht mit den hervorspringenden Backenknochen.
«Wirst du das Getreide zum Markt tragen können, Tochter, oder ist das zu schwer für dich?»
«Natürlich, Mutter. Schliesslich, wen sonst gibt es denn, der dorthin gehen könnte?»
Zeinat stand auf und ging mit schwerfälligen Schritten zum Hof, wo sie ihre Waschungen vornahm. Als sie das rituelle Gebet beendet hatte, blieb sie sitzen und zählte an ihren Fingern die Lobpreisungen Gottes ab.
Als sie spürte, dass Ni'ma hinter ihr stand, drehte sie sich zu ihr um:
«Weshalb stehst du hier herum? Warum gehst du nicht und machst den Tee fertig?»
Zeinat ging in die Ecke, in der Ghobashi die Maisernte in Säcken aufbewahrte; er hatte ihnen einen Vorrat zurückgelassen, nachdem er das Flugticket von dem Büro bekommen hatte, das für ihn eine Arbeit in Libyen gefunden hatte und das ihn in einem Jahr wieder zurückbringen würde.
«Möge Gott dich beschützen, solange du weg bist, Ghobashi», murmelte sie.

Sie hockte sich vor einem Sack hin, das Getreidemass zwischen ihren Schenkeln, und häufte das Getreide mit beiden Händen auf, bis das Mass gefüllt war, dann schüttete sie es in einen Korb. Hustend wedelte sie den Staub weg, der vor ihrem Gesicht aufstieg, dann wandte sie sich wieder ihrer Arbeit zu.

Das Mädchen ging zu dem grossen irdenen Wassergefäss, nahm den hölzernen Deckel herunter, tauchte den Krug ein und bespritzte ihr Gesicht mit Wasser; sie feuchtete ihre Fingerspitzen an und flocht ihre Zöpfe, dann band sie ein Taschentuch über ihren Kopf. Sie wandte sich an ihre Mutter:

«Ist das nicht genug, Mutter? Wofür brauchen wir denn das Geld?»

Zeinat schlug sich mit den Handflächen auf die Knie und warf ihren Kopf zurück. «Müssen wir nicht Hamdan seinen Lohn auszahlen? – oder hat er die Bohnen für uns etwa für nichts angebaut, nur so für das Vergnügen harter Arbeit?»

Ni'ma drehte sich um und brachte den Kocher vom Fensterbrett, sie stellte getrocknete Maiskolben in Form einer Pyramide auf und zündete sie an. Sie stellte den Kocher neben ihre Mutter, dann füllte sie die Teekanne mit Wasser aus dem Krug und setzte sie in die Glut. Sie hockte sich hin, und die zwei sassen still beisammen. Plötzlich sagte Zeinat:

«Seit wann ist der Büffel trächtig?»

«Seit mein Vater wegging.»

«Das heisst also, direkt nach dem Grossen Fest, Tochter?»

Ni'ma nickte zustimmend mit dem Kopf, dann neigte sie ihn und begann, Linien in den Dunst zu malen.

«Warum gehst du nicht und siehst nach, wie viele Eier gelegt wurden, solange bis der Tee fertig wird.»

Zeinat blickte in den Schein der Glut. Sie hatte ein Gefühl von Frieden, als sie in die tanzenden Flammen sah. Ghobashi war abgereist und hatte die ganze Last auf ihren Schultern gelassen: die Kinder, zwei Kirat* Land und den Büffel.

«Pass auf Ni'ma auf», hatte er in der Nacht vor seiner Abreise gesagt. «Der Körper des Mädchens ist gereift.» Dann hatte er die Hände ausgebreitet und gesagt: «O Gott, um des Propheten Ehre willen, lass mich ein Hochzeitskleid aus reiner Seide für sie mit zurückbringen.» Sie hatte zu ihm gesagt: «Mögen deine Worte von deinen Lippen direkt zum Himmelstor gehen, Ghobashi.» Er würde nicht vor dem kommenden Grossen Fest zurückkommen. Was würde passieren, wenn er zurückkäme und die Angelegenheit herausfinden würde? Sie nahm ihr Gesicht zwischen ihre Hände, beugte sich über das Feuer und blies die Asche fort. «Wie merkwürdig», dachte sie, «sind die Mädchen von heute! Dieses gerissene kleine Biest hat ihre Tücher jeden Monat während ihrer Periode nach draussen gehängt, gerade so, als ob nichts passiert wäre, und nun ist sie im vierten Monat, und man sieht nichts.»

Ni'ma kam zurück und nahm das Tuch von den Eiern, tat zwei von ihnen ins Feuer und die übrigen in eine Schüssel. Dann brachte sie zwei Gläser und die Zuckerdose und setzte sich neben ihre Mutter, die immer noch in ihre Gedanken vertieft war.

* Ägyptisches Flächenmass, ungefähr 175 m²

«Hast du nicht versucht, irgendeinen Ausweg zu finden?»
Ni'ma zog ihre Schultern hoch mit einem Ausdruck der Hilflosigkeit.
«Dein Vater ist seit vier Monaten weg. Ist nicht noch Zeit?»
«Welchen Sinn hat das? Wenn Gott dir doch nur diesen Ärger mit mir erspart hätte. Wäre es nicht das Beste gewesen, Mutter, wenn mein Fuss beim Füllen des Wasserkruges am Kanal abgerutscht wäre und damit alles erledigt gewesen wäre?»
Zeinat schlug sich auf die Brust und zog ihre Tochter an sich.
«Sag nicht so etwas Unverschämtes. Hör nicht auf die Stimme des Teufels. Beruhige dich und lass uns eine Lösung finden, bevor dein Vater zurückkommt.»
Zeinat goss Tee ein. Ruhig nahm sie kleine Schlucke davon, dann stellte sie das Glas vor sich hin, schälte das Ei und ass es. Ni'ma sass da und beobachtete sie, wobei ihre Hand das heisse Glas umfasste. Von draussen hörte man die erhobenen Stimmen der Frauen, die die Aussichten für den Markt des Tages diskutierten, während die Männer Grüsse austauschten, als sie sich auf ihre Felder begaben. Inmitten der Stimmen konnte man das Gelächter von Hamdan hören, der den Büffel auf die zwei Kirat Land trieb, die das Haus umgaben.
«Sein Glück ist mit Gott», murmelte Zeinat. «Er ist gut und hat keine einzige Sorge auf der Welt.»
Ni'ma stand auf und begann das Ende ihres Kopftuchs so zu wickeln, dass ein Polster auf ihrem Kopf entstand. Zeinat drehte sich um und sah, wie sie sich fertigmachte, um zum Markt zu gehen. Sie zog sie an ihrer Galabia, und das junge Mädchen setzte sich wieder hin.
In diesem Moment hörten sie ein Klopfen an der Tür und die Stimme ihrer Nachbarin, Um al-Khair*, rief:
«Gute Gesundheit, Leute. Kommt Ni'ma nicht wie sonst mit mir zum Markt, Tante Zeinat? Oder ist sie noch nicht auf?»
«Schwester, sie macht sich gerade fertig für einen Besuch bei unseren Verwandten.»
«Möge Gott sie sicher zurückbringen.»
Ni'ma sah ihre Mutter forschend an, während Zeinat den Finger auf ihren Mund legte. Als das Geräusch der Schritte von Um al-Khair leiser wurde, flüsterte Ni'ma:
«Was hast du vor, Mutter? Von welchen Verwandten sprichst du?» Zeinat stand auf, wühlte in ihrer Wäschetruhe herum und nahm ein Taschentuch, in dem etwas Geld eingewickelt war, und ein paar Sachen heraus.
Sie drückte das Taschentuch in Ni'mas Hand und schloss ihre Finger darüber.
«Nimm es – das sind meine Lebensersparnisse.»
Ni'ma blieb schweigsam, als ihre Mutter fortfuhr: «Pack deine Sachen, geh direkt zum Bahnhof und besorg dir eine Karte nach Kairo. Kairo ist eine grosse Stadt, Tochter, wo du Schutz finden wirst und wo du deinen Lebensunterhalt verdienen kannst, bis Gott dich sicher zu deiner Zeit bringen wird.
Dann bring es mit dir mitten in der Nacht zurück, ohne dass dich jemand hört oder sieht.»
Zeinat nahm das Ende ihrer Galabia hoch und nahm es zwischen ihre Zähne. Dann nahm sie die alten Sachen und begann, sie um ihre Taille zu wickeln.
Dann liess sie die Galabia herunterfallen. Ni'ma betrachtete sie mit Erstaunen:
«Und was sagen wir meinem Vater?»
«Es ist jetzt keine Zeit zum Reden. Bevor du zum Bahnhof gehst, hilf mir mit dem Korb, so dass ich zum Markt gehen kann, damit die Leute mich so sehen. Ist es nicht besser für deinen Vater, wenn er zurückkommt, einen ehelichen Sohn vorzufinden als einen unehelichen Enkelsohn?»

Alifa Rifaat

* Das bedeutet «Mutter von Al-Khair»; Eltern werden in der arabischen Welt häufig mit dem Namen ihres erstgeborenen Sohnes bezeichnet.

KEIN SCHRITT AUF GOLDENEN LOTOSSEN!

Vornehme Dame mit Dienerin

Vor über tausend Jahren hat es in China einen Kaiser gegeben, der schöne Frauen sehr liebte. Keine schöne Frau war jedoch schön genug für ihn. Eines Tages kam ihm ein Gedanke: Frauenfüsse kleinzubinden. Schöne Frauen sollten hauchleicht wie Feen tanzen können. Der Kaiser liess schöne Frauen mit kleinen Füssen im Palast auf goldenen Lotossen tanzen. Die Füsse wurden so klein gemacht, dass man für sie goldene Lotosse in natürlicher Grösse machen konnte. Man nannte dann die kleinen Füsse «Goldene Lotosse». Die «Goldenen Lotosse» wurden eine Mode. Sie wurden von Kaisern gepriesen, von Würdenträgern bewundert, von Dichtern besungen, von Männern geliebt. Keine Frau konnte als schön gelten, wenn sie nicht kleine Füsse hatte. Vom Palast drang diese Mode zu den vornehmen Familien und gelangte bis zum Volk. Denn wie schön ein Mädchen auch sein mochte, ohne kleine Füsse würde sie niemals für den kaiserlichen Palast auserkoren werden können. Schliesslich wurde es ein Zeichen der Vornehmheit der Familie, wenn die Frauen kleine Füsse hatten. So konnte ein Mädchen ohne kleine Füsse auch niemals jemanden aus gutem Hause heiraten. Wie unendlich wichtig sind die «Goldenen Lotosse» für die chinesische Frau seit über tausend Jahren gewesen!

Erst als das kaiserliche China im Jahre 1911 zu einer Republik wurde, wurde diese Mode abgeschafft. Trotzdem gab es Familien, die dieses Zeichen der Vornehmheit nicht gleich ablegen wollten, und Mütter, die ihren Töchterchen die Füsse weiterhin kleinbanden. Auch meine Mutter. Meine Schwester war sieben. Ihr hatte man schon die Füsse gebunden. Ich war fünf. Ich sollte auch kleine Füsse bekommen. Bis jetzt wuchs ich wie ein sorgenloses, rundes Kätzchen oder Hündchen heran. Ich lief so gern überall herum. Mein Vater war Mandarin. Unser Haus war sehr gross. Das war seine Residenz. Ich lebte mit meiner Schwester und unserer Kinderfrau in einem Zimmer, weit von jenem Teil des Hauses, wo meine Eltern lebten. Mutter kam selten einmal in unser Zimmer. Sie war für mich etwas Fernes, Respektheischendes, aber nichts Nahes, Freudiges. Wenn Mutter kam, wusste ich mich nicht auf ihren Besuch zu freuen. Ich wagte nicht, mit ihr zu sprechen, zu lachen.

Meine Kinderfrau war meine Freundin. Ich lachte mit ihr und weinte mit ihr. Eines Tages, nach dem Besuch meiner Mutter, sagte meine Kinderfrau zu mir: «Deine Mutter hat angeordnet, deine Füsse ab morgen zu binden. Genau wie bei deiner Schwester!»

Ich hatte noch keine Ahnung, wie schmerzhaft das sein konnte. Am nächsten Morgen musste ich auf dem Bettrand sitzen und meine beiden Füsse durch meine Kinderfrau festbinden lassen. Meine Kinderfrau sass auf einem kleinen niedrigen Hocker, ergriff einen meiner Füsse, legte ihn auf ihr Knie und fing an, mit einem mehrere Meter langen Bändchen meine Füsse zu binden. Von oben nach unten, von links nach rechts. Immer binden und binden, fest und fester. Ich schrie: «Es tut weh! Es tut weh!» Sie achtete nicht auf das, was ich sagte. Nach dem Binden nähte sie die Enden des Bandes mit einem Faden fest, damit das Band sich nicht lockere. Nach dem einen Fuss band sie den anderen. Ich schrie und weinte. Sie achtete nicht auf das, was ich tat. Nachdem sie meine beiden Füsse festgebunden hatte, holte sie ein Paar handgenähte enge Socken aus weissem Stoff und zwängte meine Füsse in die Socken. «So, fertig. Du musst jetzt versuchen, aufzustehen, und langsam gehen.» – «Aufstehen und gehen? Wie soll ich?» Ich brüllte, weinte und rollte mich im Bett wie ein gefangenes Tier. Ich schrie: «Binde meine Füsse los! Los! Los!» Nach einer Weile sagte meine Kinderfrau: «Ich binde dich etwas los. Eigentlich darf ich es nicht.» Als sie anfing, die Bändchen zu lockern, griff ich selbst an meine Füsse, band alles los und warf zweimal die mehrere Meter langen Bändchen auf den Boden. Ich stand auf, lief durchs Zimmer und schimpfte auf meine Kinderfrau: «Ich hasse dich! Ich hasse dich!» Sie sagte: «Warte, bis deine Mutter kommt!» Sollte meine Mutter wiederkommen? Wie schrecklich!

Gegen Mittag kam Mutter. Sie hatte gehofft, ihr Töchterchen mit gebundenen Füssen vorzufinden. Was sah sie? Ich versteckte mich in einer Ecke und zitterte. Mutter nahm einen Stuhl. Meine Kinderfrau erzählte ihr alles, was geschehen war. Mutter war sehr böse auf mich. Sie sagte: «Unerhörtes Mädchen! Du bist ja ein Mädchen! Ein Mädchen muss kleine Füsse haben. Daran kann ich nichts ändern. Du musst den Schmerz verbeissen. Meinst du, dass ich keine Schmerzen gehabt habe? Meinst du, dass deine Schwester keine Schmerzen gehabt hat? Komm aus der Ecke! Setz dich auf deinen Bettrand und lass deine Kinderfrau deine Füsse binden.» Ich drückte mich noch stärker an die Wand. Ich wünschte, eine Tür oder ein Fenster würde sich in der Ecke oder in der Wand öffnen, so dass ich weglaufen oder ausfliegen könnte und nie wieder meine Mutter sehen. Aber die Ecke blieb die Ecke. Die Wand blieb die Wand. Ich war hilflos. Ich schrie. Es war nicht erlaubt, vor den Eltern zu schreien. Aber ich konnte mich einfach nicht mehr beherrschen. «Ich will kein Mädchen sein! Ich will keine kleinen Füsse haben. Kleide mich wie einen Knaben! Ich will ein Knabe sein!» Mutter war empört: «Wie kannst du so mit mir reden! Du bist ein Mädchen. Du bleibst ein Mädchen. Du musst kleine Füsse haben. Ein Mädchen hat nicht eines Knaben Wert. Hörst du!» Zum ersten Male hörte ich, dass ein Mädchen nicht den Wert eines Knaben habe. Ich hasste die Mädchen. Warum war ich ein Mädchen? Ich weinte bitterlich. Ich kam nicht aus der Ecke. Mutter befahl meiner Kinderfrau, mich zu holen. Ich lief von der Ecke weg, lief im Zimmer herum und liess mich nicht von der Kinderfrau einfangen. Mutter schimpfte: «Willst du gehorsam sein! Was für ein ungezogenes Mädchen bist du! Schau, wie ruhig deine Schwester ist. Ihre Füsse fangen schon an, klein zu werden. Was ist mit dir? Das ist doch für deine Schönheit. Willst du aufhören zu laufen! Ich kann dich nicht mehr ertragen. Was für ein wildes Mädchen bist du!» Ein wildes Mädchen war ich nicht. Ein wildes Tierchen war ich. Mit fünf wuchs ich wie ein Tierchen heran. Man liess dieses Tierchen nicht in Ruhe wachsen. Jedes Tier würde wild werden. Was konnte ich von Schönheit verstehen. Ich wollte bloss keine Schmerzen haben. Mutter sprach nicht mehr mit mir. Sie sagte zu meiner Kinderfrau: «So sehr hast du meine Tochter verwöhnt! Ich bin enttäuscht von dir!» Mutter sass auf dem Stuhl. Ich schaute ihre Füsse an. Sie hatte kleine, spitze, schmale Füsse – ihre «Goldenen Lotosse». Sie hatte es geschafft: Tochter eines Mandarin, verheiratet mit dem Sohn eines Mandarin. Ohne ein weiteres Wort verliess Mutter das Zimmer. Meine Kinderfrau begleitete sie bis zum Nebenraum. Dann kam sie zurück ohne ein Wort. Ich dachte, alles wäre vorbei. Ich konnte vielleicht als Mädchen leben, ohne ein Mädchen zu sein, ohne kleine Füsse zu haben. Einen ganzen Nachmittag konnte ich im Zimmer herumlaufen wie alle anderen Tage. Das war aber der letzte Tag für meine freien Füsse gewesen. Am nächsten Tage wachte ich ganz früh mit starken Schmerzen in den Füssen auf. Meine Füsse waren in der Nacht, während meines tiefen Kinderschlafes, von meiner Kinderfrau gebunden worden. Ich war also ein gefesseltes Tier. Ich weinte, weinte und weinte im Bett. Meine Kinderfrau versuchte, mich zu beruhigen. «Es ist nur am Anfang so schlimm. Bald wirst du dich daran gewöhnen, dann schmerzt es nicht mehr so. Wenn du gross bist, wirst du deiner Mutter dankbar sein. Sei nur brav!» Ich schrie beim Weinen: «Ich werde meiner Mutter nie dankbar sein! Ich hasse meine Mutter! Ich hasse auch dich! Warum hörst du auf meine Mutter? Du hast aber keine kleinen Füsse. Lass meine Füsse wieder frei, ich bitte dich! Bitte! Bitte!» Diesmal befreite sie meine Füsse nicht mehr. «Deine Mutter hat zu mir gesagt: Wenn ich deine Füsse noch einmal befreie muss ich weggehen. Dann bin ich nicht mehr bei dir. Deine Füsse jedenfalls werden gebunden. Überlege mal, wenn ich nicht bei dir bin, wirst du nicht noch trauriger sein? Ich bin eine arme Frau vom Lande. Frauen auf dem Lande müssen hart arbeiten. Wir haben nicht das Glück, kleine Füsse zu haben. Wir armen Leute sind nichts wert. Du bist ein gnädiges Fräulein aus einem guten Hause.» Ich hasste mein «gutes Haus»! Ich bat meine Kinderfrau, mich mitzunehmen und aufs Land zu gehen! Meine Kinderfrau ermahnte mich, nicht so zu sprechen, denn dann würde meine Mutter sie sofort wegschicken. Meine Kinderfrau verlieren? Das wäre unerträglich gewesen. Mir blieb nichts anderes übrig, als Schmerzen zu verbeissen, zu versuchen aufzustehen. Vielleicht war es nicht so schlimm? Ich hatte bis zum Ende meiner Kraft geweint, hatte auch Hunger. Mich auf meine Kinderfrau stützend, hüpfte ich bis zum Tisch, um mein Frühstück zu nehmen. Nachher sass ich weiter auf meinem Kinderstuhl und wartete. Auf was? Ich wusste es nicht. Mein Zimmer war dunkel, meine Gedanken waren traurig. Warum war ich ein Mädchen? Was für ein Unglück! Da kam wieder meine Mutter. Als sie mich mit gebundenen Füssen auf meinem Stuhl sah, strahlte ihr Gesicht. Sie war zart zu mir

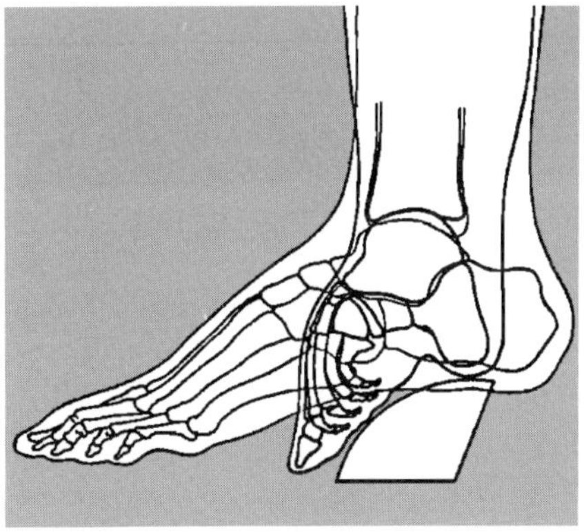

Knochenstruktur eines verkrüppelten Fusses vor dem Hintergrund eines normalen.

wie noch nie. «Es ist schön, dass du endlich gehorsam bist. Du musst verstehen, dass ein Frauenleben ein schmerzerfülltes Leben ist. Wir können unser Leben nicht ändern. Ich nicht, deine Schwester nicht, du auch nicht. Jetzt musst du lernen, Schmerzen zu verbeissen, zu sitzen und zu schweigen. Herumlaufen und reden gehört sich nicht für dich. Deine Schwester hat schon etwas gelernt. Ich hoffe, dass du ab heute auch ein gut erzogenes Mädchen wirst.»
Ich schaute meine Schwester an, und ich hatte plötzlich verstanden, warum sie immer so ruhig, so geduldig und so schweigsam war. Sollte ich auch wie meine Schwester werden? Nein, das konnte ich nicht.
Nachdem Mutter unser Zimmer verlassen hatte, dachte ich: Laufen kann ich nicht mehr, aber springen? Ich muss es versuchen, in der Hoffnung, dass das Band sich etwas lockern werde. Ich sprang, sprang, sprang. Das tat weh, aber diese Schmerzen war ich bereit zu verbeissen. Das Band wurde tatsächlich lockerer. Ich sprang immer höher. Schliesslich sprang ich über meinen kleinen Stuhl hin und her. Ich machte viel Lärm. Meine Kinderfrau liess mich springen. Jeden Morgen musste meine Kinderfrau meine Füsse losbinden und wieder frisch verbinden. Jeden Tag sprang ich heftig, bis das Band locker wurde. Nach einiger Zeit durfte ich morgens meine Füsse selbst binden, wie meine Schwester. Ich war dabei grosszügiger.
Mutter kam ab und zu, um die Füsse der beiden Mädchen zu prüfen. Sie wunderte sich jedesmal, bei meiner Schwester gute Fortschritte zu sehen, bei mir aber so gut wie keine. Sie war unglücklich über mich und sagte: «Was für dicke Füsse du hast! Wie kriegst du nur schöne kleine Füsse!» Sie machte meiner Kinderfrau Vorwürfe. Diese sagte: «Das kleine gnädige Fräulein springt zuviel.» — «Was? Sie springt?» Meine Mutter war entsetzt. «Wie kannst du mit gebundenen Füssen springen! Unsere Mühe ist also vergeblich gewesen. Wie kannst du auf diese Weise «Goldene Lotosse» bekommen? Ich sage dir, ab sofort hörst du auf zu springen. Unverschämtes Mädchen!» Ich wollte keine «Goldenen Lotosse» haben. Kein Schritt auf «Goldenen Lotossen»! Mutter kam aber selten in mein Zimmer, so sprang ich heimlich weiter.
Eines Tages kam meine Tante aus Nordchina uns besuchen. Ich vergesse nie, was diese liebe Tante zu meiner Mutter gesagt hat: «Jetzt gibt es doch keinen Kaiser mehr. Mädchen brauchen wirklich nicht mehr kleine Füsse zu haben wie wir. Wir sind Opfer dieser schmerzhaften Mode gewesen. Erlaube doch deinen Töchtern, laufen zu können.»
Ich hatte das genau mit angehört. Was für eine kluge und liebe Tante war sie! In jenem Augenblick hatte ich gewünscht, dass meine Mutter nicht meine Mutter sei, sondern meine Tante meine Mutter. Aber Mutter hörte tatsächlich auf das, was die Tante gesagt hatte. Unsere Füsse wurden befreit. Mutter sagte nur immer: «Ich kann mich nicht daran gewöhnen, vornehme Frauen mit grossen Füssen laufen zu sehen. Dabei leide ich natürlich sehr darunter, dass ich selbst nicht laufen kann.»
Arme Mutter! Wieviel muss ich heute an sie zurückdenken!

Chow Chung-Cheng

INHALT

11. Gespräche

12. Krieg und Frieden

13. Wende-Punkte

14. Nicht mit mir

15. In sieben Geschichten um die Welt

VERZEICHNIS DER QUELLEN UND ABBILDUNGEN

Neben Peter König illustrierten und fotographierten: Monic Baumann: S. 188 f. – Bernhard Chiquet: S. 18 f. – Urs Maltry: S. 70, 71, 74, 79. – Iris Schwarz: S. 28 f., 31, 33, 35, 37 f., 40 f., 47, 50. – Gertrud Suchomski: Umschlag, S. 58, 59–63.

Für einzelne Texte konnten leider keine Quellen bzw. Rechteinhaber ermittelt werden. Sollten dadurch Urheberrechte verletzt worden sein, wird der Verlag nach Anmeldung berechtigter Ansprüche diese entgelten.

5: Gisela Kraft, Aus dem Mauer-Diwan, Eremiten-Presse, Düsseldorf 1983. – **6 ff.:** Robert Shapard/Thomas James (Hrsg.), Plötzliche Geschichten. Amerikan. Short-Shortstories, Fischer Taschenbuch Verlag, Frankfurt 1993, S. 94 ff. – **9:** Matthias Frings / Elmar Kraushaar (Hrsg.), Heisse Jahre. Das Ding mit der Pubertät, Rowohlt, Reinbek 1983, S. 35 f. © Frauenverlag Courage, Berlin, Sonderheft Mädchen, 1981. – **10 ff.:** Aus: Ruth Vermot / Rudolf Hadorn (Hrsg.), Das war kein Bruder. Das Bild des Weissen aus der Sicht ehemals kolonisierter Völker, Lenos Verlag / Z-Verlag, Basel 1982, S. 23 ff. – **12 f.:** Abbildungen aus: Peter Forbath, The River Congo, Harper & Row, New York 1977, S. 230 und 306. – **14 f.:** Wolfgang Borchert, Das Gesamtwerk, Rowohlt, Reinbek © 1949, S. 216 ff. – Foto: Rosemarie Clausen. – **16 f.:** Gertrud Wilker, Blick auf meinesgleichen. 28 Frauengeschichten, Huber, Frauenfeld 1979, S. 178 ff. – **17:** Irmtraud Morgner, Leben und Abenteuer der Trobadora Beatriz, © Luchterhand Literaturverlag, München. – **18 ff.:** Doris Dörrie, «Was wollen Sie von mir?» und 15 andere Geschichten, Diogenes Zürich 1989, S. 159 ff.– **21:** Helga M. Novak, Geselliges Beisammensein, Luchterhand, Neuwied / Berlin 1968, S. 130 ff. – **22:** Bertolt Brecht, Gesammelte Werke in 8 Bänden, Suhrkamp, Frankfurt a. M. 1967, Band 5, S. 383. – Christine Busta, Der Himmel im Kastanienbaum. Gedichte, Otto Müller, Salzburg 1989, S. 29. – **23:** Eugen Gomringer, Konstellationen, Ideogramme, Stundenbuch, Stuttgart 1972. © Autor. – **24:** Schütt aus: Ein Lesebuch zeitgenössischer Lyrik, Deutscher Taschenbuch Verlag, München 1985, S. 49; © Verlag Atelier im Bauernhaus, Fischerhude 1983. – Rose Ausländer, Einverständnis, Pfaffenweiler Presse, D-79292 Pfaffenweiler, 1980, S. 29. – Bienek aus: Rudolf Riedler (Hrsg.), Kinder, Dichter, Interpreten, München 1979; © nicht auffindbar. – Huhn aus: Franziska Polanski (Hrsg.), Wild auf Erfolg, Piper, München 1992, S. 43; © Autor. – Peter Härtling, Der letzte Elefant, Otto Maier, Ravensburg 1991, S. 45; © Luchterhand, Frankfurt 1989. – Schaub: unveröffentlicht, © Autorin. – Peter Gaymann, Unheimliche Begegnungen. Cartoons, Fackelträger Verlag, Hannover 1986. – **25:** Hans-Joachim Gelberg (Hrsg.), Am Montag fängt die Woche an. 2. Jahrbuch der Kinderliteratur, Beltz, Weinheim/Basel 1973, S. 180. – **26:** Mascha Kaléko, Das lyrische Stenogrammheft. Kleines Lesebuch für Grosse, Rowohlt, Reinbek 1956, S. 55; © Gisela Zoch-Westphal. – Fröhlich aus: Hildegard Wohlgemuth (Hrsg.), Frieden: Mehr als ein Wort, Rowohlt, Reinbek 1981, S. 74. – Kurt Marti, Schon wieder heute. Ausgewählte Gedichte (1959–1980), Luchterhand, Darmstadt/Neuwied 1982, S. 132. – Peter Gaymann, Unheimliche Begegnungen. Cartoons, Fackelträger Verlag, Hannover 1986. – **27:** Enzensberger aus: Hans Bender (Hrsg.), Hans Magnus Enzensberger: Scherenschleifer und Poeten, in: Mein Gedicht ist mein Messer – Lyriker zu ihren Gedichten, München 1961; © nicht auffindbar. – Weibel aus: Die skeptische Landschaft. Deutschsprachige Lyrik aus der Schweiz seit 1900, Reclam, Leipzig 1988, S. 223; © Ellbogenfreiheit, Lenos, Basel 1988. – Zeller aus: Helmut Lamprecht (Hrsg.), Wenn das Eis geht. Ein Lesebuch zeitgenössischer Lyrik, Deutscher Taschenbuch Verlag, München 1985, S. 191; © Verlag Atelier im Bauernhaus, Fischerhude 1983. – Mascha Kaléko, Heute ist morgen schon gestern, Arani, Berlin 1980, S. 73; © Gisela Zoch-Westphal. – Bussmann: Unveröffentlicht, © Autor. – **30 f.:** Renate Welsh, Wörterputzer und andere Erzählungen, Union Verlag, Stuttgart 1982, S. 71 ff.; © Autorin. – **32 ff.:** Wolfgang Gabel, Einfach in den Arm nehmen. Erzählungen, Beltz, Weinheim/Basel 1981, S. 99 ff. – **37 ff.:** Myron Levoy, Drei Freunde, Edition Benziger im Arena Verlag, Würzburg 1984 (Titel des Ausschnitts nicht original). – **40 ff.:** Helma Fehrmann/Peter Weismann, ...und plötzlich willste mehr... Die Geschichte von Paul und Paulas erster Liebe, © Verlag Antje Kunstmann, München 1993, S. 124 ff. – **44:** Hesse aus: Edith Laudowicz, Mädchen, Mädchen, Pahl-Rugenstein, Köln 1989, S. 62. – Bertolt Brecht, Gesammelte Werke in 8 Bänden, Suhrkamp, Frankfurt a. M. 1967, Band 2, S. 1552. – Alberti aus: H. M. Enzensberger (Hrsg.), Museum der modernen Poesie, Deutscher Taschenbuch Verlag, München 1964, S. 171; © Suhrkamp, Frankfurt 1960. – A. Gustas, Querschnitt. Gesammelte Gedichte 1962–1992, Eremiten Presse, Düsseldorf 1992. – **45:** Deter aus: Aldona Gustas (Hrsg.), Erotische Gedichte von Frauen, Deutscher Taschenbuch Verlag, München 1985, S. 31; © Ina Deter, Liederbuch, Literarischer Verlag Anneliese Braun, Köln 1979. – Ursula Krechel, Verwundbar wie in besten Zeiten. Gedichte, Luchterhand, Darmstadt/Neuwied 1979, S. 78; © Autorin. – Meussling aus: Anna Rheinsberg/Barbara Seifert, Unbeschreiblich weiblich. Texte an junge Frauen, Rowohlt, Reinbek 1981, S. 208; © Autorin. – Kozik aus: Aldona Gustas (Hrsg.), Erotische Gedichte von Frauen, Deutscher Taschenbuch Verlag, München 1985, S. 117 f.; © Verlag Neues Leben, Berlin. – Frederike Frei, Seit du weg bist, Rowohlt, Reinbek 1982; © Autorin. – **46:** Brancusi, Der Kuss: © 1996 Pro Litteris, Zürich. – Ernst Jandl, Gesammelte Werke, © 1985 Luchterhand Verlag, Darmstadt/Neuwied; alle Rechte vorbehalten Luchterhand Literaturverlag, München. – **46 f.:** Ilse Behl, Das Honigmesser, Anrich, Kevelaer 1988, S. 21 ff. – **48 ff.:** Originalbeitrag, © Autor. – **53:** Brigitte Schwaiger, Mit einem möcht' ich leben, Heyne München 1987, S. 25. – **54 f.:** H. Loetscher, Die Fliege und die Suppe ..., Diogenes, Zürich 1989, S. 13 ff. – **55 f.:** Egon Friedell/Alfred Polgar, Goethe und die Journalisten, © by Verlag Kremayr & Scheriau, Wien. – **56 f.:** Illustrierte Schweizer Schülerzeitung 9/1973; © nicht auffindbar. – **58:** Salim aus: Hartmut Fähndrich (Hrsg.), Pappschachtelstadt. Geschichten aus Ägypten, Lenos, Basel 1991, S. 136 f. – Hans-Jürgen Heise, Die Wirklichkeit erfindet mich. Das lyrische Werk 1948–1993, Neuer Malik Verlag, Kiel 1994, S. 257; © Hans-Jürgen Heise. – **60:** J. Federspiel, Ein Umweg nach Bologna. Aus: J. Federspiel, Die Liebe ist eine Himmelsmacht, Suhrkamp, Frankfurt a.M. 1985, S. 27 ff. – **61:** R. Welsh, Telefon. Aus: Renate Welsh, Wörterputzer und andere Erzählungen, Union Verlag, Stuttgart 1982, S. 123 ff.; © Autorin. – **62:** Dmitri Bilenkin, Gefährliche Ruhe. Aus: Dmitri Bilenkin, Der Intelligenztest. Phantastische Erzählungen, Volk und Welt, Berlin 1978, S. 68 ff. – **63:** M. Moser, Sonnenbrand. Aus: Milena Moser, Gebrochene Herzen oder Mein erster bis elfter Mord, Rowohlt, Reinbek 1991, S. 29 ff. – **66 f.:** «Basler Zeitung» 23. Januar 1992. – «Basler Zeitung» 20. September 1991. – «Basler Zeitung» 3. Oktober 1991. – Ralf Thenior, Traurige Hurras. Gedichte und Kurzprosa, Goldmann, München, S. 52; © 1977 Verlag Autoren Edition Königstein, Athenäum, München. – **68:** Thomas Bernhard, Ereignisse, Suhrkamp, Frankfurt 1991, S. 33. – **69:** I. Drewitz (Hrsg.), Hoffnungsgeschichten, Mohn, Gütersloh 1979, S. 136 f. – **70 ff.:** F. Glauser, Wachtmeister Studers erste Fälle. Kriminalgeschichten, Arche, Zürich 1986, S. 56 ff. – **73:** Hannelies Taschau, Wundern entgehen. Gedichte 1957–1984, Luchterhand, Darmstadt/Neuwied 1986, S. 47; © Autorin. – Annemarie Zornack, Eingeholte Jahreszeit. Gesammelte Gedichte & Prosa, Neuer Malik Verlag, Kiel 1991, S. 83; © Autorin. – **73 ff:** Barbara Neuwirth (Hrsg.), ...und sah aus, als wüsste sie die Welt ... Ein literarischer Almanach, Wiener Frauenverlag, Wien 1990, S. 6 ff.; © Barbara Büchner. – **76 ff.:** Grace Paley, Adieu und viel Glück. Gesammelte Geschichten, Suhrkamp, Frankfurt 1987, S. 231 ff. – **79:** H. Wiesner, Kürzestgeschichten, Lenos, Basel 1980, S. 119. – **80 f.:** Picasso, La Vida, © 1996 Pro Litteris, Zürich. – Paul Zinsli, Der Berner Totentanz des Niklaus Manuel in den Nachbildungen von Albrecht Kauw, Verlag Paul Haupt, Bern 1979, Tafel V. – **82 ff.:** Hans-Joachim Gelberg (Hrsg.), Das achte Weltwunder, Beltz, Weinheim/Basel 1979, S. 281 ff. – Foto S. 83: Lennart Nilsson, Ein Kind entsteht. Bilddokumentation über die Entwicklung des Lebens im Mutterleib, Mosaik Verlag, München 1994, S. 156; © 1990 Lennart Nilsson. – **84:** Auer: Quelle nicht bekannt. – **85:** Drehpunkt 1980–88, Lenos, Basel 1988, S. 407. – Foto: Katakomben in Palermo, Sizilien, Richard Avedon, New York. – **86 ff.:** Alexander Solschenizyn, Krebsstation, Luchterhand, Neuwied 1969. – **89:** Pea Fröhlich, Zwei Frauen auf dem Weg zum Bäcker. Bilder-Geschichten, Dumont, Köln 1987, S. 3. – **90:** Katja Behrens (Hrsg.), Abschiedsbriefe, Claassen, Düsseldorf 1987, S. 234 f. – Abdruck mit Genehmigung des Fischer Taschenbuch Verlags, Frankfurt am Main. – **91 ff.:** Theodor Weissenborn, Der Kaiser hat einen Vogel. Erzählungen für Religionsunterricht und Jugendgruppen, Pfeiffer, München 1992; © Autor. – **95:** Haeseling aus: E. Borchers / H.-U. Müller-Schwefe / Rainer Weiss (Hrsg.), Im Jahrhundert der Frau. Ein Lesebuch, Suhrkamp, Frankfurt 1987, S. 48. – Joachim Ringelnatz, Das Gesamtwerk in sieben Bänden, © 1994 by Diogenes Verlag, Zürich. – **96:** Nordbrandt aus: Drehpunkt 1980–88, Lenos, Basel 1988, S. 434. – Rita Seliger, Nirgends ganz dazugehören, Wiener Frauenverlag, Wien 1991, S. 19. – Pranzl aus: Bodo Mosshäuser (Hrsg.) Thank You Good Night, Suhrkamp, Frankfurt 1985, S. 213. – **97 f.:** Das grüne Gnu und andere Erzählungen aus Südafrika, Aus dem Englischen von Elisabeth Schnack, © 1962, 1991 by Diogenes Verlag, Zürich. – **99:** ai-LehrerInnen-Service, Nr. 28/29, S. 13. – **100:** Picasso: © 1996 Pro Litteris, Zürich. – Jean Cocteau, Clair-obscur, Editions du Rocher, Monaco 1954, S. 121. – **102 ff.:** H. W. Franke (Hrsg.), SF–International. Science Fiction Stories, Goldmann, München 1980; © Jaap Verduyn. – Michael Bockemühl, Rembrandt, Benedikt Taschen Verlag, Köln 1991, S. 63. – **105:** Magritte: © 1996 Pro Litteris, Zürich. – Borchers aus: Lea Ritter-Santini (Hrsg.), Mit den Augen geschrieben. Von gedichteten und erzählten Bildern, Hanser München 1991, S. 210. – **106:** Gisbert Kranz (Hrsg.) Gedichte auf Bilder. Anthologie und Galerie, Dt. Taschenbuch Verlag, München 1975, S. 31. –

107: Kurt Tucholsky, Ausgew. Werke, Bd. 1, S. 88, Rowohlt, Reinbek 1965. – **108:** Else Lasker-Schüler, Sämtliche Gedichte, Kösel, München 1966, S. 171. – **109:** Paul Klee, Revolution des Viaduktes, 1937, 60 x 50 cm, Hamburger Kunsthalle, Inv. Nr. 2899; © 1996 Pro Litteris, Zürich. – Tanzberg aus: Gisbert Kranz (Hrsg.) Gedichte auf Bilder. Anthologie und Galerie, Deutscher Taschenbuch Verlag, München 1975, S. 250. – **110:** Paul Klee, Abenteuer-Schiff, 1927, 49,9 x 65 cm, Staatsgalerie Moderner Kunst / Bayerische Staatsgemäldesammlungen, München, Inv. Nr. 13511; Foto: Blauel/Gnamm–Artothek; © 1996 Pro Litteris, Zürich. – Christa Müller, Reiner Putzger, Maria Seidemann, Kieselsteine. Gedichte, Aufbau Verlag, Weimar/Berlin 1975, S. 132; © Autorin. – **111:** Christa Müller, Reiner Putzger, Maria Seidemann, Kieselsteine. Gedichte, Aufbau Verlag, Weimar/Berlin 1975, S. 133; © Autorin. – Günter Eich, Botschaften des Regens, Suhrkamp, Frankfurt 1955. – Reiner Kunze, Gespräch mit der Amsel, Fischer, Frankfurt am Main 1984. – Rose Ausländer, Im Aschenregen die Spur deines Namens. Gedichte und Prosa 1976. © 1984 S. Fischer Verlag, Frankfurt am Main. – **112:** Wolfgang Weyrauch, Atom und Aloe. Gesammelte Gedichte, Reclam, Leipzig 1991, S. 90 f. – **114:** Barbara Lüdecke (Hrsg.), Eine Brücke zu dir. Behinderte Jugendliche erzählen, Schneider, München/Wien 1981, S. 38 ff. – **115:** Anna Rheinsberg, Barbara Seifert (Hrsg.) Unbeschreiblich weiblich. Texte an junge Frauen, Rowohlt, Reinbek 1981, S. 33. – Hans Manz, Die Welt der Wörter, Beltz, Weinheim/Basel 1991. – **116 f.:** Frida Kahlo: Die gebrochene Säule, 1944, Collection Fundación Dolores Olmedo, Mexico. – Selbstporträt als Tehuana oder Diego in meinen Gedanken, 1943, Privatsammlung, Mexico. – Selbstporträt mit Affe und Papagei, 1942, Sammlung International Business Corporation (IBM), Armonk/New York. – Selbstporträt, Dr. Eloesser gewidmet, 1940, Privatsammlung, USA. – Selbstporträt mit abgeschnittenen Haaren, 1940, Sammlung The Museum of Modern Art, New York, Stiftung Edgar Kaufmann jr. – Foto Frida Kahlo, ca. 1947, Fotograf unbekannt. – Marie-Luise Könneker (Hrsg.), Haarproben. Bilder und Texte, Luchterhand, Darmstadt/Neuwied 1983, S. 114 ff. – **118 f.:** «Basler Zeitung» 15. 1. 1993. – **120 ff.:** Anna Rheinsberg (Hrsg.), Die Engel. Prosa von Frauen, Deutscher Taschenbuch Verlag, München 1988, S. 37 ff.; © Autorin. – **123:** Kurt Marti, Dorfgeschichten, Luchterhand, Darmstadt / Neuwied 1983. – Rose Ausländer, Im Aschenregen die Spur deines Namens. Gedichte und Prosa 1976. © 1984 S. Fischer Verlag, Frankfurt a. M. – **124:** Ch. Müller, R. Putzger, Maria Seidemann, Kieselsteine. Gedichte, Aufbau Verlag, Weimar/Berlin 1975, S. 105; © Autorin. – E. E. Cummings, Poems / Gedichte, © Langewiesche-Brandt Verlag, Ebenhausen b. München. Übersetzung: Eva Hesse. – Ulla Hahn, Herz über Kopf, Deutsche Verlags-Anstalt, Stuttgart 1981. – Biermann aus: Marie-Luise Könneker (Hrsg.), Haarproben. Bilder und Texte, Luchterhand, Darmstadt/Neuwied 1983, S. 35. – **125:** Eugen Gomringer (Hrsg.), Konkrete Poesie, Reclam, Stuttgart 1972, S. 118; © Autor. – **126:** Burkart aus: «drehpunkt» 1980–88, Lenos, Basel 1988, S. 330. – Annemarie Zornack, Eingeholte Jahreszeit. Gesammelte Gedichte & Prosa, Neuer Malik Verlag, Kiel 1991, S. 349; © Annemarie Zornack. – Werner aus: H. Lamprecht (Hrsg.), Wenn das Eis geht. Ein Lesebuch zeitgenössischer Lyrik, Deutscher Taschenbuch Verlag, München 1985, S. 67; © Verlag Atelier im Bauernhaus, Fischerhude 1983. – **127:** S. v. Bremen aus: Christoph Buchwald / Karl Mickel (Hrsg.), Jahrbuch der Lyrik 1990/91, Luchterhand, Frankfurt 1991, S. 108. – Bodden aus: H. Lamprecht (Hrsg.), Wenn das Eis geht. Ein Lesebuch zeitgenössischer Lyrik, Deutscher Taschenbuch Verlag, München 1985, S. 172; © Verlag Atelier im Bauernhaus, Fischerhude 1983. – Mangold aus: «drehpunkt» 1980–88, Lenos, Basel 1988, S. 1364. – Kilian aus: Hans-Joachim Gelberg (Hrsg.), Menschengeschichten, 3. Jahrbuch der Linderliteratur, Beltz, Weinheim/Basel 1975. – Sarah Kirsch, Rückenwind. Gedichte, Langewiesche-Brandt, Ebenhausen 1977, S. 45. – **128:** Wolfdietrich Schnurre, Ich frag ja bloss, Ullstein, Frankfurt/Berlin/Wien 1977, S. 18. – **130 f.:** Paul Mergast, Gisela Uihlenkamp, Heitere Kurzszenen, Don Bosco, München, 4. Aufl. 1994, S. 33 ff. – **132 f.:** Loriots Dramatische Werke, © 1981 by Diogenes Verlag, Zürich. – **134:** H. E. Käufer (Hrsg.), Beispiele, Beispiele. Texte aus der Literarischen Werkstatt Gelsenkirchen, Georg Bitter, Recklinghausen 1969. – **135 f.:** Erhard Engler (Hrsg.), Erkundungen – 38 brasilianische Erzähler, Volk und Welt, Berlin 1988, S. 62 ff.; © Editos Nova Fronteira, Rio de Janeiro. – **137 f.:** Franziska Polanski, Herr Schneider platzt und andere normale Zwischenfälle, Ullstein, Berlin 1994, S. 34 ff. – **139:** Ingeborg Kaiser, Staubsaugergeschichten, Gute Schriften, Zürich 1975, S. 8 f. – **142:** Hildegard Wohlgemuth (Hrsg.), Frieden: Mehr als ein Wort. Gedichte und Geschichten, Rowohlt, Reinbek 1981, S. 16. © Autorin. – **142 f.:** Stella Rotenberg, Als meine Mutter ..., Literatur und Kritik, Wien/Salzburg 1986; © Autorin. – **143:** Dai-Schï-Ping aus: Manfred Kluge (Hrsg.), Gedichte für den Frieden, Heyne, München 1983, S. 34. – Mukai Kyroei: ebd., S. 43. – **144 ff.:** Helga Niemeyer (Hrsg.), Das Vorlesebuch. Vierzig Geschichten aus der modernen Weltliteratur, Langewiesche & Brandt, Ebenhausen 1980, S. 224 ff.; © Aufbau Verlag, Berlin/Weimar. – **148 f.:** Ida Fink, Eine Spanne Zeit. Erzählungen, Unionsverlag, Zürich 1983, S. 22 ff. – **150 ff.:** Bongartz aus: Christa L. Cordes (Hrsg.), Augenblicke der Entscheidung, Herder, Freiburg 1986. – Fotos S. 150 aus: Die Welt der Anne Frank, hrsg. von der Anne Frank Stiftung, Amsterdam 1985, 3. Aufl. 1991, Abb. 139, 140. – Foto S. 152: ebd. Abb. 145. – Fotos S. 153: ebd. Abb. 158, 159; © National Institute of War Documentation, Amsterdam. – **155:** Anna Seghers, Die Toten bleiben jung, Aufbau-Verlag, Berlin/Weimar 1951. – **156 ff.:** Hermann Vinke (Hrsg.), Als die erste Atombombe fiel ... Kinder aus Hiroshima berichten, Otto Maier, Ravensburg 1994, S. 64 ff. © by Ravensburger Buchverlag 1987 (Deutsche Fassung); © by Publishing Committee für «Children of Hiroshima» 1980 (Originalausgabe). – **158:** Abbildung aus: Kinder als Opfer von Krieg und Verfolgung. Dokumentation zur Ausstellung: «Ich hab' den Krieg gezeichnet», hrsg. von der Cultur Cooperation e.V., Hamburg, S. 38. – **159:** «Weltwoche» 7. Dezember 1989 (Auszug). – Foto: Niños en distrito de Lima, Peru. Foto: Jorge Deustua. © Terre des hommes Schweiz, Steinenring 49, 4051 Basel. – **161:** Schütt aus: H. Lamprecht (Hrsg.), Wenn das Eis geht. Ein Lesebuch zeitgenössischer Lyrik, Dt. Taschenbuch Verlag, München 1985, S. 48; © 1983 Verlag Atelier im Bauernhaus, Fischerhude. – Erich Kästner, Gesammelte Schriften für Erwachsene, Atrium, Zürich 1969, Band 1, S. 119. – **162:** Wolf Biermann, Alle Lieder, © 1991 Kiepenheuer & Witsch, Köln. – **163:** Erich Fried, Befreiung von der Flucht. Gedichte und Gegengedichte, Fischer Taschenbuch Verlag, Frankfurt 1988, S. 91. © 1983 Claassen, Düsseldorf. – Ernst Jandl, Für alle, Luchterhand, Neuwied/Berlin 1974. – Scheuerle aus: Jugend vom Umtausch ausgeschlossen. Eine Generation stellt sich vor, hrsg. vom Jugendwerk der deutschen Shell, Rowohlt Taschenbuch Verlag, Reinbek 1984, S. 113. – Günter Kunert, Erinnerung an einen Planeten, © Carl Hanser Verlag, München/Wien 1963. – **166:** Pea Fröhlich, Zwei Frauen auf dem Weg zum Bäcker. Bilder-Geschichten, Dumont, Köln 1987, S. 37. – **166 f.:** «Nebelspalter» Nr. 23, 1992. – **167:** Ilse Aichinger, Meine Sprache und ich. Erzählungen, Fischer Taschenbuch Verlag, 1978. – **169:** Illusionen. Eine Sammlung optischer Täuschungen, Neff / Verlagsunion Pabel Moewig KG, Rastatt 1994, S. 25 (Mann), S. 64 (Hund); © Pentagram Design. – Edi Lanners, Illusionen, C. J. Bucher, Luzern / Frankfurt 1973, 3. Aufl. 1980, S. 47 (Fischer). – **170:** Illusionen. Eine Sammlung optischer Täuschungen, Neff / Verlagsunion Pabel Moewig KG, Rastatt 1994, S. 48 (Vogel); © Pentagram Design. – Edi Lanners, Illusionen, C. J. Bucher, Luzern / Frankfurt 1973, 3. Aufl. 1980, S. 80 (Totenkopf). – M. D. Vernon, Wahrnehmung und Erfahrung, Deutscher Taschenbuch Verlag, München 1977, S. 117 (Frau); © Kiepenheuer & Witsch, Köln 1974. – **171:** Textsuchergruppe der Gesamtschule Bad Karlshafen / Karlhans Frank (Hrsg.), Feelings, Spectrum, Stuttgart 1989, S. 85 f. – **171 ff.:** Elisabeth Langgässer, Der Torso, Claassen und Goverts, Hamburg 1947. – **174:** Kate Chopin, Geschichte einer Stunde / The Awakening, © Stroemfeld Verlag, Basel/Frankfurt am Main 1978. – **178:** Achimow aus: Biedermann / Böseke / Burkert (Hrsg.), Morgen beginnt heute. Jugendliche schreiben über die Zukunft, Beltz, Weinheim/Basel 1981, S. 56. – Haslehner aus: Anna Rheinsberg / B. Seifert, Unbeschreiblich weiblich. Texte an junge Frauen, Rowohlt, Reinbek 1981, S. 29. – Tümpel aus: Göbelsmann (Hrsg.), Mörikes Lüfte sind vergiftet, Bremen 1982. – **179:** Kurt Marti, Schon wieder heute, Luchterhand, Darmstadt/Neuwied 1982, S. 13. – Ursula Krechel, Nach Mainz, Luchterhand, Darmstadt/Neuwied 1977. – Erich Fried, Lebensschatten, Wagenbach, Berlin 1981. – Isabelle Schaub: unveröffentlicht, © Autorin. – **180:** Anne-Lise Grobéty, Fluchtbewegungen, Benziger, Einsiedeln 1977. – Anders aus: Hans-Joachim Gelberg (Hrsg.), Wie man Berge versetzt, Beltz, Weinheim/Basel 1981, S. 183 f. – **181:** Thier aus: Was uns bewegt ... Texte von Jugendlichen, hrsg. von der Landesarbeitsgemeinschaft Jugend und Literatur NRW e.V., Pulheim 1985. – Bauer aus: Bernd Jentzsch (Hrsg.), Ich sah aus Deutschlands Asche keinen Phönix steigen, München 1979. – **182:** Horst Heidtmann (Hrsg.), Vergessen, was Angst ist. Mut im Alltag, Signal, Baden-Baden 1986, S. 185 f. – **183:** Anna Rheinsberg (Hrsg.), Die Engel. Prosa von Frauen, Deutscher Taschenbuch Verlag, München 1988, S. 14 ff. © Autorin. – **186:** Milena Moser, Das Schlampenbuch, Krösus, Zürich 1992, S. 143 ff. – **190:** L. Malerba, Taschenabenteuer. 53 Geschichten, Wagenbach, Berlin 1985, S. 36 ff. – **191:** Renate Welsh, Wörterputzer und andere Erzählungen, Union Verlag, Stuttgart 1982, S. 21 ff.; © Renate Welsh. – **198:** Clemens Ludwig (Hrsg.), Lebenslieder – Totenklagen, Hammer Verlag, 1988, S. 37 ff.; Übersetzung Yvonne Bangert. – Foto S. 200: Ira Block, aus: National Geographic 180/4, 1991, S. 97. – **203:** Peter Schultze-Kraft (Hrsg.), Die Wahrheitsprobe des Gran-Man. Neue Erzählungen aus der Karibik, Eichborn, Frankfurt 1983, S. 14 ff. – Fotos S. 203 und 206: D. M. Brooks und D. A. Harvey, aus: National Geographic 185/3, 1994, S. 66, 71, 75. – **208:** Gabriel García Márquez, Das Leichenbegräbnis der der grossen Mama, Kiepenheuer & Witsch, Köln 1974. – **210:** Marie-Louise Lüscher (Hrsg.), Tam Tam und andere Erzählungen aus Ost-, West- und Zentralafrika, Diogenes, Zürich 1980, 229 ff. – Fotos S. 212: © Singoh Nketia. – **213:** Nagib Mahfus, Die Moschee in der Gasse. Erzählungen, Unionsverlag, Zürich 1988, S. 58 ff. – **217:** Suleman Tanfiq (Hrsg.), Frauen in der arabischen Welt. Erzählungen, Deutscher Taschenbuch Verlag, München 1991, S. 57 ff. © Quartet Books Limited, London. – **220:** Hans Peter Richter (Hrsg), Schriftsteller erzählen von ihrer Mutter, Engelbert Verlag, Balve/Sauerland 1974. © Autorin.